KB209873

훈민정음 해례본
함께 읽기

일러두기

1. 《훈민정음》 해례본 번역은 최초 번역인 "방종현(1940), 원본 훈민정음의 발견(1-5),《조선일보》 7월 30일~8월 4일, 조선일보사, 4쪽" 외 관련 주요 기존 번역을 참고하되 필자가 최초로 제안한 366문장 번역 체제를 따랐다.
2. 원문 읽기용 한자음은 그 당시의 한자음이 아니라 현대 한자음으로 원문 읽기 도움용이다.
3. 쪽별로 문장 단위로 끝나지 않은 경우는 문맥을 살펴서 끊었다. 따라서 왼쪽 페이지의 원문과 오른쪽 페이지의 번역문의 배치가 일부 다를 수 있다.
4. '글자'는 다음과 같이 뚜렷이 구별했다.
   - "ㄱ, ㄴ, ㄷ, ㅏ, ㅑ"와 같은 자음자와 모음자는 '낱글자'
   - "가, 나, 당, 랄"과 같은 음절자 단위는 '글자'
   - '첫소리글자(초성자)'처럼 용어 안에서, 또는 수식어로 낱글자임을 알 수 있을 때는 '-글자'
5. '아음(牙音)'은 지금 쓰는 용어가 아니므로 토박이말 용어(어금닛소리)로 옮기되, 처음에만 한자음 용어(아음)를 병기하고 글자를 가리키는 경우에만 '어금닛소리글자'로 옮겼다. 해례본에서는 소리가 문자가 되고 문자가 소리가 되므로 소리 단위의 용어와 문자 단위의 용어를 엄격하게 구별하지 않았지만, 번역에서는 되도록 구별했다.
6. 초성자 자음 낱글자인 'ㄱ, ㄴ, ㄷ' 등은 그 당시에는 '이'를 붙여 읽었을 것이 거의 확실하므로, 한자음토 문장과 번역문은 'ㄱ(기), ㄴ(니)' 식으로 읽고, 종성자 자음 낱글자는 'ㄱ(윽), ㄴ(은)' 식으로 읽게 했다.
7. 다음과 같이 문장 단위로 정확히 밝히는 출처 규범을 마련했다.

국지어음 이호중국 여문자불상류통
國之語音이 異乎中國하여 與文字不相流通하니라. [정음1ㄱ:2-3_어제서문]

훈민정음 해례본 함께 읽기

김슬옹 편저

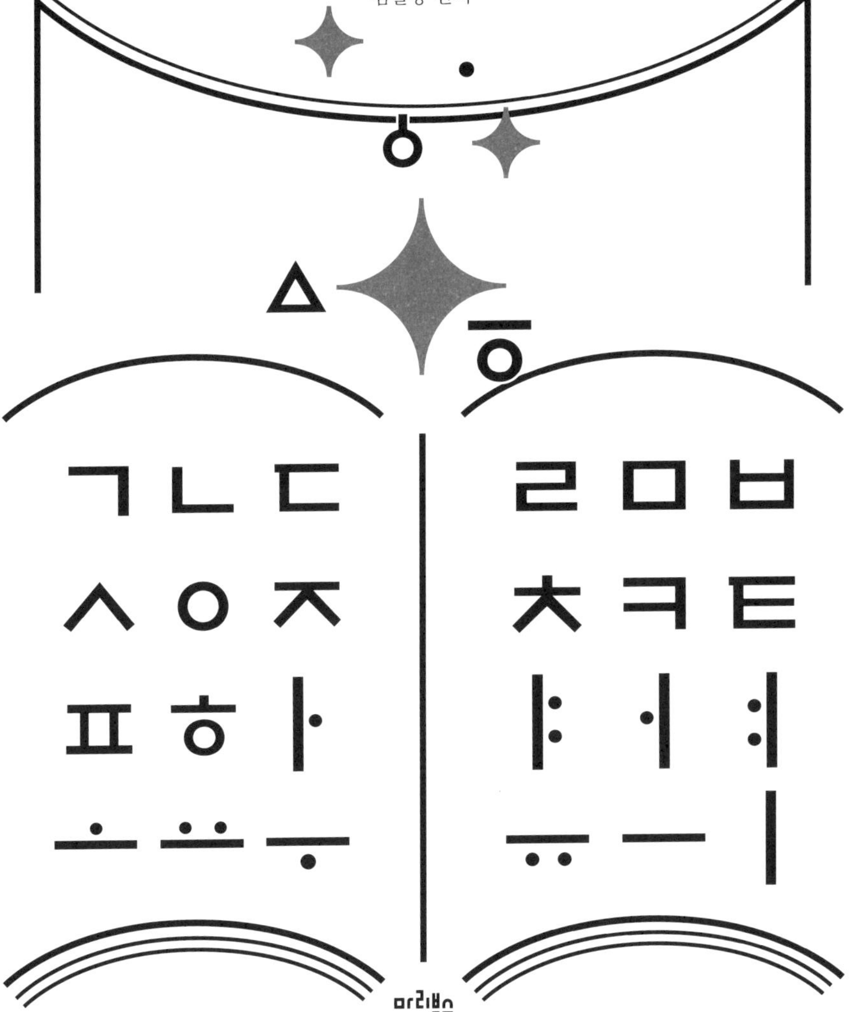

마리북스

책을 펴내며

누구나 해례본을 편하게 읽고 그 내용을 나눌 수 있도록 했다

한글날의 유래를 아는 사람이라면 《훈민정음》 해례본을 알고 있을 것이다. 하지만 실제로 해례본을 읽어 본 사람은 거의 없다. 원문이 한문이고, 한글 번역도 대개 전문가용 문체라 읽기가 쉽지 않기 때문이다. 그래서인지 대학의 국어국문학과나 국어교육학과에서조차 제대로 가르치지 않는다. 도대체 인류 문명의 패러다임을 바꾼 책을 옆에 두고도 왜 가르치고, 배우려 하지 않을까? 이 책은 바로 이러한 문제의식에서 출발했다.

《훈민정음》 해례본은 세종대왕이 창제한 '훈민정음'을 해설한 책이다. 훈민정음 창제는 세종대왕이 단독으로 한 것이었지만, 해례본은 정인지·최항·박팽년·신숙주·성삼문·강희안·이개·이선로 등 8명의 학사들과 함께 이뤄 낸 집단 지성의 결과물이었다. 그런 만큼 15세기까지 이룩한 각종 학문 성과, 곧 과학·철학·음악·수학 같은 다양한 지식과 사상이 융합 기술되어 있다. 인류 보편의 문자 사상과 철학이 매우 짜임새 있게 담겨 있는 것이다.

해례본은 1997년에 유네스코에 첫 번째로 등재된 대한민국 세계

기록 유산이다. 섬세한 문자 해설서이면서 음성학 책이기도 하고 문자학 책이기도 하다. 15세기로 보나 지금으로 보나 최고의 사상과 학문을 담은 책이자 현대 음성학과 문자학 그 이상의 가치를 지니고 있다.

해례본은 33장 66쪽으로 이루어진 아담한 책이다. 하지만 전 세계 저명한 문자학자나 문자 전문가들이 격찬하는 훈민정음의 제자 원리에 얽힌 내용을 거대하면서도 섬세한 이야기로 풀어낸, 가격을 매길 수 없는 무가지보다.

《훈민정음》 해례본은 1446년에 간행되었으나 오랫동안 희귀본이 되었다가 1940년 무렵에 경북 안동에서 발견되었다. 훈민정음 창제(1443년)도 기적이었지만, 해례본이 간행된 것도 기적이었다. 그 기적은 문자 없는 우리 겨레의 오랜 모순을 해결했을뿐더러 문자 문명, 글꼴 문명, 책 문명사를 송두리째 바꿔 놓은 인류 문명의 기적이었다.

간송미술문화재단은 세종대왕(본명 이도)과 간송 전형필 선생의 뜻에 따라 책의 가치와 문자의 가치를 널리 알리고자 해례본 간행 569년

(2015년) 만에 복간본을 펴낸 바 있다. 나는 간송미술문화재단의 도움으로 2014년 12월 17일 원본을 직접 보고 해설하는 영광을 누렸다(김슬옹, 《훈민정음 해례본: 한글의 탄생과 역사》, 2015). 복간본과 해설서는 한정판(3천 질)으로 찍어 내 1년 만에 절판되었다. 2023년에는 언해본과 함께 가온누리에서 2차 복간본을 펴냈다.

해례본을 다양한 방식으로 알리기 위해 《훈민정음 해례본 입체강독본》(2017년)을 펴내 복간본을 부록으로 실었다. 학술 책으로는 드물게 2024년 현재 6쇄까지 찍을 정도로 독자의 사랑을 받았지만, 600여 쪽이나 되어 일반인이 가까이하기에는 어려움이 있었다.

이 책은 일반인 누구나 해례본을 편하게 읽고 그 내용을 나눌 수 있도록 했다. 왼쪽 페이지에는 해례본의 영인본을, 오른쪽 페이지에는 원문과 출처, 그리고 한글 번역문을 실었다. 다음 페이지에는 앞 페이지의 원문과 번역문을 문장으로 나누어 일련번호를 붙여 다시 싣고 한자의 음과 뜻도 덧붙였다. 한글 번역 역시 '함께 읽고 나눈다'는 이 책의 취지에 맞게 중학생 이상 읽을 수 있게 쉽게 번역하고자 했다. 또한 2015년 해례본 복간본 해설서에서 영어 번역을 맡았던, 캐나다의 조던 드웨거Jordan Deweger 선생님의 영문 번역을 뒤에 붙여 전 세계인이 함께 읽을 수 있도록 했다.

필자가 책과 강연 등으로 《훈민정음》 해례본 함께 읽기 운동을 펼치는 이유는 단 하나다. 훈민정음을 쓰는 백성은 누구나 하늘 백성이라는 놀라운 세종 정신과 훈민정음의 보편적 가치가 해례본에 쓰여 있기 때문이다. 《훈민정음》 해례본 함께 읽기에 나서 준 세종국어문화원, 세종훈민정음교육원, 한글닷컴 여러분과 멋진 책으로 그 길을 열어 준 마리북스에 감사드린다.

2024년 12월 28일

《훈민정음》 해례본 탄생지 경복궁 옆 연구실,

세종국어문화원에서 김슬옹 적다.

《훈민정음》 해례본의 짜임새

세종대왕은 1443년에 훈민정음 28자를 창제하고, 그에 대한 자세한 해설(풀이)과 용례(보기)를 붙여 1446년 음력 9월 상순에 《훈민정음》이라는 책으로 펴냈다. 이 책에는 특별히 '해설'과 '용례'가 갖추어져 있어 《훈민정음》 해례본이라고 부른다.

《훈민정음》 해례본에는 한글을 만든 목적과 근본 뜻, 창제 원리, 운용 방법, 역사적 의미를 비롯해 새 문자의 다양한 예들이 실려 있다. 세종대왕이 직접 쓴 서문에는 한자로는 우리말을 제대로 적을 수 없어서 우리말에 적합한 새 문자를 만든다는 자주정신, 한자를 모르는 백성도 쉬운 문자로 마음껏 소통할 수 있게 하려는 애민 정신이 담겨 있다. 그리고 모든 백성이 우리 글자를 쉽게 익혀 편안하게 살게 하려는 실용정신 등도 담겨 있다.

이 책은 크게 두 부분으로 나뉜다. 앞부분 정음 편(예의 편)은 세종대왕이 지었고, 뒷부분 정음해례 편(해례 편)은 집현전 학사 정인지, 최항, 박팽년, 신숙주, 성삼문, 강희안, 이개, 이선로 등 8명이 함께 지었다. 우리가 흔히 알고 있는 '나랏말ᄊᆞ미'로 시작되는 언해본은 세종대왕

이 지은 정음 편(예의 편)을 우리말로 번역하고 풀이한 책으로, 1459년(세조 5년)에 간행된《월인석보》앞머리에 실려 전한다.

세종대왕이 직접 펴낸《훈민정음》해례본은 오랜 세월 알려지지 않다가 1940년 무렵에 경북 안동에서 발견되었다. 그 책을 간송 전형필 선생이 사들여 지금은 간송미술관(서울 성북구)에서 소장하고 있다. 이 책은 1962년에 대한민국 국보 제70호로 지정되었고, 1997년에 유네스코 세계 기록 유산으로 등재되었다. 이어서 2015년에 간송미술문화재단에서 복간본(교보문고)을 펴냈고, 2023년에는 가온누리에서 2차 복간본이 언해본과 함께 출간됐다.

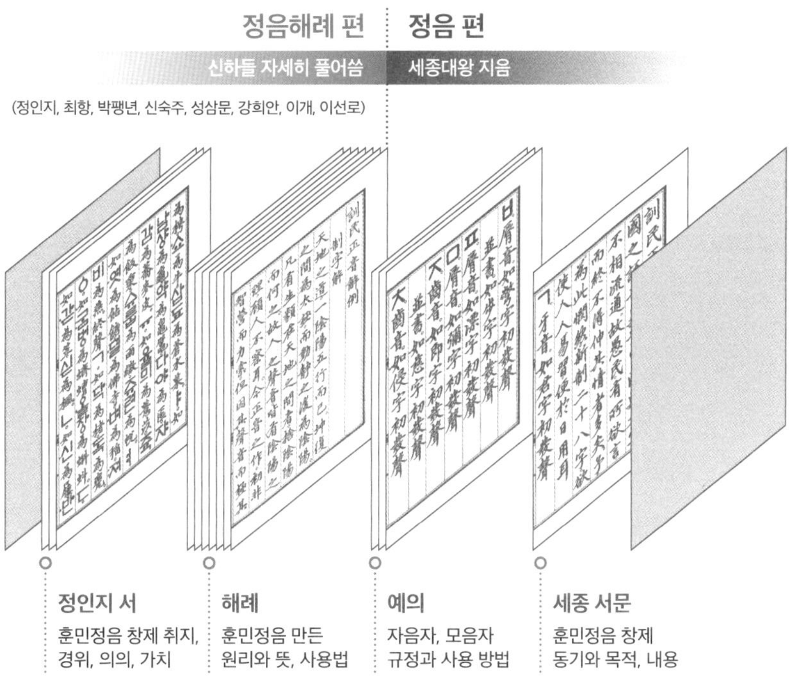

《훈민정음》해례본의 짜임새

훈민정음 창제의 과학 원리

훈민정음은 점과 직선, 동그라미로 되어 있다.

15세기 훈민정음 기본자 28자는 모두 점과 직선, 동그라미로 이루어져 있다. 현대 한글은 모음자의 점(•)이 짧은 획으로 바뀌었다.

모양을 본떠 만들었다.

훈민정음 28자는 여덟 자를 기본 상형자로 하여 만들었다. 자음자 다섯 자(ㄱ, ㄴ, ㅁ, ㅅ, ㅇ)는 발음 기관 또는 발음하는 모양을 본떴고, 모음자 세 자(•,ㅡ,ㅣ)는 하늘과 땅과 사람을 본떴다.

자음 기본 상형자 가운데 ㄱ(기)는 혀뿌리가 목구멍을 막는 모양, ㄴ(니)는 혀끝이 윗잇몸에 닿는 모양, ㅁ(미)는 입의 모양, ㅅ(시)는 이의 모양, ㅇ(이)는 목구멍의 모양을 본떴다. 이렇게 자음자는 말소리를 내는 발음 기관의 모양과 소리의 세기와 특성을 정밀하게 관찰·분석하여 만든 과학적 연구의 결과물이다.

모음 기본 상형자는 하늘의 둥근 모양(•), 땅의 평평한 모양(ㅡ), 사람의 서 있는 모양(ㅣ)을 본떴다. • 는 양성을, ㅡ 는 음성을, ㅣ는 중성

(양음)을 뜻한다. 이렇게 만든 까닭은 양성은 양성끼리 음성은 음성끼리 어울리는 우리말의 특성을 나타내기 위한 것이었다.

획을 더하고 합해 만들었다.

기본 상형자를 만든 뒤, 자음자의 경우는 획 더하기, 모음자의 경우는

15세기 기본 자음자 17자의 제자 원리

	제자 원리	기본자	가획자	이체자
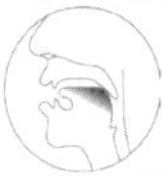	**어금닛소리(아음)** 혀뿌리가 목구멍을 막는 모양	ㄱ	ㅋ	ㆁ
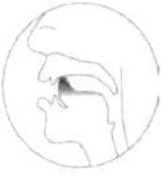	**혓소리(설음)** 혀끝이 윗잇몸에 닿는 모양	ㄴ	ㄷ ㅌ	ㄹ
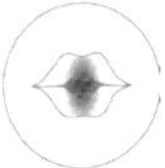	**입술소리(순음)** 입의 모양	ㅁ	ㅂ ㅍ	
	**잇소리(치음)** 이의 모양	ㅅ	ㅈ ㅊ	ㅿ
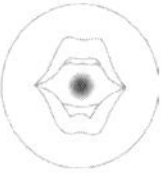	**목구멍소리(후음)** 목구멍의 모양	ㅇ	ㆆ ㅎ	

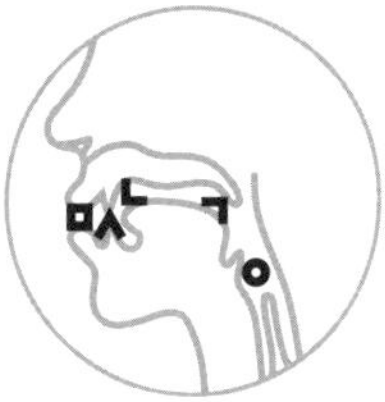

자음 만들기 기본자

기본자 합하기 규칙을 적용했다. 자음 기본 상형자 ㄱ, ㄴ, ㅁ, ㅅ, ㅇ의 5개 소리는 거세지 않은 소리다. 이 소리들보다 입김을 많이 내어 세게 소리를 내면 거센소리가 된다.

ㄱ→ㅋ, ㄴ→ㄷ→ㅌ, ㅁ→ㅂ→ㅍ 등과 같이 소리가 세어지는 정도에 따라 획을 더해 아홉 자를 더 만들었다. 이 밖에도 이체자(글자의 짜임새가 다른 글자) ㆁ, ㄹ, ㅿ 세 자가 더 있어 훈민정음의 기본 자음자는 모두 열입곱 자다.

모음자의 경우는 기본 상형자(ㆍ,ㅡ,ㅣ)를 한 번씩 합쳐 ㅗㅏㅜㅓ의 네 자를 만들었다. ㅡ에 ㆍ를 위아래로 합쳐 ㅗㅜ를 만들고, ㅣ에 ㆍ를

15세기 기본 모음자 11자의 제자 원리

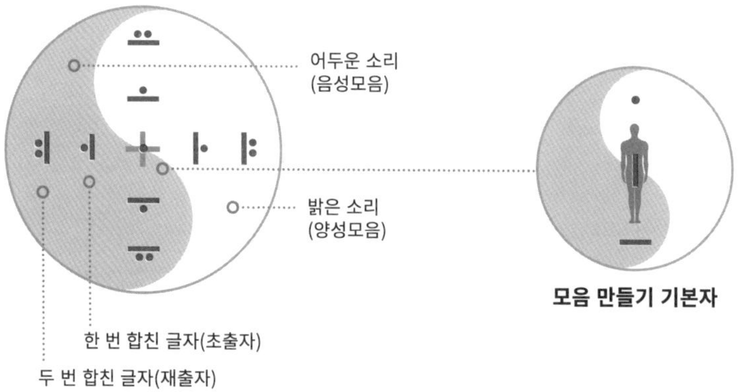

바깥쪽과 안쪽에 합쳐 ㅏ ㅓ를 만든 것이다.

ㅛ ㅑ ㅠ ㅕ는 ㆍ를 두 번씩 합쳐 만들었다. 자연의 이치로 보자면 아래아(ㆍ)가 위쪽과 오른쪽에 붙을 때 양성모음, 아래쪽과 왼쪽에 붙을 때 음성모음이 된다. 이렇게 한글은 최소의 문자로 기본 상형자를 만들고, 나머지는 기본 상형자에서 규칙적으로 확대해 간 문자이므로 간결하고 배우기 쉬우며 쓰기에 편하다. 한글의 과학적 특성은 자연 철학과 연결되어 더욱 빛을 발한다.

훈민정음 28자

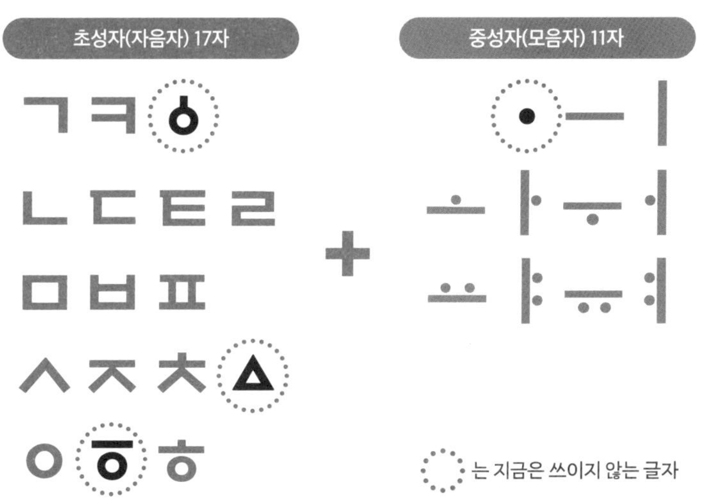

차례

1부

정음

(正音, 바른소리글자)

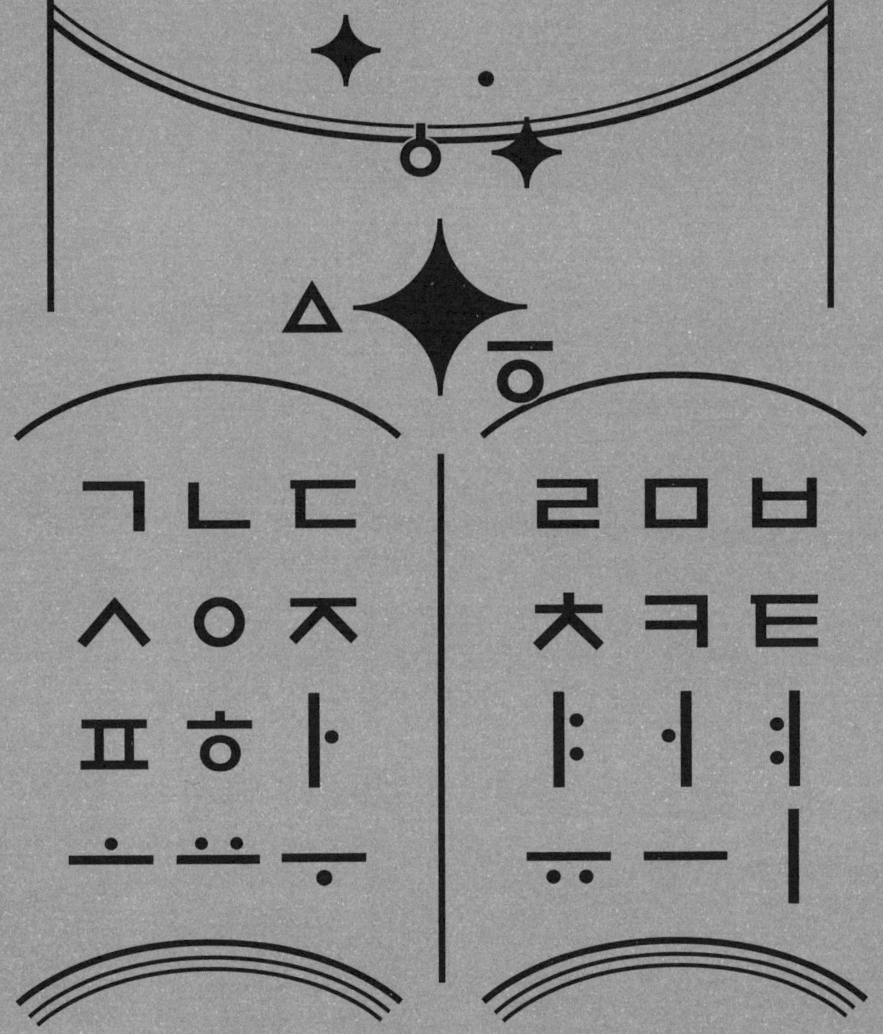

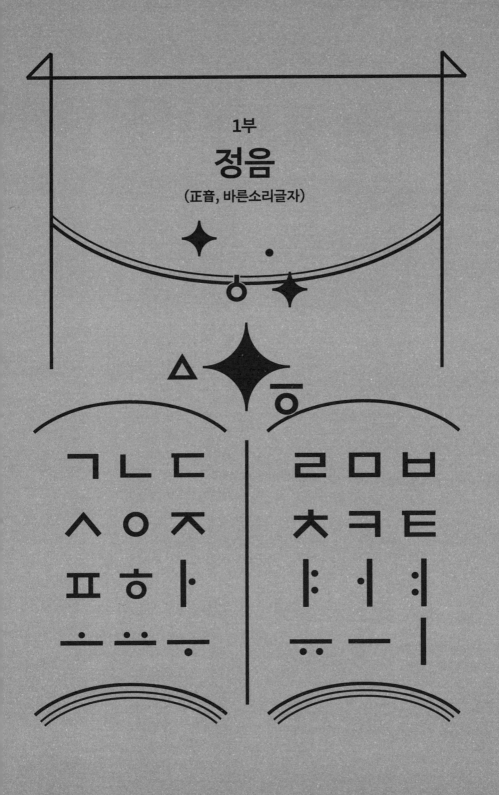

정음1ㄱ

訓民正音
國之語音。異乎中國。與文字
不相流通。故愚民。有所欲言。
而終不得伸其情者。多矣。予
爲此憫然。新制二十八字。欲
使人人。易習。便於日用耳。
ㄱ。牙音。如君字初發聲

訓民正音 [정음1ㄱ:1_권수제]

國之語音, 異乎中國, 與文字 [정음1ㄱ:2_어제서문]

不相流通. 故愚民有所欲言, [정음1ㄱ:3_어제서문]

而終不得伸其情者多矣.予 [정음1ㄱ:4_어제서문]

爲°此憫然, 新制二十八字, 欲 [정음1ㄱ:5_어제서문]

使人人易°習便於日用耳 [정음1ㄱ:6_어제서문]

ㄱ. 牙音. 如君字初發聲 [정음1ㄱ:7_어제예의]

세종 서문

우리나라 말이 중국 말과 달라 한자와는 서로 잘 통하지 않는다. 그러므로 글 모르는 백성이 말하려는 것이 있어도, 끝내 제 뜻을 능히 펼치지 못하는 사람이 많다. 내가 이것을 가엾게 여겨 새로 스물여덟 자를 만드니, 사람마다 쉽게 익혀 날마다 씀에 편안케 하고자 할 따름이다.

예의

ㄱ(기)는 어금닛소리(아음)이니, '군(君)' 자의 처음 나는 소리(초성)와 같다.

세종 서문[1]

국 지 어 음　이 호 중 국　여 문 자 불 상 류 통

1. 國之語音이 異乎中國하여 與文字不相流通하니라.

[정음1ㄱ:2-3_어제서문]

우리나라 말이 중국 말과 달라 한자와는 서로 잘 통하지 않는다.

國(나라 국)•之(어조사 지)•語(말 어)•音(소리 음)•異(다를 이)•乎(어조사 호)•中(가운데 중)•國(나라 국)•與(더불어 여)•文(글월 문)•字(글자 자)•不(아니 불)•相(서로 상)•流(흐를 유)•通(통할 통)

고 우 민 유 소 욕 언　이 종 부 득 신 기 정 자 다 의

2. 故愚民有所欲言하여도 而終不得伸其情者多矣라.

[정음1ㄱ:3-4_어제서문]

그러므로 글 모르는 백성[2]이 말하려는 것이 있어도, 끝내 제 뜻을 능히 펼치지 못하는 사람이 많다.

故(연고 고)•愚(어리석을 우)•民(백성 민)•有(있을 유)•所(바 소)•欲(하고자할 욕)•言(말 언)[3]•而(말이을 이)•終(마칠 종)•不(아니 부)•得(능히 득)•伸(펼 신)•其(그 기)•情(뜻 정)•者(사람 자)•多(많을 다)•矣(어조사 의)

여 위　차 민 연　신 제 이 십 팔 자　욕 사 인 인 이　습

3. 予爲° 此憫然하여 新制二十八字하나니 欲使人人易° 習하여

편 어 일 용 이

便於日用耳[4]니라. [정음1ㄱ:4-6_어제서문]

내가 이것을 가엾게 여겨 새로 스물여덟 자를 만드니, 사람마다 쉽게 익혀 날마다 씀에 편안케 하고자 할 따름이다.

予(나 여)•爲°(위하여 위)•此(이 차)•憫(불쌍할 민)•然(그럴 연)•新(새 신)•制(만들 제)•二(두 이)•十(열 십)•八(여덟 팔)•字(글자 자)•欲(하고자할 욕)•使(하여금 사)•人(사람 인)•人(사람 인)•易°(쉬울 이)•習(익힐 습)•便(편안할 편)•於(어조사 어)•日(날 일)•用(쓸 용)•耳(따름 이)

아음 여군 자초발성

4. ㄱ(기)는 牙音이니 如君(군)字初發聲하니라. [정음1ㄱ:7_어제예의]

ㄱ(기)는 어금닛소리(아음)이니, **'군**(君)' 자의 처음 나는 소리(초성)와 같다.

牙(어금니 아)•音(소리 음)•如(같을 여)•君(임금 군)•字(글자 자)•初(처음 초)•發(필 발)•聲(소리 성)

세종 서문

---

1 '세종 서문'은 '어제 서문'이라고도 한다. 오늘날의 책 머리말 같은 서문은 아니고 정확히는 정음 취지문이다.

2 '愚民'을 '어리석은 백성'으로 직역하면 지금의 '어리석은'이라는 말뜻과 오해가 생기므로, 조규태(2000)의 제안대로 '글 모르는 백성'으로 옮겼다.

3 '言'은 보통 한자 사전에는 '말씀 언'으로 되어 있지만, '말씀'은 높임이나 겸양 맥락에서만 쓰는 말이므로 '말 언'으로 옮긴다.

4 현재 간송본에서는 '耳(따름 이)'가 아닌 '矣(어조사 의)'로 되어 있다. 간송본은 표지와 앞 두 장 모두 네 쪽(정음1ㄱ-2ㄴ)은 진본이 아니기 때문이다. 다행히 이 부분은 세종실록과 언해본으로 확인할 수 있어 한글학회 영인본(1997)에서 바로잡은 바 있다. 이런 문제는 최현배(1942)의 《한글갈》(정음문화사)에서 자세히 밝혔다.

정음1ㄴ

並書如虯字初發聲

ㅋ。牙音。如快字初發聲

ㆁ。牙音。如業字初發聲

ㄷ。舌音。如斗字初發聲

並書如覃字初發聲

ㅌ。舌音。如呑字初發聲

ㄴ。舌音。如那字初發聲

並書, 如虯字初發聲 [정음1ㄴ:1_어제예의]

ㅋ. 牙音. 如快字初發聲 [정음1ㄴ:2_어제예의]

ㆁ. 牙音. 如業字初發聲 [정음1ㄴ:3_어제예의]

ㄷ. 舌音. 如斗字初發聲 [정음1ㄴ:4_어제예의]

並書, 如覃字初發聲 [정음1ㄴ:5_어제예의]

ㅌ. 舌音. 如呑字初發聲 [정음1ㄴ:6_어제예의]

ㄴ. 舌音. 如那字初發聲 [정음1ㄴ:7_어제예의]

나란히 쓰면 '끃(虯)' 자의 처음 나는 소리와 같다.

ㅋ(키)는 어금닛소리이니, '쾡(快)' 자의 처음 나는 소리와 같다.

ㆁ(이)는 어금닛소리이니, '업(業)' 자의 처음 나는 소리와 같다.

ㄷ(디)는 혓소리(설음)이니, '둫(斗)' 자의 처음 나는 소리와 같다.

나란히 쓰면 '땀(覃)' 자의 처음 나는 소리와 같다.

ㅌ(티)는 혓소리이니, '톤(呑)' 자의 처음 나는 소리와 같다.

ㄴ(니)는 혓소리이니, '낭(那)' 자의 처음 나는 소리와 같다.

병 서 여 규 자 초 발 성

5. 並書하면 如虯(뀨)字初發聲하니라. [정음1ㄴ:1_어제예의]

나란히 쓰면 '뀨(虯)' 자의 처음 나는 소리와 같다

並(아우를 병)•書(쓸 서)•如(같을 여)•虯(새끼용 규)•字(글자 자)•初(처음 初)•發(필 발)•聲(소리 성)

아 음 여 쾌 자 초 발 성

6. ㅋ(키)는 牙音이니 如快(쾌)字初發聲하니라. [정음1ㄴ:2_어제예의]

ㅋ(키)는 어금닛소리이니, '쾌(快)' 자의 처음 나는 소리와 같다.

牙(어금니 아)•音(소리 음)•如(같을 여)•快(쾌할 쾌)•字(글자 자)•初(처음 初)•發(필 발)•聲(소리 성)

아 음 여 업 자 초 발 성

7. ㆁ(이)는 牙音이니 如業(ᅌᅥᆸ)字初發聲하니라. [정음1ㄴ:3_어제예의]

ㆁ(이)는 어금닛소리이니, 'ᅌᅥᆸ(業)' 자의 처음 나는 소리와 같다.

牙(어금니 아)•音(소리 음)•如(같을 여)•業(일 업)•字(글자 자)•初(처음 初)•發(필 발)•聲(소리 성)

설 음 여 두 자 초 발 성 병 서 여 담

8–9. ㄷ(디)는 舌音이니 如斗(두)字初發聲하니라. 並書하면 如覃

자 초 발 성

(ᄄᆞᆷ)字初發聲하니라. [정음1ㄴ:4-5_어제예의][5]

ㄷ(디)는 혓소리(설음)이니, '두(斗)' 자의 처음 나는 소리와 같다. 나란히 쓰면 'ᄄᆞᆷ(覃)' 자의 처음 나는 소리와 같다.

舌(혀 설)•音(소리 음)•如(같을 여)•斗(말 두)•字(글자 자)•初(처음 初)•發(필 발)•聲(소리 성)• 並(아우를 병)•書(쓸 서)•如(같을 여)•覃(깊을담)•字(글자 자)•初(처음 初)•發(필 발)•聲(소리 성)

설음 여탄 자초발성

10. **ㅌ(티)는 舌音이니 如呑(ᄐᆞᆫ)字初發聲하니라.** [정음1ㄴ:6_어제예의]

ㅌ(티)는 혓소리이니, 'ᄐᆞᆫ(呑)' 자의 처음 나는 소리와 같다.

舌(혀 설)•音(소리 음)•如(같을 여)•呑(삼킬 탄)•字(글자 자)•初(처음 초)•發(필 발)•聲(소리 성)

설음 여나 자초발성

11. **ㄴ(니)는 舌音이니 如那(나)字初發聲하니라.** [정음1ㄴ:7_어제예의]

ㄴ(니)는 혓소리이니, '나(那)' 자의 처음 나는 소리와 같다.

舌(혀 설)•音(소리 음)•如(같을 여)•那(어찌 나)•字(글자 자)•初(처음 초)•發(필 발)•聲(소리 성)

지금은 쓰이지 않는
글자 발음법 1 ▶

아래아(·)

반시옷(ㅿ)

여린히읗(ㆆ)

옛이응(ㆁ)

---

5 8행과 9행을 한 줄로 합쳤다.

정음2ㄱ

ㅂ 脣音 如彆字初發聲

並書 如步字初發聲

ㅍ 脣音 如漂字初發聲

ㅁ 脣音 如彌字初發聲

ㅈ 齒音 如即字初發聲

並書 如慈字初發聲

ㅊ 齒音 如侵字初發聲

ㅂ. 脣音. 如彆字初發聲 [정음2ㄱ:1_어제예의]

並書, 如步字初發聲 [정음2ㄱ:2_어제예의]

ㅍ. 脣音. 如漂字初發聲 [정음2ㄱ:3_어제예의]

ㅁ. 脣音. 如彌字初發聲 [정음2ㄱ:4_어제예의]

ㅈ. 齒音. 如即字初發聲 [정음2ㄱ:5_어제예의]

並書, 如慈字初發聲 [정음2ㄱ:6_어제예의]

ㅊ. 齒音. 如侵字初發聲 [정음2ㄱ:7_어제예의]

ㅂ(비)는 입술소리(순음)이니, '볃(彆)' 자의 처음 나는 소리와 같다.

나란히 쓰면 '뽀(步)' 자의 처음 나는 소리와 같다.

ㅍ(피)는 입술소리이니, '표(漂)' 자의 처음 나는 소리와 같다.

ㅁ(미)는 입술소리이니, '미(彌)' 자의 처음 나는 소리와 같다.

ㅈ(지)는 잇소리(치음)이니, '즉(即)' 자의 처음 나는 소리와 같다.

나란히 쓰면 'ᄍᆞ(慈)' 자의 처음 나는 소리와 같다.

ㅊ(치)는 잇소리이니, '침(侵)' 자의 처음 나는 소리와 같다.

순음 여별 자초발성 병서 여보

12–13. ㅂ(비)는 脣音이니 如鷩(ᄇᆑᇙ)字初發聲하니라. 並書하면 如步(ᄈᆞ)

자초발성

字初發聲하니라. [정음2ㄱ:1-2_어제예의]

ㅂ(비)는 입술소리(순음)이니, 'ᄇᆑᇙ(鷩)' 자의 처음 나는 소리와 같다. 나란히 쓰면 'ᄈᆞ(步)' 자의 처음 나는 소리와 같다.

脣(입술 순)•音(소리 음)•如(같을 여)•鷩(활뒤틀릴 별)•字(글자 자)•初(처음 초)•發(필 발)•聲(소리 성)•並(아우를 병)•書(글쓸 서)•如(같을 여)•步(걸음 보)•字(글자 자)•初(처음 초)•發(필 발)•聲(소리 성)

순음 여표 자초발성

14. ㅍ(피)는 脣音이니 如漂(표)字初發聲하니라. [정음2ㄱ:3_어제예의]

ㅍ(피)는 입술소리이니, '표(漂)' 자의 처음 나는 소리와 같다.

脣(입술 순)•音(소리 음)•如(같을 여)•漂(떠다닐 표)•字(글자 자)•初(처음 초)•發(필 발)•聲(소리 성)

순음 여미 자초발성

15. ㅁ(미)는 脣音이니 如彌(미)字初發聲하니라. [정음2ㄱ:4_어제예의]

ㅁ(미)는 입술소리이니, '미(彌)' 자의 처음 나는 소리와 같다.

脣(입술 순)•音(소리 음)•如(같을 여)•彌(미륵 미)•字(글자 자)•初(처음 초)•發(필 발)•聲(소리 성)

치음 여즉 자초발성 병서 여자

16–17. ㅈ(지)는 齒音이니 如即(즉)字初發聲하니라. 並書하면 如慈(ᄍᆞ)

자초발성

字初發聲하니라. [정음2ㄱ:5-6_어제예의]

ㅈ(지)는 잇소리(치음)이니, '즉(即)' 자의 처음 나는 소리와 같다. 나란히 쓰면 'ᄍᆞ(慈)' 자의 처음 나는 소리와 같다.

齒(이 치)•音(소리 음)•如(같을 여)•即(곧 즉)•字(글자 자)•初(처음 초)•發(필 발)•聲(소리 성)•並(아우를 병)•書(쓸 서)•如(같을 여)•慈(사랑 자)•字(글자 자)•初(처음 초)•發(필 발)•聲(소리 성)

치음 여침 자초발성

18. **ㅊ(치)는 齒音이니 如侵(침)字初發聲하니라.** [정음2ㄱ:7_어제예의]

ㅊ(치)는 잇소리이니, '침(侵)' 자의 처음 나는 소리와 같다.

齒(이 치)•音(소리 음)•如(같을 여)•侵(침노할 침)•字(글자 자)•初(처음 초)•發(필 발)•聲(소리 성)

'훈민정음'과 '한글'

'한글'은 한국어는 물론이고 다른 나라 말도 적을 수 있는 한국 고유의 문자로 'ㄱ, ㄴ, ㄷ, ㄹ…' 등의 자음자, 'ㅏ, ㅑ, ㅓ, ㅕ …' 등의 모음자를 합해서 쓰는 글자다.

'한글'은 세종대왕이 1443년에 창제하여 1446년에 반포할 당시에는 '훈민정음' 또는 '언문'이라 불렀다. '훈민정음'은 '백성을 가르치는 바른 소리(=글자)'라는 뜻이고, '언문'은 '일반 백성이 우리말 방식으로 쉽게 적는 문자'라는 뜻이다.

'한글'이란 말은 '오직 하나의 큰 글' 또는 '한나라 글'이라는 의미로, 1910년 이후에 널리 퍼졌다. 따라서 '한글'은 좁은 뜻으로는 근대 이후 글자를 가리키지만, 넓은 뜻으로는 15세기 '훈민정음'과 '언문'을 포함한다.

정음2ㄴ

ㅅ。齒音。如戌字初發聲

並書。如邪字初發聲

ㆆ。喉音。如挹字初發聲

ㅎ。喉音。如虛字初發聲

並書。如洪字初發聲

ㅇ。喉音。如欲字初發聲

ㄹ。半舌音。如閭字初發聲

ㅅ. 齒音. 如戌字初發聲 [정음2ㄴ:1_어제예의]

並書, 如邪字初發聲 [정음2ㄴ:2_어제예의]

ㆆ. 喉音. 如挹字初發聲 [정음2ㄴ:3_어제예의]

ㅎ. 喉音. 如虛字初發聲 [정음2ㄴ:4_어제예의]

並書, 如洪字初發聲 [정음2ㄴ:5_어제예의]

ㅇ. 喉音. 如欲字初發聲 [정음2ㄴ:6_어제예의]

ㄹ. 半舌音. 如閭字初發聲 [정음2ㄴ:7_어제예의]

ㅅ(시)는 잇소리이니, '슗(戌)' 자의 처음 나는 소리와 같다.

나란히 쓰면 'ᄴᆞ(邪)' 자의 처음 나는 소리와 같다.

ㆆ(히)는 목구멍소리(후음)이니, 'ᅙᅳᆸ(挹)' 자의 처음 나는 소리와 같다.

ㅎ(히)는 목구멍소리이니, '허(虛)' 자의 처음 나는 소리와 같다.

나란히 쓰면 'ᅘᅩᇰ(洪)' 자의 처음 나는 소리와 같다.

ㅇ(이)는 목구멍소리이니, '욕(欲)' 자의 처음 나는 소리와 같다.

ㄹ(리)는 반혓소리(반설음)이니, '려(閭)' 자의 처음 나는 소리와 같다.

치음 여술 자초발성 병서 여사
19–20. ㅅ(시)는 齒音이니 如戌(슗)字初發聲하니라. 並書하면 如邪
자초발성
(쌰)字初發聲하니라. [정음2ㄴ:1-2_어제예의]

ㅅ(시)는 잇소리이니, '슗(戌)' 자의 처음 나는 소리와 같다. 나란히 쓰면 '쌰(邪)' 자의 처음 나는 소리와 같다.

齒(이 치)•音(소리 음)•如(같을 여)•戌(개 술)•字(글자 자)•初(처음 초)•發(필 발)•聲(소리 성)•並(아우를 병)•書(쓸 서)•如(같을 여)•邪(간사할 사)•字(글자 자)•初(처음 초)•發(필 발)•聲(소리 성)

후음 여읍 자초발성
21. ㆆ(히)는 喉音이니 如挹(ᅙᅳᆸ)字初發聲하니라. [정음2ㄴ:3_어제예의]

ㆆ(히)는 목구멍소리(후음)이니, 'ᅙᅳᆸ(挹)' 자의 처음 나는 소리와 같다.

喉(목구멍 후)•音(소리 음)•如(같을 여)•挹(뜰 읍)•字(글자 자)•初(처음 초)•發(필 발)•聲(소리 성)

후음 여허 자초발성 병서 여홍
22–23. ㅎ(히)는 喉音이니 如虛(허)字初發聲하니라. 並書하면 如洪(ᅘᅩᆼ)
자초발성
字初發聲하니라. [정음2ㄴ:4-5_어제예의]

ㅎ(히)는 목구멍소리이니, '허(虛)' 자의 처음 나는 소리와 같다. 나란히 쓰면 'ᅘᅩᆼ(洪)' 자의 처음 나는 소리와 같다.

喉(목구멍 후)•音(소리 음)•如(같을 여)•虛(빌 허)•字(글자 자)•初(처음 초)•發(필 발)•聲(소리 성)•並(아우를 병)•書(쓸 서)•如(같을 여)•洪(넓을 홍)•字(글자 자)•初(처음 초)•發(필 발)•聲(소리 성)

후음 여욕 자초발성
24. ㅇ는 喉音이니 如欲(욕)字初發聲하니라. [정음2ㄴ:6_어제예의]

ㅇ(이)는 목구멍소리이니, '욕(欲)' 자의 처음 나는 소리와 같다.

喉(목구멍 후)•音(소리 음)•如(같을 여)•欲(하고자할 욕)•字(글자 자)•初(처음 초)•發(필 발)•聲(소리 성)

반설음 여려 자초발성

25. **ㄹ(리)는 半舌音이니 如閭(려)字初發聲하니라.** [정음2ㄴ:7_어제예의]

ㄹ(리)는 반혓소리(반설음)이니, '려(閭)' 자의 처음 나는 소리와 같다.

半(반 반)•舌(혀 설)•音(소리 음)•如(같을 여)•閭(마을 려)•字(글자 자)•初(처음 초)•發(필 발)•聲(소리 성)

사성 권점

《훈민정음》 해례본에는 다음과 같이 한자의 사성 권점(네 귀퉁이에 찍은 둥근 점, 돌림)과 구두점이 찍혀 있다. 사성 권점은 전체 한자 4,790자 가운데 반복된 글자 포함 60자, 글자 갈래 수로 30자에 찍혀 있다. 음의 변화나 특별한 뜻을 강조하기 위해서 쓰였다. 이를테면 '易(바꿀 역)'에 거성을 찍으면 '쉬울 이'가 되어 음과 뜻이 바뀐다.

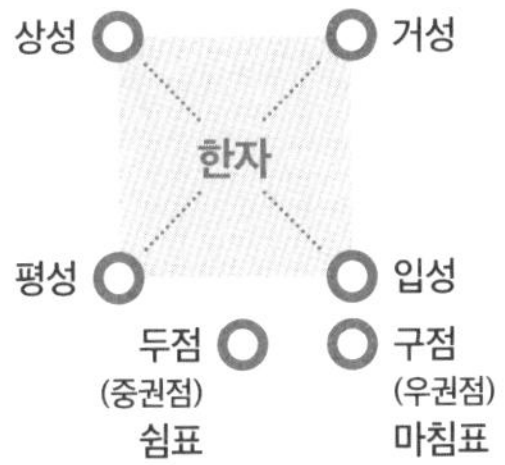

정음3ㄱ

ㅿ。半齒音。如穰字初發聲

ㆍ。如呑字中聲

ㅡ。如即字中聲

ㅣ。如侵字中聲

ㅗ。如洪字中聲

ㅏ。如覃字中聲

ㅜ。如君字中聲

ㅿ. 半齒音. 如穰字初發聲 [정음3ㄱ:1_어제예의]

ㆍ. 如呑字中聲 [정음3ㄱ:2_어제예의]

ㅡ. 如即字中聲 [정음3ㄱ:3_어제예의]

ㅣ. 如侵字中聲 [정음3ㄱ:4_어제예의]

ㅗ. 如洪字中聲 [정음3ㄱ:5_어제예의]

ㅏ. 如覃字中聲 [정음3ㄱ:6_어제예의]

ㅜ. 如君字中聲 [정음3ㄱ:7_어제예의]

ㅿ(싀)는 반잇소리(반치음)이니, 'ᅀᅣᆼ(穰)' 자의 처음 나는 소리와 같다.

ㆍ는 'ᄐᆞᆫ(呑)' 자의 가운뎃소리(중성)와 같다.

ㅡ는 '즉(即)' 자의 가운뎃소리와 같다.

ㅣ는 '침(侵)' 자의 가운뎃소리와 같다.

ㅗ는 'ᅘᅩᆼ(洪)' 자의 가운뎃소리와 같다.

ㅏ는 '땀(覃)' 자의 가운뎃소리와 같다.

ㅜ는 '군(君)' 자의 가운뎃소리와 같다.

반치음　　여양　　자초발성

26. ㅿ(ᅀᅵ)는 半齒音이니 如穰(ᅀᅣᇰ)字初發聲하니라. [정음3ㄱ:1_어제예의]

ㅿ(ᅀᅵ)는 반잇소리(반치음)이니, 'ᅀᅣᇰ(穰)' 자의 처음 나는 소리와 같다.

半(반 반)•齒(이 치)•音(소리 음)•如(같을 여)•穰(짚 양)•字(글자 자)•初(처음 초)•發(필 발)•聲(소리 성)

여탄　　자중성

27. ㆍ는 如呑(ᄐᆞᆫ)字中聲하니라. [정음3ㄱ:2_어제예의]

ㆍ는 'ᄐᆞᆫ(呑)' 자의 가운뎃소리(중성)와 같다.

如(같을 여)•呑(삼킬 탄)•字(글자 자)•中(가운데 중)•聲(소리 성)

여즉　　자중성

28. ㅡ는 如即(즉)字中聲하니라. [정음3ㄱ:3_어제예의]

ㅡ는 '즉(即)' 자의 가운뎃소리와 같다.

如(같을 여)•即(곧 즉)•字(글자 자)•中(가운데 중)•聲(소리 성)

여침　　자중성

29. ㅣ는 如侵(침)字中聲하니라. [정음3ㄱ:4_어제예의]

ㅣ는 '침(侵)' 자의 가운뎃소리와 같다.

如(같을 여)•侵(침노할 침)•字(글자 자)•中(가운데 중)•聲(소리 성)

여홍　　자중성

30. ㅗ는 如洪(ᅘᅩᇰ)字中聲하니라. [정음3ㄱ:5_어제예의]

ㅗ는 'ᅘᅩᇰ(洪)' 자의 가운뎃소리와 같다.

如(같을 여)•洪(넓을 홍)•字(글자 자)•中(가운데 중)•聲(소리 성)

여 담　　자 중 성

31. ㅏ는 如覃(땀)字中聲하니라. [정음3ㄱ:6_어제예의]

ㅏ는 '땀(覃)' 자의 가운뎃소리와 같다.

如(같을 여)•覃(깊을 담)•字(글자 자)•中(가운데 중)•聲(소리 성)

여 군　　자 중 성

32. ㅜ는 如君(군)字中聲하니라. [정음3ㄱ:7_어제예의]

ㅜ는 '군(君)' 자의 가운뎃소리와 같다.

如(같을 여)•君(임금 군)•字(글자 자)•中(가운데 중)•聲(소리 성)

정음3ㄴ

ㅓ。如業字中聲

ㅛ。如欲字中聲

ㅑ。如穰字中聲

ㅠ。如戌字中聲

ㅕ。如彆字中聲

終聲復用初聲。ㅇ連書脣音

之下。則為脣輕音。初聲合用

ㅓ. 如業字中聲 [정음3ㄴ:1_어제예의]

ㆇ. 如欲字中聲 [정음3ㄴ:2_어제예의]

ㅑ. 如穰字中聲 [정음3ㄴ:3_어제예의]

ㆌ. 如戌字中聲 [정음3ㄴ:4_어제예의]

ㅕ. 如彆字中聲 [정음3ㄴ:5_어제예의]

終聲復°用初聲. ㅇ連書脣音 [정음3ㄴ:6_어제예의]

之下, 則爲脣輕音. 初聲合用 [정음3ㄴ:7_어제예의]

ㅓ 는 '업(業)' 자의 가운뎃소리와 같다.

ㆇ 는 '욕(欲)' 자의 가운뎃소리와 같다.

ㅑ 는 '샹(穰)' 자의 가운뎃소리와 같다.

ㆌ 는 '슏(戌)' 자의 가운뎃소리와 같다.

ㅕ 는 '볃(彆)' 자의 가운뎃소리와 같다.

끝소리글자(종성자)는 첫소리글자(초성자)를 다시 쓴다. ㅇ(이)를 입술소리 아래 이어 쓰면 입술가벼운소리(순경음, ㅸ)가 된다. 첫소리글자(초성자)를 합쳐서 쓰려면 나란히 쓰고, 끝소리글자(종성자)도 첫소리글자(초성자)와 마찬가지다.

여 업　　자 중 성
33. ㅓ는 如業(업)字中聲하니라. [정음3ㄴ:1_어제예의]

ㅓ는 '업(業)' 자의 가운뎃소리와 같다.

如(같을 여)•業(일 업)•字(글자 자)•中(가운데 중)•聲(소리 성)

여 욕　　자 중 성
34. ㅛ는 如欲(욕)字中聲하니라. [정음3ㄴ:2_어제예의]

ㅛ는 '욕(欲)' 자의 가운뎃소리와 같다.

如(같을 여)•欲(하고자할 욕)•字(글자 자)•中(가운데 중)•聲(소리 성)

여 양　　자 중 성
35. ㅑ는 如穰(샹)字中聲하니라. [정음3ㄴ:3_어제예의]

ㅑ는 '샹(穰)' 자의 가운뎃소리와 같다.

如(같을 여)•穰(짚 양)•字(글자 자)•中(가운데 중)•聲(소리 성)

여 술　　자 중 성
36. ㅠ는 如戌(슗)字中聲하니라. [정음3ㄴ:4_어제예의]

ㅠ는 '슗(戌)' 자의 가운뎃소리와 같다.

如(같을 여)•戌(개 술)•字(글자 자)•中(가운데 중)•聲(소리 성)

여 별　　자 중 성
37. ㅕ는 如彆(볋)字中聲하니라. [정음3ㄴ:5_어제예의]

ㅕ는 '볋(彆)' 자의 가운뎃소리와 같다.

如(같을 여)•彆(활뒤틀릴 별)•字(글자 자)•中(가운데 중)•聲(소리 성)

종 성 부　용 초 성
38. 終聲復°用初聲하니라. [정음3ㄴ:6_어제예의]

끝소리글자(종성자)는 첫소리글자(초성자)를 다시 쓴다.

終(끝 종)•聲(소리 성)•復°(다시 부)•用(쓸 용)•初(처음 초)•聲(소리 성)

연서순음지하 즉위순경음

39. ㅇ(이)連書脣音之下하면, 則爲脣輕音이니라. [정음3ㄴ:6-7_어제예의]

ㅇ(이)를 입술소리 아래 이어 쓰면 입술가벼운소리(순경음, ㅸ)가 된다.

連(이을 연)•書(쓸 서)•脣(입술 순)•音(소리 음)•之(어조사 지)•下(아래 하)•則(곧 즉)•爲(될 위)•脣(입술 순)•輕(가벼울 경)•音(소리 음)

초성합용즉병서 종성동

40. 初聲合用則並書하고, 終聲同하니라. [정음3ㄴ:7-4ㄱ:1_어제예의]

첫소리글자(초성자)를 합쳐서 쓰려면 나란히 쓰고, 끝소리글자(종성자)도 첫소리글자(초성자)와 마찬가지다.

初(처음 초)•聲(소리 성)•合(합할 합)•用(쓸 용)•則(곧 즉)•並(아우를 병)•書(쓸 서)•終(끝 종)•聲(소리 성)•同(같을 동)

지금은 쓰이지 않는
글자 발음법 2 ▶

순경음 비읍(ㅸ)

반설경음(ᄛ)

정음4ㄱ

則並書。終聲同。· ㅡ ㅗ ㅜ ㅛ
ㅠ 附書初聲之下。ㅣ ㅏ ㅓ ㅑ ㅕ
附書於右。凡字必合而成
音。左加一點則去聲。二則上
聲。無則平聲。入聲加點同而
促急

則並書, 終聲同. ㆍ ㅡ ㅗ ㅜ ㅛ [정음4ㄱ:1_어제예의]

ㅠ, 附書初聲之下. ㅣ ㅏ ㅓ ㅑ [정음4ㄱ:2_어제예의]

ㅕ, 附書於右. 凡字必合而成 [정음4ㄱ:3_어제예의]

音. 左加一點則去聲, 二則°上 [정음4ㄱ:4_어제예의]

聲, 無則平聲. 入聲加點同而 [정음4ㄱ:5_어제예의]

促急 [정음4ㄱ:6_어제예의]

ㆍ ㅡ ㅗ ㅜ ㅛ ㅠ는 첫소리글자 아래에 붙여 쓴다.

ㅣ ㅏ ㅓ ㅑ ㅕ 는 첫소리글자의 오른쪽에 붙여 쓴다.

무릇 낱글자는 반드시 합하여야만 음절이 이루어진다. 음절자 왼쪽에 한 점을 더하면 거성(높은 소리)이고, 점이 둘이면 상성(처음이 낮고 나중이 높은 소리)이고, 점이 없으면 평성(낮은 소리)이다. 입성(짧고 빨리 끝나는 소리)은 점을 더하는 것은 평성·상성·거성과 같으나 빠르다.

부 서 초 성 지 하

41. · ㅡ ㅗ ㅜ ㅛ ㅠ는 **附書初聲之下하니라.** [정음4ㄱ:1-2_어제예의]

· ㅡ ㅗ ㅜ ㅛ ㅠ는 첫소리글자 아래에 붙여 쓴다.

附(붙을 부)•書(쓸 서)•初(처음 초)•聲(소리 성)•之(어조사 지)•下(아래 하)

부 서 어 우

42. ㅣ ㅏ ㅓ ㅑ ㅕ는 **附書於右하니라.** [정음4ㄱ:2-3_어제예의]

ㅣ ㅏ ㅓ ㅑ ㅕ는 첫소리글자의 오른쪽에 붙여 쓴다.

附(붙을 부)•書(쓸 서)•於(어조사 어)•右(오른쪽 우)

범 자 필 합 이 성 음

43. **凡字必合而成音하니라.** [정음4ㄱ:3-4_어제예의]

무릇 낱글자는 반드시 합하여야만 음절이 이루어진다.

凡(무릇 범)•字(글자 자)•必(반드시 필)•合(합할 합)•而(말이을 이)•成(이룰 성)•音(소리 음)

좌 가 일 점 즉 거 성 　 이 즉 상 성 　 무 즉 평 성

44. **左加一點則去聲이요, 二則°上聲이요, 無則平聲이니라.**

[정음4ㄱ:4-5_어제예의]

음절자 왼쪽에 한 점을 더하면 거성(높은 소리)이고, 점이 둘이면 상성(처음이 낮고 나중이 높은 소리)이고, 점이 없으면 평성(낮은 소리)이다.

左(왼쪽 좌)•加(더할 가)•一(한 일)•點(점 점)•則(곧 즉)•去(갈 거)•聲(소리 성)•二(두 이)•則(곧 즉)•°上(오를 상)•聲(소리 성)•無(없을 무)•則(곧 즉)•平(평평할 평)•聲(소리 성)

입 성 가 점 동 이 촉 급

45. **入聲加點同而促急이니라.** [정음4ㄱ:5-6_어제예의]

입성(짧고 빨리 끝나는 소리)은 점을 더하는 것은 평성·상성·거성과 같으나 빠르다.

入(들 입)•聲(소리 성)•加(더할 가)•點(점 점)•同(같을 동)•而(말이을 이)•促(빠를 촉)•急(빠를 급)

창제(1443) 전 훈민정음 관련 주요 사건

1426년	세종이 법은 나누는 것임을 강조하면서 법조문이 어렵고 복잡한 한문과 이두로 되어 있음을 지적했다.
1428년	김화가 자기 아버지를 죽인 사건이 계기가 되어 세종은 《효행록》 같은 책을 만들어 백성을 교화할 것을 명했다.
1432년	세종이 한문으로 된 법조문을 백성들에게 좀 더 쉽게 알릴 수 있는 방안을 신하들과 의논했다.
1434년	세종이 한자를 모르는 어린아이와 민가의 여성들까지도 책 내용을 알게 하기 위해 그림풀이가 덧붙은 《삼강행실》을 인쇄하여 종친과 신하들, 여러 도에 내려 주었다.
1442년	〈용비어천가〉를 짓고자 세종이 경상도와 전라도 관찰사에게 자료 수집을 명했다.
1443년 12월	세종이 훈민정음(언문)을 창제했다.

2부

정음해례

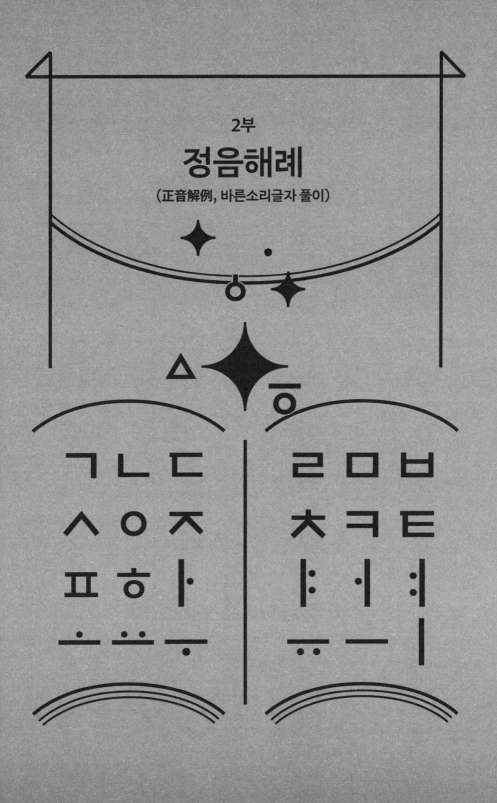

(正音解例, 바른소리글자 풀이)

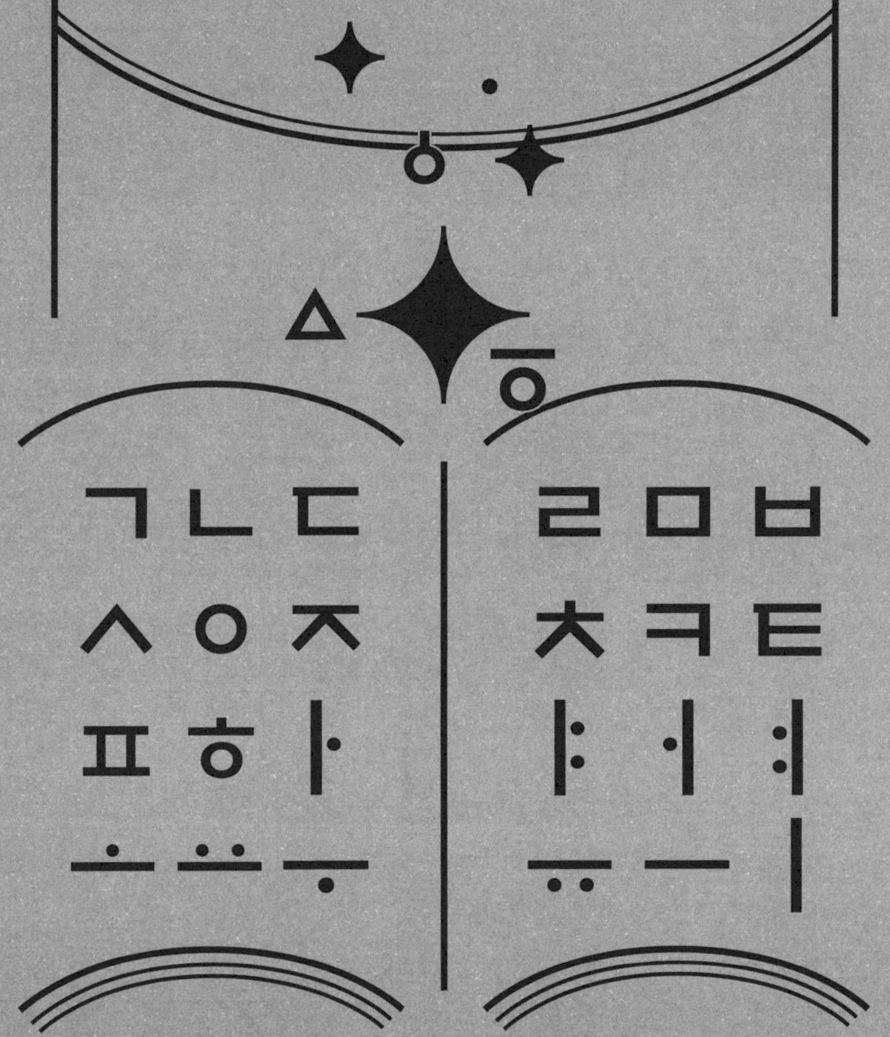

정음해례1ㄱ[6]

訓民正音解例

制字解

天地之道。一陰陽五行而已。坤復
之間爲太極。而動靜之後爲陰陽。
凡有生類在天地之間者。捨陰陽
而何之。故人之聲音。皆有陰陽之
理。顧人不察耳。今正音之作。初非
智營而力索。但因其聲音而極其

訓民正音解例 [정음해례1ㄱ:1_해례제목]

制字解 [정음해례1ㄱ:2_제자해제목]

天地之道, 一陰陽五行而已. 坤復 [정음해례1ㄱ:3_제자해]

之間爲太極, 而動靜之後爲陰陽. [정음해례1ㄱ:4_제자해]

凡有生類在天地之間者, 捨陰陽 [정음해례1ㄱ:5_제자해]

而何之. 故人之聲音, 皆有陰陽之 [정음해례1ㄱ:6_제자해]

理, 顧人不察耳. 今正音之作, 初非 [정음해례1ㄱ:7_제자해]

智營而力索。, 但因其聲音而極其 [정음해례1ㄱ:8_제자해]

제자해(글자 만든 풀이)

하늘과 땅 사이에 변하지 않는 이치는 오직 음양오행 하나뿐이다. 곤괘(여성다움이 가장 센 상징 ☷)와 복괘(싹이 트는 상징 ☷)의 사이가 태극이 되고, 움직임과 멈춤 작용으로 음양이 된다. 무릇 하늘과 땅 사이에 살아 있는 것들이 음양을 버리고 어디로 가겠는가? 그러므로 사람의 말소리(성음) 모두 음양의 이치가 있는 것인데, 생각해 보니 사람들이 살피지 못했을 뿐이다. 이제 정음이 만들어지게 된 것도 애초부터 지혜를 굴리고 힘들여 찾은 것이 아니고, 단지 말소리의 이치를 끝까지 파고들었을 뿐이다.

---

6 흔히 '해례'라고 부른다. 홍기문(1946)의 《정음발달사》(상·하 합본, 서울신문사출판국, 3쪽)에서 "해례란 훈민정음을 제작한 그분의 이론이다."라고 명확히 말한 바 있다. 이 부분은 8명이 저술했지만, 그들은 세종의 생각을 따른 것이라는 뜻이다.

제 자 해
制字解

제자해(글자 만든 풀이)

制(만들 제)•字(글자 자)•解(풀 해)

천 지 지 도 일 음 양 오 행 이 이
46. 天地之道는 一陰陽五行而已니라. [정음해례1ㄱ:3_제자해]

하늘과 땅 사이에 변하지 않는 이치는 오직 음양오행 하나뿐이다.

天(하늘 천)•地(땅 지)•之(어조사 지)•道(이치 도)•一(한 일)•陰(응달 음)•陽(볕 양)•五(다섯 오)•行(갈 행)•而(말이을 이)•已(어조사 이)

곤 복 지 간 위 태 극 이 동 정 지 후 위 음 양
47. 坤復之間爲太極이요, 而動靜之後爲陰陽이니라.

[정음해례1ㄱ:3-4_제자해]

곤괘(여성다움이 가장 센 상징 ䷁)와 복괘(싹이 트는 상징 ䷗)의 사이가 태극이 되고, 움직임과 멈춤 작용으로 음양이 된다.

坤(땅거듭괘 곤)•復(움틀괘 복)•之(어조사 지)•間(사이 간)•爲(될 위)•太(클 태)•極(극진할 극)•而(말이을 이)•動(움직일 동)•靜(고요할 정)•之(어조사 지)•後(뒤 후)•爲(될 위)•陰(응달 음)•陽(볕 양)

범 유 생 류 재 천 지 지 간 자 사 음 양 이 하 지
48. 凡有生類在天地之間者가 捨陰陽而何之리요.

[정음해례1ㄱ:5-6_제자해]

무릇 하늘과 땅 사이에 살아 있는 것들이 음양을 버리고 어디로 가겠는가?

凡(무릇 범)•有(있을 유)•生(날 생)•類(무리 류)•在(있을 재)•天(하늘 천)•地(땅 지)•之(어조사 지)•間(사이 간)•者(것 자)•捨(버릴 사)•陰(응달 음)•陽(볕 양)•而(말이을 이)•何(어디 하)•之(갈 지)

고 인 지 성 음　개 유 음 양 지 리　고 인 불 찰 이

49. 故人之聲音이 皆有陰陽之理이나 顧人不察耳니라.

[정음해례1ㄱ:6-7제자해]

그러므로 사람의 말소리(성음) 모두 음양의 이치가 있는 것인데, 생각해 보니 사람들이 살피지 못했을 뿐이다.

故(연고 고)•人(사람 인)•之(어조사 지)•聲(소리 성)•音(소리 음)•皆(다 개)•有(있을 유)•陰(응달 음)•陽(볕 양)•之(어조사 지)•理(이치 리)•顧(생각해볼 고)•人(사람 인)•不(아니 불)•察(살필 찰)•耳(따름 이)

금 정 음 지 작　초 비 지 영 이 력 색　단 인 기 성 음 이 극 기 리 이

50. 今正音之作은 初非智營而力索。이요, 但因其聲音而極其理而

이

已니라. [정음해례1ㄱ:7-8_제자해]

이제 정음이 만들어지게 된 것도 애초부터 지혜를 굴리고 힘들여 찾은 것이 아니고, 단지 말소리의 이치를 끝까지 파고들었을 뿐이다.

今(이제 금)•正(바를 정)•音(소리 음)•之(어조사 지)•作(지을 작)•初(처음 초)•非(아닐 비)•智(지혜 지)•營(경영할 영)•而(말이을 이)•力(힘 력)•索。(찾을 색)•但(다만 단)•因(인할 인)•其(그 기)•聲(소리 성)•音(소리 음)•而(말이을 이)•極(극진할 극)•其(그 기)•理(이치 리)•而(어조사 이)•已(어조사 이)

정음해례1ㄴ

理而已理既不二則何得不與天
地鬼神同其用也正音二十八字
各象其形而制之初聲凡十七字
牙音ㄱ象舌根閉喉之形舌音ㄴ
象舌附上腭之形脣音ㅁ象口形
齒音ㅅ象齒形喉音ㅇ象喉形ㅋ
比ㄱ聲出稍厲故加畫ㄴ而ㄷㄷ
而ㅌㅁ而ㅂㅂ而ㅍㅅ而ㅈㅈ而

理而已. 理旣不二, 則何得不與天 [정음해례1ㄴ:1_제자해]

地鬼神同其用也. 正音二十八字, [정음해례1ㄴ:2_제자해]

各象其形而制之. 初聲凡十七字. [정음해례1ㄴ:3_제자해]

牙音ㄱ, 象舌根閉喉之形. 舌音ㄴ, [정음해례1ㄴ:4_제자해]

象舌附上腭之形. 脣音ㅁ, 象口形. [정음해례1ㄴ:5_제자해]

齒音ㅅ, 象齒形. 喉音ㅇ, 象喉形. ㅋ [정음해례1ㄴ:6_제자해]

比ㄱ, 聲出稍厲, 故加畫. ㄴ而ㄷ, ㄷ [정음해례1ㄴ:7_제자해]

而ㅌ, ㅁ而ㅂ, ㅂ而ㅍ, ㅅ而ㅈ, ㅈ而 [정음해례1ㄴ:8_제자해]

그 이치가 이미 둘이 아니니, 어찌 천지자연의 혼령과 신령스러운 정령과 함께 정음을 쓰지 않겠는가?

정음 스물여덟 자는 각각 그 모양을 본떠서 만들었다. 첫소리글자는 모두 열일곱 자다. 어금닛소리글자 ㄱ(기)는 혀뿌리가 목구멍을 막는 모양을 본떴다. 혓소리글자 ㄴ(니)는 혀가 윗잇몸에 닿는 모양을 본떴다. 입술소리글자 ㅁ(미)는 입 모양을 본떴다. 잇소리글자 ㅅ(시)는 이 모양을 본떴다. 목구멍소리글자 ㅇ(이)는 목구멍 모양을 본떴다.

ㅋ(키)는 ㄱ(기)에 비해서 소리가 조금 세게 나는 까닭으로 획을 더하였다.

이 기 불 이 즉 하 득 불 여 천 지 귀 신 동 기 용 야

51. **理既不二이니 則何得不與天地鬼神同其用也리요.**

[정음해례1ㄴ:1-2_제자해]

그 이치가 이미 둘이 아니니, 어찌 천지자연의 혼령과 신령스러운 정령과 함께 정음을 쓰지 않겠는가?

理(이치 리•이)•既(이미 기)•不(아니 불)•二(두 이)•則(곧 즉)•何(어찌 하)•得(능히 득)•不(아니 불)•與(더불어 여)•天(하늘 천)•地(땅 지)•鬼(혼령 귀)•神(신 신)•同(같을 동)•其(그 기)•用(쓸 용)•也(어조사 야)

정 음 이 십 팔 자 각 상 기 형 이 제 지

52. **正音二十八字는 各象其形而制之니라.** [정음해례1ㄴ:2-3_제자해]

정음 스물여덟 자는 각각 그 모양을 본떠서 만들었다.

正(바를 정)•音(소리 음)•二(두 이)•十(열 십)•八(여덟 팔)•字(글자 자)•各(각각 각)•象(본뜰 상)•其(그 기)•形(모양 형)•而(말이을 이)•制(만들 제)•之(그것 지)

초 성 범 십 칠 자

53. **初聲凡十七字니라.** [정음해례1ㄴ:3_제자해]

첫소리글자는 모두 열일곱 자다.

初(처음 초)•聲(소리 성)•凡(모두 범)•十(열 십)•七(일곱 칠)•字(글자 자)

아 음 상 설 근 폐 후 지 형

54. **牙音 ㄱ(기)는 象舌根閉喉之形이니라.** [정음해례1ㄴ:4_제자해]

어금닛소리글자 ㄱ(기)는 혀뿌리가 목구멍을 막는 모양을 본떴다.

牙(어금니 아)•音(소리 음)•象(본뜰 상)•舌(혀 설)•根(뿌리 근)•閉(닫을 폐)•喉(목구멍 후)•之(어조사 지)•形(모양 형)

설 음 상 설 부 상 악 지 형

55. 舌音 ㄴ(니)는 象舌附上腭之形이니라. [정음해례1ㄴ:4-5_제자해]

혓소리글자 ㄴ(니)는 혀가 윗잇몸에 닿는 모양을 본떴다.

舌(혀 설)•音(소리 음)•象(본뜰 상)•舌(혀 설)•附(닿을 부)•上(위 상)•腭(잇몸 악)•之(어조사 지)•形(모양 형)

순 음 상 구 형

56. 脣音 ㅁ(미)는 象口形이니라. [정음해례1ㄴ:5_제자해]

입술소리글자 ㅁ(미)는 입 모양을 본떴다.

脣(입술 순)•音(소리 음)•象(본뜰 상)•口(입 구)•形(모양 형)

치 음 상 치 형

57. 齒音 ㅅ(시)는 象齒形이니라. [정음해례1ㄴ:6_제자해]

잇소리글자 ㅅ(시)는 이 모양을 본떴다.

齒(이 치)•音•(소리 음)•象(본뜰 상)•齒(이 치)•形(모양 형)

후 음 상 후 형

58. 喉音 ㅇ(이)는 象喉形이니라. [정음해례1ㄴ:6_제자해]

목구멍소리글자 ㅇ(이)는 목구멍 모양을 본떴다.

喉(목구멍 후)•音(소리 음)•象(본뜰 상)•喉(목구멍 후)•形(모양 형)

비 성 출 초 려 고 가 획

59. ㅋ(키)比 ㄱ(기), 聲出稍厲하니 故加畫이니라. [정음해례1ㄴ:6-7_제자해]

ㅋ(키)는 ㄱ(기)에 비해서 소리가 조금 세게 나는 까닭으로 획을 더하였다.

比(견줄 비)•聲(소리 성)•出(날 출)稍(조금 초)•厲(셀 려)•故(연고 고)•加(더할 가)•畫(그을 획)

정음해례2ㄱ

ㅊ。ㅇ而ㆆ。ㆆ而ㅎ。其因聲加畫之
義皆同。而唯ㆁ爲異。半舌音ㄹ。半
齒音ㅿ。亦象舌齒之形而異其體。
無加畫之義焉。夫人之有聲本於
五行。故合諸四時而不悖。叶之五
音而不戾。喉邃而潤。水也。聲虛而
通。如水之虛明而流通也。於時爲
冬。於音爲羽。牙錯而長。木也。聲似

ㅊ, ㅇ而ㆆ, ㆆ而ㅎ, 其因聲加畫之 [정음해례2ㄱ:1_제자해]
義皆同, 而唯ㆁ爲異. 半舌音ㄹ, 半 [정음해례2ㄱ:2_제자해]
齒音ㅿ, 亦象舌齒之形而異其體, [정음해례2ㄱ:3_제자해]
無加畫之義焉. ◦夫人之有聲, 本於 [정음해례2ㄱ:4_제자해]
五行. 故合諸四時而不悖, 叶之五 [정음해례2ㄱ:5_제자해]
音而不戾. 喉邃而潤, 水也. 聲虛而 [정음해례2ㄱ:6_제자해]
通, 如水之虛明而流通也. 於時爲 [정음해례2ㄱ:7_제자해]
冬, 於音爲羽. 牙錯而長, 木也. 聲似 [정음해례2ㄱ:8_제자해]

ㄴ(니)에서 ㄷ(디), ㄷ(디)에서 ㅌ(티), ㅁ(미)에서 ㅂ(비), ㅂ(비)에서 ㅍ(피), ㅅ(시)에서 ㅈ(지), ㅈ(지)에서 ㅊ(치), ㅇ(이)에서 ㆆ(히), ㆆ(히)에서 ㅎ(히)가 됨도 그 소리로 말미암아 획을 더한 뜻은 같으나, 다만 ㆁ(이)만은 다르다.

반혓소리글자 ㄹ(리), 반잇소리글자 ㅿ(ᅀᆡ)도 또한 혀와 이의 모양을 본떴으나, 그 짜임새를 달리해서 만들었기에 획을 더한 뜻은 없다.

무릇 사람의 말소리는 오행에 뿌리를 두고 있다. 그러므로 사계절에 합하여도 어그러짐이 없으며, 오음계와 맞추어 봐도 잘 어울리고 틀리지 않는다. 목구멍은 깊숙하고 젖어 있으니 오행으로는 물이다. 말소리가 비어 있는 듯이 통하므로 이는 물이 투명하게 맑아 잘 흐르는 것과 같다. 계절로는 겨울이고, 음률로는 '우음계'다.

'어금니'는 어긋나고 기니 오행으로는 나무다.

이 이 이 이
60. ㄴ(니)而ㄷ(디), ㄷ(디)而ㅌ(티), ㅁ(미)而ㅂ(비), ㅂ(비)而ㅍ
이 이 이
(피), ㅅ(시)而ㅈ(지), ㅈ(지)而ㅊ(치), ㅇ(이)而ㆆ(히), ㆆ(히)
이 기 인 성 가 획 지 의 개 동 이 유 위 이
而ㅎ(히), 其因聲加畫之義皆同이나 而唯ㆁ(이)爲異니라.

[정음해례1ㄴ:7-2ㄱ:1-2_제자해]

ㄴ(니)에서 ㄷ(디), ㄷ(디)에서 ㅌ(티), ㅁ(미)에서 ㅂ(비), ㅂ(비)에서 ㅍ(피), ㅅ(시)에서 ㅈ(지), ㅈ(지)에서 ㅊ(치), ㅇ(이)에서 ㆆ(히), ㆆ(히)에서 ㅎ(히)가 됨도 그 소리로 말미암아 획을 더한 뜻은 같으나, 다만 ㆁ(이)만은 다르다.

而(말이을 이)•其(그 기)•因(인할 인)•聲(소리 성)•加(더할 가)•畫(그을 획)•之(어조사 지)•義(뜻 의)•皆(모두 개)•同(같을 동)•而(말이을 이)•唯(오직 유)•爲(될 위)•異(다를 이)

반 설 음 반 치 음 역 상 설 치 지 형 이 이 기 체
61. 半舌音 ㄹ(리), 半齒音 ㅿ(ᅀᅵ), 亦象舌齒之形而異其體이나
무 가 획 지 의 언
無加畫之義焉이니라. [정음해례2ㄱ:2-4_제자해]

반혓소리글자 ㄹ(리), 반잇소리글자 ㅿ(ᅀᅵ)도 또한 혀와 이의 모양을 본떴으나, 그 짜임새를 달리해서 만들었기에 획을 더한 뜻은 없다.

半(반 반)•舌(혀 설)•音(소리 음)•半(반 반)•齒(이 치)•音(소리 음)•亦(또 역)•象(본뜰 상)•舌(혀 설)•齒(이 치)•之(어조사 지)•形(모양 형)•而(말이을 이)•異(다를 이)•其(그 기)•體(몸 체)•無(없을 무)•加(더할 가)•畫(그을 획)•之(어조사 지)•義(뜻 의)•焉(따름 언).

부 인 지 유 성 본 어 오 행
62. ◦夫人之有聲은 本於五行이니라. [정음해례2ㄱ:4-5_제자해]

무릇 사람의 말소리는 오행에 뿌리를 두고 있다.

◦夫(무릇 부)•人(사람 인)•之(어조사 지)•有(있을 유)•聲(소리 성)•本(바탕 본)•於(어조사 어)•五(다섯 오)•行(갈 행)

고 합 저 사 시 이 불 패 협 지 오 음 이 불 려

63. **故合諸四時而不悖하며 叶之五音而不戾니라.** [정음해례2ㄱ:5-6_제자해]

그러므로 사계절에 합하여도 어그러짐이 없으며, 오음계와 맞추어 봐도 잘 어울리고 틀리지 않는다.

故(연고 고)•合(합할 합)•諸(어조사 저)•四(넉 사)•時(때 시)•而(말이을 이)•不(아니 불)•悖(거스를 패)•叶(맞을 협)•之(어조사 지)•五(다섯 오)•音(소리 음)•而(말이을 이)•不(아니 불)•戾(어그러질 려)

후 수 이 윤 수 야

64. **喉邃而潤이니 水也니라.** [정음해례2ㄱ:6_제자해]

목구멍은 깊숙하고 젖어 있으니 오행으로는 물이다.

喉(목구멍 후)•邃(깊을 수)•而(말이을 이)•潤(젖을 윤)•水(물 수)•也(어조사 야)

성 허 이 통 여 수 지 허 명 이 류 통 야

65. **聲虛而通이니 如水之虛明而流通也니라.** [정음해례2ㄱ:6-7_제자해]

말소리가 비어 있는 듯이 통하므로 이는 물이 투명하게 맑아 잘 흐르는 것과 같다.

聲(소리 성)•虛(빌 허)•而(말이을 이)•通(통할 통)•如(같을 여)•水(물 수)•之(어조사 지)•虛(투명할 허)•明(맑을 명)•而(말이을 이)•流(흐를 류)•通(통할 통)•也(어조사 야)

어 시 위 동 어 음 위 우

66. **於時爲冬이고 於音爲羽니라.** [정음해례2ㄱ:7-8_제자해]

계절로는 겨울이고, 음률로는 '우음계'다.

於(어조사 어)•時(때 시)•爲(될 위)•冬(겨울 동)•於(어조사 어)•音(소리 음)•爲(될 위)•羽(음계 우)

아 착 이 장 목 야

67. **牙錯而長이니 木也니라.** [정음해례2ㄱ:8_제자해]

'어금니'는 어긋나고 기니 오행으로는 나무다.

牙(어금니 아)•錯(어긋날 착)•而(어조사 이)•長(길 장)•木(나무 목)•也(어조사 야)

정음해례2ㄴ

喉而實。如木之生於水而有形也。
於時爲春。於音爲角。舌銳而動。火
也。聲轉而颺。如火之轉展而揚揚
也。於時爲夏。於音爲徵。齒剛而斷。
金也。聲屑而滯。如金之屑瑣而鍛
成也。於時爲秋。於音爲商。脣方而
合。土也。聲含而廣。如土之含蓄萬
物而廣大也。於時爲季夏。於音爲

喉而實, 如木之生於水而有形也. [정음해례2ㄴ:1_제자해]
於時爲春, 於音爲角. 舌銳而動, 火 [정음해례2ㄴ:2_제자해]
也. 聲轉而颺, 如火之轉展而揚揚 [정음해례2ㄴ:3_제자해]
也. 於時爲夏, 於音爲°徵. 齒剛而斷°, [정음해례2ㄴ:4_제자해]
金也. 聲屑而滯, 如金之屑瑣而鍛 [정음해례2ㄴ:5_제자해]
成也. 於時爲秋, 於音爲商. 脣方而 [정음해례2ㄴ:6_제자해]
合, 土也. 聲含而廣, 如土之含蓄萬 [정음해례2ㄴ:7_제자해]
物而廣大也. 於時爲季夏, 於音爲 [정음해례2ㄴ:8_제자해]

어금닛소리는 목구멍소리와 비슷하나 목이 꽉 차므로 나무가 물에서 나되 형체가 있는 것과 같다. 계절로는 봄이고, 음률로는 '각음계'다. 혀는 재빠르게 움직이니 오행으로는 불이다. 혓소리가 구르고 날리는 것은 불이 타올라 퍼지며 위아래로 오르내림과 같다. 계절로는 여름이고, 음률로는 '치음계'다.

이는 억세고 끊을 듯 날카로우니 오행으로는 쇠다. 잇소리가 가루처럼 부서지고 걸리는 듯하게 나는 것은 쇠가 부스러졌다가 다시 불에 달구어 두드리면 단단해지는 것과 같다. 계절로는 가을이고, 음률로는 '상음계'다. 입술은 모난 것이 나란히 합해지니, 오행으로는 땅이다.

입술소리가 머금으며 넓은 것은 땅이 만물을 머금으니 넓고 큰 것과 같다. 계절로는 늦여름이고, 음률로는 '궁음계'다.

성 사 후 이 실 여 목 지 생 어 수 이 유 형 야

68. 聲似喉而實이니 如木之生於水而有形也니라.

[정음해례2ㄱ:8-2ㄴ:1_제자해]

어금닛소리는 목구멍소리와 비슷하나 목이 꽉 차므로 나무가 물에서 나되 형체가 있는 것과 같다.

聲(소리 성)•似(비슷할 사)•喉(목구멍 후)•而(말이을 이)•實(꽉찰 실)•如(같을 여)•木(나무 목)•之(어조사 지)•生(날 생)•於(어조사 어)•水(물 수)•而(말이을 이)•有(있을 유)•形(모양 형)•也(어조사 야)

어 시 위 춘 어 음 위 각

69. 於時爲春이고 於音爲角이니라. [정음해례2ㄴ:2_제자해]

계절로는 봄이고, 음률로는 '각음계'다.

於(어조사 어)•時(때 시)•爲(될 위)•春(봄 춘)•於(어조사 어)•音(소리 음)•爲(될 위)•角(뿔 각)

설 예 이 동 화 야

70. 舌銳而動이니 火也니라. [정음해례2ㄴ:2-3_제자해]

혀는 재빠르게 움직이니 오행으로는 불이다.

舌(혀 설)•銳(날카로울 예)•而(말이을 이)•動(움직일 동)•火(불 화)•也(어조사 야)

성 전 이 양 여 화 지 전 전 이 양 양 야

71. 聲轉而颺은 如火之轉展而揚揚也니라. [정음해례2ㄴ:3-4_제자해]

혓소리가 구르고 날리는 것은 불이 타올라 퍼지며 위아래로 오르내림과 같다.

聲(소리 성)•轉(구를 전)•而(말이을 이)•颺(나를 양)•如(같을 여)•火(불 화)•之(어조사 지)•轉(구를 전)•展(펼 전)•而(말이을 이)•揚(날릴 양)•揚(날릴 양)•也(어조사 야)

어 시 위 하 어 음 위 치

72. 於時爲夏이고 於音爲°徵니라. [정음해례2ㄴ:4_제자해]

계절로는 여름이고, 음률로는 '치음계'다.

於(어조사 어)•時(때 시)•爲(될 위)•夏(여름 하)•於(어조사 어)•音(소리 음)•爲(될 위)•°徵(음계 치)

치 강 이 단 금 야

73. 齒剛而斷°이니 金也니라. [정음해례2ㄴ:4-5_제자해]

이는 억세고 끊을 듯 날카로우니 오행으로는 쇠다.

齒(이 치)•剛(굳셀 강)•而(말이을 이)•斷°(끊을 단)•金(쇠 금)•也(어조사 야)

성 설 이 체 여 금 지 설 쇄 이 단 성 야

74. 聲屑而滯하니, 如金之屑瑣而鍛成也니라. [정음해례2ㄴ:5-6_제자해]

잇소리가 가루처럼 부서지고 걸리는 듯하게 나는 것은 쇠가 부스러졌다가 다시 불에 달구어 두드리면 단단해지는 것과 같다.

聲(소리 성)•屑(부서질 설)•而(말이을 이)•滯(걸릴 체)•如(같을 여)•金(쇠 금)•之(어조사 지)•屑(부서질 설)•瑣(부스러질 쇄)•而(말이을 이)•鍛(쇠불릴 단)•成(이룰 성)•也(어조사 야)

어 시 위 추 어 음 위 상

75. 於時爲秋이고 於音爲商이니라. [정음해례2ㄴ:6_제자해]

계절로는 가을이고, 음률로는 '상음계'다.

於(어조사 어)•時(때 시)•爲(될 위)•秋(가을 추)•於(어조사 어)•音(소리 음)•爲(될 위)•商(음계 상)

순 방 이 합 토 야

76. 脣方而合이니 土也니라. [정음해례2ㄴ:6-7_제자해]

입술은 모난 것이 나란히 합해지니, 오행으로는 땅이다.

脣(입술 순)•方(모난 방)•而(말이을 이)•合(합할 합)•土(흙 토)•也(어조사 야)

성 함 이 광 여 토 지 함 축 만 물 이 광 대 야

77. 聲含而廣이니 如土之含蓄萬物而廣大也니라. [정음해례2ㄴ:7-8_제자해]

입술소리가 머금으며 넓은 것은 땅이 만물을 머금으니 넓고 큰 것과 같다.

聲(소리 성)•含(머금을 함)•而(말이을 이)•廣(넓을 광)•如(같을 여)•土(흙 토)•之(어조사 지)•含(머금을 함)•蓄(모을 축)•萬(일만 만)•物(물건 물)•而(말이을 이)•廣(넓을 광)•大(큰 대)•也(어조사 야)

어 시 위 계 하 어 음 위 궁

78. 於時爲季夏이고 於音爲宮이니라. [정음해례2ㄴ:8-3ㄱ:1_제자해]

계절로는 늦여름이고, 음률로는 '궁음계'다.

於(어조사 어)•時(때 시)•爲(될 위)•季(계절 계)•夏(여름 하)•於(어조사 어)•音(소리 음)•爲(될 위)•宮(음계 궁)

초성(첫소리)의 오행의 원리

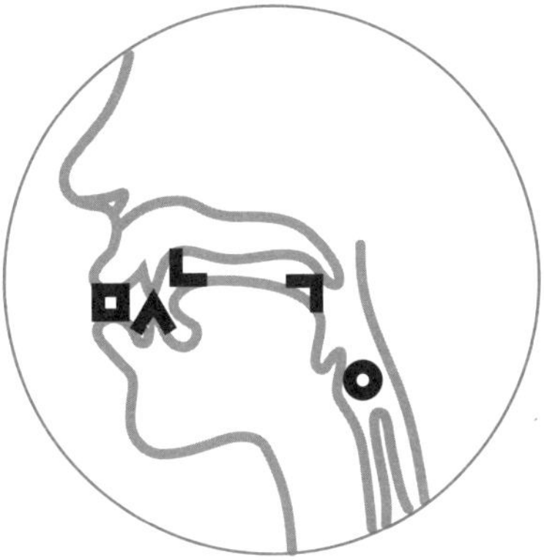

	순음	치음	설음	아음	후음
	ㅁ	ㅅ	ㄴ	ㄱ	ㅇ
오행	흙	쇠	불	나무	물
오방	중앙	서쪽	남쪽	동쪽	북쪽
오시	늦여름	가을	여름	봄	겨울
오상	믿음	정의	예의	어짊	슬기
오장	지라	허파	심장	간	콩팥
오음	궁	상	치	각	우

정음해례3ㄱ

宮。然水乃生物之源。火乃成物之
用。故五行之中。水火爲大。喉乃出
聲之門。舌乃辨聲之管。故五音之
中。喉舌爲主也。喉居後而牙次之。
北東之位也。舌齒又次之。南西之
位也。脣居末。土無定位而寄旺四
季之義也。是則初聲之中。自有陰
陽五行方位之數也。又以聲音淸

宮. 然水乃生物之源, 火乃成物之 [정음해례3ㄱ:1_제자해]

用, 故五行之中, 水火爲大. 喉乃出 [정음해례3ㄱ:2_제자해]

聲之門, 舌乃辨聲之管, 故五音之 [정음해례3ㄱ:3_제자해]

中, 喉舌爲主也. 喉居後而牙次之, [정음해례3ㄱ:4_제자해]

北東之位也. 舌齒又次之, 南西之 [정음해례3ㄱ:5_제자해]

位也. 脣居末, 土無定位而寄旺四 [정음해례3ㄱ:6_제자해]

季之義也. 是則初聲之中, 自有陰 [정음해례3ㄱ:7_제자해]

陽五行方位之數也. 又以聲音淸 [정음해례3ㄱ:8_제자해]

물은 만물을 낳는 근원이요, 불은 만물을 이루어지게 하는 작용이므로 오행 가운데서 물·불이 으뜸이다.

목구멍은 소리가 나오는 문이요, 혀는 소리를 가려내는 악기이므로 오음 가운데서 목구멍소리와 혓소리가 으뜸이 된다.

목구멍은 안쪽에 있고 어금니는 그 앞에 있으므로 북쪽과 동쪽의 방위다. 혀와 이가 또한 그다음에 있으니 남쪽과 서쪽의 방위다. 입술은 끝에 있으니, 오행의 흙이 일정한 방위가 없이 네 계절에 기대어 네 계절을 왕성하게 함을 뜻한다. 이런즉 첫소리 속에도 자체의 음양오행과 방위의 수가 있는 것이다.

또 말소리를 '맑음과 흐림(청탁)'으로 말해 보자.

연 수 내 생 물 지 원 화 내 성 물 지 용 고 오 행 지 중 수
79. **然水乃生物之源이요, 火乃成物之用이므로, 故五行之中에 水**
화 위 대
火爲大니라. [정음해례3ㄱ:1-2_제자해]

물은 만물을 낳는 근원이요, 불은 만물을 이루어지게 하는 작용이므로 오행 가운데서 물·불이 으뜸이다.

然(그럴 연)•水(물 수)•乃(이에 내)•生(날 생)•物(물건 물)•之(어조사 지)•源(바탕 원)•火(불 화)•乃(이에 내)•成(이룰 성)•物(물건 물)•之(어조사 지)•用(쓸 용)•故(연고 고)•五(다섯 오)•行(갈 행)•之(어조사 지)•中(가운데 중)•水(물 수)•火(불 화)•爲(될 위)•大(큰 대)

후 내 출 성 지 문 설 내 변 성 지 관 고 오 음 지 중 후 설
80. **喉乃出聲之門이요, 舌乃辨聲之管이므로, 故五音之中에 喉舌**
위 주 야
爲主也니라. [정음해례3ㄱ:2-4_제자해]

목구멍은 소리가 나오는 문이요, 혀는 소리를 가려내는 악기이므로 오음 가운데서 목구멍소리와 혓소리가 으뜸이 된다.[7]

喉(목구멍 후)•乃(이에 내)•出(날 출)•聲(소리 성)•之(어조사 지)•門(문 문)•舌(혀 설)•乃(이에 내)•辨(분별할 변)•聲(소리 성)•之(어조사 지)•管(악기 관)•故(연고 고)•五(다섯 오)•音(소리 음)•之(어조사 지)•中(가운데 중)•喉(목구멍 후)•舌(혀 설)•爲(될 위)•主(으뜸 주)•也(어조사 야)

후 거 후 이 아 차 지 북 동 지 위 야
81. **喉居後而牙次之이니 北東之位也니라.** [정음해례3ㄱ:4-5_제자해]

목구멍은 안쪽에 있고 어금니는 그 앞에 있으므로 북쪽과 동쪽의 방위다.

喉(목구멍 후)•居(놓일 거)•後(뒤 후)•而(말이을 이)•牙(어금니 아)•次(버금 차)•之(그것 지)•北(북녘 북)•東(동녘 동)•之(어조사 지)•位(자리 위)•也(어조사 야)

설 치 우 차 지 남 서 지 위 야
82. **舌齒又次之이니 南西之位也니라.** [정음해례3ㄱ:5-6_제자해]

혀와 이가 또한 그다음에 있으니 남쪽과 서쪽의 방위다.

舌(혀 설)•齒(이 치)•又(또 우)•次(버금 차)•之(그것 지)•南(남녘 남)•西(서녘 서)•之(어조사

지)•位(자리 위)•也(어조사 야)

순 거 말　　토 무 정 위 이 기 왕 사 계 지 의 야

83. 脣居末이니 土無定位而寄旺四季之義也니라. [정음해례3ㄱ:6-7_제자해]

입술은 끝에 있으니, 오행의 흙이 일정한 방위가 없이 네 계절에 기대어 네 계절을 왕성하게 함을 뜻한다.

脣(입술 순)•居(놓일 거)•末(끝 말)•土(흙 토)•無(없을 무)•定(정할 정)•位(자리 위)•而(말이을 이)•寄(맡길 기)•旺(왕성할 왕)•四(넉 사)•季(계절 계)•之(어조사 지)•義(뜻 의)•也(어조사 야)

시 즉 초 성 지 중　　자 유 음 양 오 행 방 위 지 수 야

84. 是則初聲之中에 自有陰陽五行方位之數也니라.

[정음해례3ㄱ:7-8_제자해]

이런즉 첫소리 속에도 자체의 음양오행과 방위의 수가 있는 것이다.

是(이것 시)•則(곧 즉)•初(처음 초)•聲(소리 성)•之(어조사 지)•中(가운데 중)•自(스스로 자)•有(있을 유)•陰(응달 음)•陽(볕 양)•五(다섯 오)•行(갈 행)•方(모 방)•位(자리 위)•之(어조사 지)•數(셈 수)•也(어조사 야)

우 이 성 음 청 탁 이 언 지

85. 又以聲音淸濁而言之하니라. [정음해례3ㄱ:8-3ㄴ:1_제자해]

또 말소리를 '맑음과 흐림(청탁)'으로 말해 보자.

又(또 우)•以(써 이)•聲(소리 성)•音(소리 음)•淸(맑을 청)•濁(흐릴 탁)•而(말이을 이)•言(말 언)•之(그것 지)

---

7 '管'은 피리와 같은 악기를 뜻한다. 목구멍과 혀는 대표적인 발음 기관으로, 이를 음성학적 특성과 철학적 특성(물과 불), 그리고 비유적 강조(목구멍은 문, 혀는 악기)를 통한 융합 설명을 한 부분이다. 여기서 혀 설명은 혀의 능동적 발음 기관으로서의 특성을 설명하는 것이라 흔히 발음 기관으로 번역한다. 그러나 목구멍을 문으로 비유했고 문으로 번역해야 하므로 관은 악기 비유로 보고, 한호현(2019: 페이스북) 제안대로 악기로 번역하는 게 맞다.

정음해례3ㄴ

濁而言之。ㄱㄷㅂㅈㅅㆆ。爲全清。
ㅋㅌㅍㅊㅎ。爲次清。ㄲㄸㅃㅉㅆ
ㆅ。爲全濁。ㆁㄴㅁㅇㄹㅿ。爲不清
不濁。ㄴㅁㅇ。其聲最不厲。故次序
雖在於後。而象形制字則爲之始。
ㅅㅈ雖皆爲全清。而ㅅ比ㅈ。聲不
厲。故亦爲制字之始。唯牙之ㆁ。雖
舌根閉喉聲氣出鼻。而其聲與ㅇ

濁而言之. ㄱㄷㅂㅈㅅㆆ爲全淸. [정음해례3ㄴ:1_제자해]

ㅋㅌㅍㅊㅎ, 爲次淸. ㄲㄸㅃㅉㅆ, [정음해례3ㄴ:2_제자해]

ㆅ, 爲全濁. ㆁㄴㅁㅇㄹㅿ, 爲不淸 [정음해례3ㄴ:3_제자해]

不濁. ㄴㅁㅇ, 其聲取不厲, 故次序 [정음해례3ㄴ:4_제자해]

雖在於後, 而象形制字則爲之始. [정음해례3ㄴ:5_제자해]

ㅅㅈ雖皆爲全淸, 而ㅅ比ㅈ, 聲不 [정음해례3ㄴ:6_제자해]

厲, 故亦爲制字之始. 唯牙之ㆁ, 雖 [정음해례3ㄴ:7_제자해]

舌根閉喉聲氣出鼻, 而其聲與ㅇ [정음해례3ㄴ:8_제자해]

ㄱㄷㅂㅈㅅㆆ(기디비지시히)는 아주 맑은소리 '전청'이 된다. ㅋㅌㅍㅊㅎ(키티피치히)는 덜 맑은소리 '차청'이 된다. ㄲㄸㅃㅉㅆㆅ(끼띠삐찌씨혀)는 아주 흐린소리 '전탁'이 된다. ㆁㄴㅁㅇㄹㅿ(이니미이리시)는 맑지도 흐리지도 않은 '불청불탁(울림소리)'이 된다.

ㄴㅁㅇ(니미이)는 소리가 가장 세지 않으므로, 차례로는 비록 뒤에 있으나, 모양을 본떠 글자를 만드는 시초가 된다.

ㅅ(시)와 ㅈ(지)는 비록 다 아주 맑은소리 '전청'이지만 ㅅ(시)는 ㅈ(지)에 비하여 소리가 거세지 않으므로 글자를 만드는 데 시초가 되었다.

오직 어금닛소리의 ㆁ(이)는 비록 혀뿌리가 목구멍을 막아서 코로 소리 기운이 나가지만

위 전 청
86. ㄱㄷㅂㅈㅅㆆ(기디비지시ᅙᅵ)는 爲全淸이니라. [정음해례3ㄴ:1]

ㄱㄷㅂㅈㅅㆆ(기디비지시ᅙᅵ)는 아주 맑은소리 '전청'이 된다.

爲(될 위)•全(온전 전)•淸(맑을 청)

위 차 청
87. ㅋㅌㅍㅊㅎ(키티피치히)는 爲次淸이니라. [정음해례3ㄴ:2_제자해]

ㅋㅌㅍㅊㅎ(키티피치히)는 덜 맑은소리 '차청'이 된다.

爲(될 위)•次(버금 차)•淸(맑을 청)

위 전 탁
88. ㄲㄸㅃㅉㅆㆅ(끼띠삐찌씨ᅘᅵ)는 爲全濁이니라.

[정음해례3ㄴ:2-3_제자해]

ㄲㄸㅃㅉㅆㆅ(끼띠삐찌씨ᅘᅵ)는 아주 흐린소리 '전탁'이 된다.

爲(될 위)•全(온전 전)•濁(흐릴 탁)

위 불 청 불 탁
89. ㆁㄴㅁㅇㄹㅿ(이니미이리ᅀᅵ)는 爲不淸不濁이니라.

[정음해례3ㄴ:3-4_제자해]

ㆁㄴㅁㅇㄹㅿ(이니미이리ᅀᅵ)는 맑지도 흐리지도 않은 '불청불탁(울림소리)'이 된다.

爲(될 위)•不(아니 불)•淸(맑을 청)•不(아니 불)•濁(흐릴 탁)

기 성 최 불 려 고 차 서 수 재 어 후
90. ㄴㅁㅇ(니미이)는 其聲取不厲이니 故次序雖在於後나
이 상 형 제 자 즉 위 지 시
而象形制字則爲之始니라. [정음해례3ㄴ:4-5_제자해]

ㄴㅁㅇ(니미이)는 소리가 가장 세지 않으므로, 차례로는 비록 뒤에 있으나, 모양을 본떠 글자를 만드는 시초가 된다.

其(그 기)•聲(소리 성)•㝡(가장 최)•不(아니 불)•厲(셀 려)•故(연고 고)•次(버금 차)•序(차례 서)•雖(비록 수)•在(있을 재)•於(어조사 어)•後(뒤 후)•而(말이을 이)•象(본뜰 상)•形(모양 형)•制(만들 제)•字(글자 자)•則(곧 즉)•爲(될 위)•之(어조사 지)•始(비로소 시)

수 개 위 전 청 　 이 　 비 　 성 불 려

91. ㅅ(시)ㅈ(지)雖皆爲全淸이나 而ㅅ(시)比ㅈ(지)聲不厲이니

고 역 위 제 자 지 시

故亦爲制字之始니라. [정음해례3ㄴ:6-7_제자해]

ㅅ(시)와 ㅈ(지)는 비록 다 아주 맑은소리 '전청'이지만 ㅅ(시)는 ㅈ(지)에 비하여 소리가 거세지 않으므로 글자를 만드는 데 시초가 되었다.

雖(비록 수)•皆(다 개)•爲(될 위)•全(온전 전)•淸(맑을 청)•而(말이을 이)•比(견줄 비)•聲(소리 성)•不(아니 불)•厲(셀 려)•故(연고 고)•亦(또 역)•爲(될 위)•制(만들 제)•字(글자 자)•之(어조사 지)•始(비로소 시)

정음해례4ㄱ

相似。故韻書疑與喩多相混用。今
亦取象於喉。而不爲牙音制字之
始。盖喉屬水而牙屬木。ㆁ雖在牙
而與ㅇ相似。猶木之萌芽生於水
而柔軟。尙多水氣也。ㄱ木之成質。
ㅋ木之盛長。ㄲ木之老壯。故至此
乃皆取象於牙也。全淸並書則爲
全濁。以其全淸之聲凝則爲全濁

相似, 故韻書疑與喩多相混用, 今 [정음해례4ㄱ:1_제자해]

亦取象於喉, 而不爲牙音制字之 [정음해례4ㄱ:2_제자해]

始. 盖喉屬水而牙屬木, ㆁ雖在牙 [정음해례4ㄱ:3_제자해]

而與ㅇ相似, 猶木之萌芽生於水 [정음해례4ㄱ:4_제자해]

而柔軟, 尙多水氣也. ㄱ木之成質, [정음해례4ㄱ:5_제자해]

ㅋ木之盛°長, ㄲ木之老壯, 故至此 [정음해례4ㄱ:6_제자해]

乃皆取象於牙也. 全淸並書則爲 [정음해례4ㄱ:7_제자해]

全濁, 以其全淸之聲凝則爲全濁 [정음해례4ㄱ:8_제자해]

ㆁ(이)의 소리는 ㅇ(이)와 비슷해서 중국 한자음 사전(운서)에서도 ㆁ(이)와 ㅇ(이)가 많이 혼용된다. 이제 ㆁ(이)는 목구멍을 본떠 만들었으되, 어금닛소리글자를 만드는 시초로 삼지 않았다. 대개 목구멍은 물에 속하고 어금니는 나무에 속하는 까닭에 ㆁ(이)는 비록 어금니에 속해 있으면서도 ㅇ(이)와 비슷하여 마치 나무의 싹이 물에서 나와 부드러우며 오히려 물기가 많은 것과 같기 때문이다.

ㄱ(기)는 나무가 바탕을 이룬 것이고, ㅋ(키)는 나무가 무성하게 자란 것이고, ㄲ(끼)는 나무가 오래되어 굳건해진 것이니, 이는 한결같이 모두 어금니를 본뜬 데서 비롯된 것이다.

아주 맑은소리 '전청' 글자를 나란히 쓰면 아주 흐린소리 '전탁'이 되는 것은 아주 맑은소리가 엉기면 아주 흐린소리가 되기 때문이다.

유 아 지　　　　　　　　수 설 근 폐 후 성 기 출 비　　이 기 성 여　　　　상 사

92. 唯牙之ㆁ(이)는 雖舌根閉喉聲氣出鼻나 而其聲與ㅇ(이)相似이

고 운 서 의　　　여 유　　　다 상 혼 용　　　　　　금 역 취 상 어 후

니 故韻書疑(ㆁ)與喩(ㅇ)多相混用이니라. 今亦取象於喉나,

이 불 위 하 음 제 자 지 시

而不爲牙音制字之始니라. [정음해례3ㄴ:7-8-4ㄱ:1-3_제자해]

오직 어금닛소리의 ㆁ(이)는 비록 혀뿌리가 목구멍을 막아서 코로 소리 기운이 나가지만 ㆁ(이)의 소리는 ㅇ(이)와 비슷해서 중국 한자음 사전(운서)에서도 ㆁ(이)와 ㅇ(이)가 많이 혼용된다. 이제 ㆁ(이)는 목구멍을 본떠 만들었으되, 어금닛소리글자를 만드는 시초로 삼지 않았다.

唯(오직 유)•牙(어금니 아)•之(어조사 지)•雖(비록 수)•舌(혀 설)•根(뿌리 근)•閉(닫을 폐)•喉(목구멍 후)•聲(소리 성)•氣(기운 기)•出(날 출)•鼻(코 비)•而(말이을 이)•其(그 기)•聲(소리 성)•與(더불어 여)•相(서로 상)•似(비슷할 사)•故(연고 고)•韻(소리 운)•書(글 서)•疑(의심할 의)•與(더불어 여)•喩(깨달을 유)•多(많을 다)•相(서로 상)•混(섞을 혼)•用(쓸 용)•今(이제 금)•亦(또 역)•取(가질 취)•象(본뜰 상)•於(어조사 어)•喉(목구멍 후)•而(말이을 이)•不(아니 불)•爲(될 위)•牙(어금니 아)•音(소리 음)•制(만들 제)•字(글자 자)•之(어조사 지)•始(처음 시)

개 후 속 수 이 아 속 목　　　　　　　수 재 아 이 여　　　　상 사　　　유 목

93. 蓋喉屬水而牙屬木이니 ㆁ(이)雖在牙而與ㅇ(이)相似하여 猶木

지 맹 아 새 어 수 이 유 연　　　상 다 수 기 야

之萌芽生於水而柔軟이며 尙多水氣也니라.

[정음해례4ㄱ:3-5_제자해]

대개 목구멍은 물에 속하고 어금니는 나무에 속하는 까닭에 ㆁ(이)는 비록 어금니에 속해 있으면서도 ㅇ(이)와 비슷하여 마치 나무의 싹이 물에서 나와 부드러우며 오히려 물기가 많은 것과 같기 때문이다.

蓋(대개 개)•喉(목구멍 후)•屬(붙일 속)•水(물 수)•而(말이을 이)•牙(어금니 아)•屬(붙일 속)•木(나무 목)•雖(비록 수)•在(있을 재)•牙(어금니 아)•而(말이을 이)•與(더불어 여)•相(서로 상)•似(같을 사)•猶(같을 유)•木(나무 목)•之(어조사 지)•萌(싹틀 맹)•芽(싹 아)•生(날 생)•於(어조사 어)•水(물 수)•而(말이을 이)•柔(부드러울 유)•軟(연할 연)•尙(오히려 상)•多(많을 다)•水(물 수)•氣(기운 기)•也(어조사 야)

94. ㄱ(기)는 木之成質이요, ㅋ(키)는 木之盛°長이요, ㄲ(끼)는 木之老壯이니 故至此乃皆取象於牙也니라. [정음해례4ㄱ:5-7_제자해]

(독음: 목지성질 / 목지성장 / 목지로장 / 고지차내개취상어아야)

ㄱ(기)는 나무가 바탕을 이룬 것이고, ㅋ(키)는 나무가 무성하게 자란 것이고, ㄲ(끼)는 나무가 오래되어 굳건해진 것이니, 이는 한결같이 모두 어금니를 본뜬 데서 비롯된 것이다.

木(나무 목)•之(어조사 지)•成(이룰 성)•質(바탕 질)•木(나무 목)•之(어조사 지)•盛(성할 성)•°長(자랄 장)•木(나무 목)•之(어조사 지)•老(늙을 로)•壯(씩씩할 장)•故(연고 고)•至(이를 지)•此(이 차)•乃(이에 내)•皆(다 개)•取(가질 취)•象(본뜰 상)•於(어조사 어)•牙(어금니 아)•也(어조사 야)

95. 全淸並書則爲全濁은 以其全淸之聲凝則爲全濁也니라.

(독음: 전청병서즉위전탁 / 이기전청지성응즉위전탁야)

[정음해례4ㄱ:7-4ㄴ:1_제자해]

아주 맑은소리 '전청' 글자를 나란히 쓰면 아주 흐린소리 '전탁'이 되는 것은 아주 맑은소리가 엉기면 아주 흐린소리가 되기 때문이다.

全(온전 전)•淸(맑을 청)•並(나란히 병)•書(쓸 서)•則(곧 즉)•爲(될 위)•全(온전 전)•濁(흐릴 탁)•以(써 이)•其(그 기)•全(온전 전)•淸(맑을 청)•之(어조사 지)•聲(소리 성)•凝(엉길 응)•則(곧 즉)•爲(될 위)•全(온전 전)•濁(흐릴 탁)•也(어조사 야)

정음해례4ㄴ

也。唯喉音次清爲全濁者。盖以ㆆ
聲深不爲之凝。ㅎ比ㆆ聲淺。故凝
而爲全濁也。ㅇ連書脣音之下。則
爲脣輕音者。以輕音脣乍合而喉
聲多也。中聲凡十一字。ㆍ舌縮而
聲深。天開於子也。形之圓。象乎天
也。ㅡ舌小縮而聲不深不淺。地闢
於丑也。形之平。象乎地也。ㅣ舌不

也. 唯喉音次淸爲全濁者, 盖以 ㆆ [정음해례4ㄴ:1_제자해]

聲深不爲之凝, ㅎ 比 ㆆ 聲淺, 故凝 [정음해례4ㄴ:2_제자해]

而爲全濁也. ㅇ 連書脣音之下, 則 [정음해례4ㄴ:3_제자해]

爲脣輕音者, 以輕音脣乍合而喉 [정음해례4ㄴ:4_제자해]

聲多也. 中聲凡十一字. • 舌縮而 [정음해례4ㄴ:5_제자해]

聲深, 天開於子也. 形之圓, 象乎天 [정음해례4ㄴ:6_제자해]

也. ㅡ 舌小縮而聲不深不淺, 地闢 [정음해례4ㄴ:7_제자해]

於丑也. 形之平, 象乎地也. ㅣ 舌不 [정음해례4ㄴ:8_제자해]

다만, 목구멍소리만은 덜 맑은소리 '차청'이 아주 흐린소리 '전탁'이 되는데, 그것은 대개 ㆆ(히)는 소리가 깊어서 엉기지 않고, ㅎ(히)는 ㆆ(히)에 비하여 소리가 얕아서 엉기어 아주 흐린소리 '전탁'이 되기 때문이다.

ㅇ(이)를 입술소리글자 아래에 이어 쓰면 곧 입술가벼운소리(순경음)가 되는데, 이러한 입술가벼운소리는 입술이 살짝 다물어지면서 목구멍소리가 많아지기 때문이다.

가운뎃소리글자는 모두 열한 자다.

• 는 혀가 오그라드니 소리가 깊어서, 하늘이 자시(밤 11시~오전 1시)에서 열리는 것과 같다. 둥근 글꼴은 하늘을 본떴다.

ㅡ 는 혀가 조금 오그라드니 소리가 깊지도 얕지도 않으므로 땅이 축시(오전 1시~3시)에서 열리는 것과 같다. 평평한 글꼴은 땅을 본떴다.

유 후 음 차 청 위 전 탁 자 개 이 성 심 불 위 지 응

96. 唯喉音次清爲全濁者는 盖以ㆆ(히)聲深不爲之凝이요, ㅎ(히)

비 성 천 고 응 이 위 전 탁 야

比ㆆ(히)聲淺이니, 故凝而爲全濁也니라. [정음해례4ㄴ:1-3_제자해]

다만, 목구멍소리만은 덜 맑은소리 '차청'이 아주 흐린소리 '전탁'이 되는데, 그것은 대개 ㆆ(히)는 소리가 깊어서 엉기지 않고, ㅎ(히)는 ㆆ(히) 비하여 소리가 얕아서 엉기어 아주 흐린소리 '전탁'이 되기 때문이다.

唯(다만 유)•喉(목구멍 후)•音(소리 음)•次(버금 차)•清(맑을 청)•爲(될 위)•全(온전 전)•濁(흐릴 탁)•者(것 자)•盖(대개 개)•以(써 이)•聲(소리 성)•深(깊을 심)•不(아니 불)•爲(될 위)•之(어조사 지)•凝(엉길 응)•比(견줄 비)•聲(소리 성)•淺(얕을 천)•故(연고 고)•凝(엉길 응)•而(말이을 이)•爲(될 위)•全(온전 전)•濁(흐릴 탁)•也(어조사 야)

연 서 순 음 지 하 즉 위 순 경 음 자 이 경 음 순 사 합 이 후

97. ㅇ(이)連書脣音之下하면 則爲脣輕音者는 以輕音脣乍合而喉

성 다 야

聲多也니라. [정음해례4ㄴ:3-5_제자해]

ㅇ(이)를 입술소리글자 아래에 이어 쓰면 곧 입술가벼운소리(순경음)가 되는데, 이러한 입술가벼운소리는 입술이 살짝 다물어지면서 목구멍소리가 많아지기 때문이다.

連(이을 연)•書(쓸 서)•脣(입술 순)•音(소리 음)•之(어조사 지)•下(아래 하)•則(곧 즉)•爲(될 위)•脣(입술 순)•輕(가벼울 경)•音(소리 음)•者(것 자)•以(써 이)•輕(가벼울 경)•音(소리 음)•脣(입술 순)•乍(잠깐 사)•合(합할 합)•而(말이을 이)•喉(목구멍 후)•聲(소리 성)•多(많을 다)•也(어조사 야)

중 성 범 십 일 자

98. 中聲凡十一字니라. [정음해례4ㄴ:5_제자해]

가운뎃소리글자는 모두 열한 자다.

中(가운데 중)•聲(소리 성)•凡(모두 범)•十(열 십)•一(한 일)•字(글자 자)

설 축 이 성 심 천 개 어 자 야

99. •舌縮而聲深하여 天開於子也니라. [정음해례4ㄴ:5-6_제자해]

•는 혀가 오그라드니 소리가 깊어서, 하늘이 자시(밤 11시~오전 1시)에서 열리는 것과 같다.

舌(혀 설)•縮(오그릴 축)•而(말이을 이)•聲(소리 성)•深(깊을 심)•天(하늘 천)•開(열 개)•於(어조사 어)•子(첫째지지 자)•也(어조사 야)

형 지 원 상 호 천 야

100. 形之圓은 象乎天也니라. [정음해례4ㄴ:6-7_제자해]

둥근 글꼴은 하늘을 본떴다.

形(모양 형)•之(어조사 지)•圓(둥글 원)•象(본뜰 상)•乎(어조사 호)•天(하늘 천)•也(어조사 야)

설 소 축 이 성 불 심 불 천 지 벽 어 축 야

101. ㅡ는 舌小縮而聲不深不淺이니 地闢於丑也니라.

[정음해례4ㄴ:7-8_제자해]

ㅡ는 혀가 조금 오그라드니 소리가 깊지도 얕지도 않으므로 땅이 축시(오전 1시~3시)에서 열리는 것과 같다.

舌(혀 설)•小(작을 소)•縮(오그릴 축)•而(말이을 이)•聲(소리 성)•不(아니 불)•深(깊을 심)•不(아니 불)•淺(얕을 천)•地(땅 지)•闢(열 벽)•於(어조사 어)•丑(둘째지지 축)•也(어조사 야)

형 지 평 상 호 지 야

102. 形之平은 象乎地也니라. [정음해례4ㄴ:8_제자해]

평평한 글꼴은 땅을 본떴다.

形(모양 형)•之(어조사 지)•平(평평할 평)•象(본뜰 상)•乎(어조사 호)•地(땅 지)•也(어조사 야)

정음해례5ㄱ

縮而聲淺。人生於寅也。形之立象
乎人也。此下八聲。一闔一闢。ㅗ與
ㆍ同而口蹙。其形則ㆍ與ㅡ合而
成。取天地初交之義也。ㅏ與ㆍ同
而口張。其形則ㅣ與ㆍ合而成。取
天地之用發於事物待人而成也。
ㅜ與ㅡ同而口蹙。其形則ㅡ與ㆍ
合而成。亦取天地初交之義也。ㅓ

縮而聲淺, 人生於寅也. 形之立, 象 [정음해례5ㄱ:1_제자해]

乎人也. 此下八聲, 一闔一闢. ㆍ 與 [정음해례5ㄱ:2_제자해]

ㆍ同而口蹙, 其形則ㆍ與ㅡ合而 [정음해례5ㄱ:3_제자해]

成, 取天地初交之義也. ㅏ與ㆍ同 [정음해례5ㄱ:4_제자해]

而口張, 其形則ㅣ與ㆍ合而成, 取 [정음해례5ㄱ:5_제자해]

天地之用發於事物待人而成也. [정음해례5ㄱ:6_제자해]

ㅜ與ㅡ同而口蹙, 其形則ㅡ與ㆍ [정음해례5ㄱ:7_제자해]

合而成, 亦取天地初交之義也. ㅓ [정음해례5ㄱ:8_제자해]

ㅣ는 혀가 오그라지지 않아 소리는 얕으니, 사람이 인시(오전 3시~5시)에서 생기는 것과 같다. 바로 선 글꼴은 사람을 본떴다.

다음 여덟 가운뎃소리는 어떤 것은 입을 오므려서 어떤 것은 입을 벌려서 발음한다.

ㅗ는 ㆍ와 같은 가운뎃소리(양성모음)이나 입을 더 오므리며, 그 모양이 ㆍ가 ㅡ와 합해서 이루어진 것은 하늘과 땅이 처음으로 사귄다는 뜻을 담았다.

ㅏ는 ㆍ와 같은 가운뎃소리(양성모음)이나 입을 더 벌리며, 그 모양은 ㅣ와 ㆍ가 서로 합하여 이루어진 것으로, 하늘과 땅의 쓰임이 일과 사물에서 나타나 사람을 기다려 이루어진다는 뜻을 담은 것이다.

ㅜ는 ㅡ와 같은 가운뎃소리(음성모음)이나 입을 더 오므리며, 그 모양이 ㅡ가 ㆍ와 합해서 이루어진 것은 역시 하늘과 땅이 처음으로 사귄다는 뜻을 담았다.

설 불 축 이 성 천 인 생 어 인 야

103. ㅣ는 舌不縮而聲淺하니 人生於寅也니라. [정음해례4ㄴ:8-5ㄱ:1_제자해]

ㅣ는 혀가 오그라지지 않아 소리는 얕으니, 사람이 인시(오전 3시~5시)에서 생기는 것과 같다.

舌(혀 설)•不(아니 불)•縮(오그릴 축)•而(말이을 이)•聲(소리 성)•淺(얕을 천)•人(사람 인)•生(날 생)•於(어조사 어)•寅(셋째지지 인)•也(어조사 야)

형 지 립 상 호 인 야

104. 形之立은 象乎人也니라. [정음해례5ㄱ:1-2_제자해]

바로 선 글꼴은 사람을 본떴다.

形(모양 형)•之(어조사 지)•立(설 립)•象(본뜰 상)•乎(어조사 호)•人(사람 인)•也(어조사 야)

차 하 팔 성 일 합 일 벽

105. 此下八聲은 一闔一闢이니라. [정음해례5ㄱ:2_제자해]

다음 여덟 가운뎃소리는 어떤 것은 입을 오므려서 어떤 것은 입을 벌려서 발음한다.

此(이 차)•下(아래 하)•八(여덟 팔)•聲(소리 성)•一(한 일)•闔(거의닫을 합)•一(한 일)•闢(열 벽)

여 동 이 구 축 기 형 즉 여 합 이 성 취 천 지 초 교 지 의 야

106. ㅗ는 與 • 同而口蹙이며 其形則 • 與 ㅡ 合而成은 取天地初交之義也니라. [정음해례5ㄱ:2-4_제자해]

ㅗ는 •와 같은 가운뎃소리(양성모음)이나 입을 더 오므리며, 그 모양이 •가 ㅡ와 합해서 이루어진 것은 하늘과 땅이 처음으로 사귄다는 뜻을 담았다.

與(더불어 여)•同(같을 동)•而(말이을 이)•口(입 구)•蹙(오므릴 축)•其(그 기)•形(모양 형)•則(곧 즉)•與(더불어 여)•合(합할 합)•而(말이을 이)•成(이룰 성)•取(담을 취)•天(하늘 천)•地(땅 지)•初(처음 초)•交(사귈 교)•之(어조사 지)•義(뜻 의)•也(어조사 야)

107. ㅏ는 與·同而口張이며 其形則ㅣ與·合而成이니 取天地之用發於事物待人而成也니라. [정음해례5ㄱ:4-6_제자해]

(여 동이구장 기형즉 여 합이성 취천지지 용발어사물대인이성야)

ㅏ는 ·와 같은 가운뎃소리(양성모음)이나 입을 더 벌리며, 그 모양은 ㅣ와 ·가 서로 합하여 이루어진 것으로, 하늘과 땅의 쓰임이 일과 사물에서 나타나 사람을 기다려 이루어진다는 뜻을 담은 것이다.

與(더불어 여)•同(같을 동)•而(말이을 이)•口(입 구)•張(벌릴 장)•其(그 기)•形(모양 형)•則(곧 즉)•與(더불어 여)•合(합할 합)•而(말이을 이)•成(이룰 성)•取(가질 취)•天(하늘 천)•地(땅 지)•之(어조사 지)•用(쓰임새 용)•發(필 발)•於(어조사 어)•事(일 사)•物(물건 물)•待(기다릴 대)•人(사람 인)•而(말이을 이)•成(이룰 성)•也(어조사 야)

108. ㅗ는 與ㅡ同而口蹙이며 其形則ㅡ與·合而成이니 亦取天地初交之義也니라. [정음해례5ㄱ:7-8_제자해]

(여 동이구축 기형즉 여 합이성 역취천 지초교지의야)

ㅗ는 ㅡ와 같은 가운뎃소리(음성모음)이나 입을 더 오므리며, 그 모양이 ㅡ가 ·와 합해서 이루어진 것은 역시 하늘과 땅이 처음으로 사귄다는 뜻을 담았다.

與(더불어 여)•同(같을 동)•而(말이을 이)•口(입 구)•蹙(오므릴 축)•其(그 기)•形(모양 형)•則(곧 즉)•與(더불어 여)•合(합할 합)•而(말이을 이)•成(이룰 성)•亦(또 역)•取(가질 취)•天(하늘 천)•地(땅 지)•初(처음 초)•交(사귈 교)•之(어조사 지)•義(뜻 의)•也(어조사 야)

정음해례5ㄴ

與ㅡ同而口張。其形則ㆍ與ㅣ合而成。亦取天地之用發於事物待人而成也。ㅛ與ㅗ同而起於ㅣ。ㅑ與ㅏ同而起於ㅣ。ㅠ與ㅜ同而起於ㅣ。ㅕ與ㅓ同而起於ㅣ。ㅗㅏㅜㅓ始於天地。爲初出也。ㅛㅑㅠㅕ起於ㅣ而兼乎人。爲再出也。ㅗㅏㅜㅓ之一其圓者。取其初生之義

與ㅡ同而口張, 其形則ㆍ與ㅣ合 [정음해례5ㄴ:1_제자해]
而成, 亦取天地之用發於事物待 [정음해례5ㄴ:2_제자해]
人而成也. ㅛ與ㅗ同而起於ㅣ. ㅑ [정음해례5ㄴ:3_제자해]
與ㅏ同而起於ㅣ. ㅠ與ㅜ同而起 [정음해례5ㄴ:4_제자해]
於ㅣ. ㅕ與ㅓ同而起於ㅣ. ㅗㅏㅜ [정음해례5ㄴ:5_제자해]
ㅓ始於天地, 爲初出也. ㅛㅑㅠㅕ [정음해례5ㄴ:6_제자해]
起於ㅣ而兼乎人, 爲再出也. ㅗㅏ [정음해례5ㄴ:7_제자해]
ㅜㅓ之一其圓者, 取其初生之義 [정음해례5ㄴ:8_제자해]

ㅓ는 ㅡ와 같은 가운뎃소리(음성모음)이나 입을 더 벌리니, 그 모양은 ㆍ와 ㅣ가 합해서 이루어진 것이며, 역시 하늘과 땅의 쓰임이 일과 사물에서 나타나되 사람을 기다려서 이루어진 뜻을 담은 것이다.

ㅛ는 ㅗ와 같은 가운뎃소리(양성모음)이나, 그 소리는 ㅣ에서 비롯된다.

ㅑ는 ㅏ와 같은 가운뎃소리(양성모음)이나, 그 소리는 ㅣ에서 비롯된다.

ㅠ는 ㅜ와 같은 가운뎃소리(음성모음)이나, 그 소리는 ㅣ에서 비롯된다.

ㅕ는 ㅓ와 같은 가운뎃소리(음성모음)이나, 그 소리는 ㅣ에서 비롯된다.

ㅗㅏㅜㅓ는 하늘과 땅에서 비롯된 것이라 '처음 나온 것(초출자)'이다.

ㅛㅑㅠㅕ는 ㅣ에서 비롯되어 사람(ㅣ)을 겸하였으므로 '거듭 나온 것(재출자)'이다.

ㅗㅏㅜㅓ에서 둥근 것(ㆍ)을 하나로 한 것은 '처음 생긴 것(초생자)'이라는 뜻을 담았다.

여 동이구장 기형즉 여 합이성 역취천지

109. ㅓ는 與ㅡ同而口張이며 其形則ㆍ與ㅣ合而成이니 亦取天地

지용발어사물대인이성야

之用發於事物待人而成也니라. [정음해례5ㄱ:8-5ㄴ:1-3_제자해]

ㅓ는 ㅡ와 같은 가운뎃소리(음성모음)이나 입을 더 벌리니, 그 모양은 ㆍ와 ㅣ가 합해서 이루어진 것이며, 역시 하늘과 땅의 쓰임이 일과 사물에서 나타나되 사람을 기다려서 이루어진 뜻을 담은 것이다.

與(더불어 여)•同(같을 동)•而(말이을 이)•口(입 구)•張(벌릴 장)•其(그 기)•形(모양 형)•則(곧 즉)•與(더불어 여)•合(합할 합)•而(말이을 이)•成(이룰 성)•亦(또 역)•取(가질 취)•天(하늘 천)•地(땅 지)•之(어조사 지)•用(쓰임새 용)•發(필 발)•於(어조사 어)•事(일 사)•物(물건 물)•待(기다릴 대)•人(사람 인)•而(말이을 이)•成(이룰 성)•也(어조사 야)

여 동이기어

110. ㅛ는 與ㅗ同而起於ㅣ니라. [정음해례5ㄴ:3_제자해]

ㅛ는 ㅗ와 같은 가운뎃소리(양성모음)이나, 그 소리는 ㅣ에서 비롯된다.

與(더불어 여)•同(같을 동)•而(말이을 이)•起(일어날 기)•於(어조사 어)

여 동이기어

111. ㅑ는 與ㅏ同而起於ㅣ니라. [정음해례5ㄴ:3-4_제자해]

ㅑ는 ㅏ와 같은 가운뎃소리(양성모음)이나, 그 소리는 ㅣ에서 비롯된다.

與(더불어 여)•同(같을 동)•而(말이을 이)•起(일어날 기)•於(어조사 어)

여 동이기어

112. ㅠ는 與ㅜ同而起於ㅣ니라. [정음해례5ㄴ:4-5_제자해]

ㅠ는 ㅜ와 같은 가운뎃소리(음성모음)이나, 그 소리는 ㅣ에서 비롯된다.

與(더불어 여)•同(같을 동)•而(말이을 이)•起(일어날 기)•於(어조사 어)

여 동이기어
113. ㅕ는 與ㅓ同而起於ㅣ니라. [정음해례5ㄴ:5_제자해]

ㅕ는 ㅓ와 같은 가운뎃소리(음성모음)이나, 그 소리는 ㅣ에서 비롯된다.

與(더불어 여)•同(같을 동)•而(말이을 이)•起(일어날 기)•於(어조사 어)

시어천지 위초출야
114. ㅗ ㅏ ㅜ ㅓ始於天地이니 爲初出也니라. [정음해례5ㄴ:5-6_제자해]

ㅗ ㅏ ㅜ ㅓ는 하늘과 땅에서 비롯된 것이라 '처음 나온 것(초출자)'이다.

始(비로소 시)•於(어조사 어)•天(하늘 천)•地(땅 지)•爲(될 위)•初(처음 초)•出(날 출)•也(어조사 야)

기어 이겸호인 위재출야
115. ㅛ ㅑ ㅠ ㅕ起於ㅣ而兼乎人(ㅣ)이니 爲再出也니라.

[정음해례5ㄴ:6-7_제자해]

ㅛ ㅑ ㅠ ㅕ는 ㅣ에서 비롯되어 사람(ㅣ)을 겸하였으므로 '거듭 나온 것(재출자)'이다.

起(일어날 기)•於(어조사 어)•而(말이을 이)•兼(겸할 겸)•乎(어조사 호)•人(사람 인)•爲(될 위)•再(거듭 재)•出(날 출)•也(어조사 야)

지일기원자 취기초생지의야
116. ㅗ ㅏ ㅜ ㅓ之一其圓者는 取其初生之義也니라.

[정음해례5ㄴ:7-8-6ㄱ:1_제자해]

ㅗ ㅏ ㅜ ㅓ에서 둥근 것(ㆍ)을 하나로 한 것은 '처음 생긴 것(초생자)'이라는 뜻을 담았다.

之(어조사 지)•一(한 일)•其(그 기)•圓(둥글 원)•者(것 자)•取(가질 취)•其(그 기)•初(처음 초)•生(날 생)•之(어조사 지)•義(뜻 의)•也(어조사 야)

정음해례6ㄱ

也。ㅛㅑㅠㅕ之二其圓者。取其再
生之義也。ㅗㅏㅛㅑ之圓居上與
外者。以其出於天而爲陽也。ㅜㅓ
ㅠㅕ之圓居下與內者。以其出於
地而爲陰也。ㆍ之貫於八聲者猶
陽之統陰而周流萬物也。ㅛㅑㅠ
ㅕ之皆兼乎人者。以人爲萬物之
靈而能參兩儀也。取象於天地人

也. ᅟᅭᅣᅲᅧ之二其圓者, 取其再 [정음해례6ㄱ:1_제자해]

生之義也. ᅟᅩᅡᅭᅣ之圓居上與 [정음해례6ㄱ:2_제자해]

外者, 以其出於天而爲陽也. ᅟᅮᅥ [정음해례6ㄱ:3_제자해]

ᅲᅧ之圓居下與內者, 以其出於 [정음해례6ㄱ:4_제자해]

地而爲陰也. ㆍ之貫於八聲者, 猶 [정음해례6ㄱ:5_제자해]

陽之統陰而周流萬物也. ᅭᅣᅲ [정음해례6ㄱ:6_제자해]

ᅧ之皆兼乎人者, 以人爲萬物之 [정음해례6ㄱ:7_제자해]

靈而能參兩儀也. 取象於天地人 [정음해례6ㄱ:8_제자해]

ᅭᅣᅲᅧ에서 그 둥근 것(ㆍ)을 둘로 한 것은 '다시 생겨난 것(재출자)'이라는 뜻을 담은 것이다.

ᅩᅡᅭᅣ의 둥근 것(ㆍ)이 위와 밖에 놓인 것은 하늘(ㆍ)에서 나와 양성이 되기 때문이다.

ᅮᅥᅲᅧ의 둥근 것(ㆍ)이 아래쪽과 안쪽에 있는 것은 땅(ㅡ)에서 나와 음성이 되기 때문이다.

ㆍ가 여덟 가운뎃소리글자에 두루 다 있는 것은 마치 양성이 음성을 거느리고 만물에 두루 흐름과 같다.

ᅭᅣᅲᅧ가 모두 사람을 뜻하는 ㅣ 소리가 들어 있는 것은 사람이 만물의 영장으로 능히 하늘(양)과 땅(음)이 하는 일에 참여할 수 있기 때문이다. 가운뎃소리글자들은 하늘(ㆍ), 땅(ㅡ), 사람(ㅣ)을 본뜬 것을 가졌으니, 삼재(하늘·땅·사람) 이치가 갖추어졌다.

지 이 기 원 자 취 기 재 생 지 의 야

117. ㅛ ㅑ ㅠ ㅕ 之二其圓者는 取其再生之義也니라.

[정음해례6ㄱ:1-2_제자해]

ㅛ ㅑ ㅠ ㅕ에서 그 둥근 것(•)을 둘로 한 것은 '다시 생겨난 것(재출자)'이라는 뜻을 담은 것이다.

之(어조사 지)•二(두 이)•其(그 기)•圓(둥글 원)•者(것 자)•取(가질 취)•其(그 기)•再(거듭 재)•生(날 생)•之(어조사 지)•義(뜻 의)•也(어조사 야)

지 원 거 상 여 외 자 이 기 출 어 천 이 위 양 야

118. ㅗ ㅏ ㅛ ㅑ 之圓居上與外者는 以其出於天而爲陽也니라.

[정음해례6ㄱ:2-3_제자해]

ㅗ ㅏ ㅛ ㅑ의 둥근 것(•)이 위와 밖에 놓인 것은 하늘(•)에서 나와 양성이 되기 때문이다.[8]

之(어조사 지)•圓(둥글 원)•居(놓일 거)•上(위 상)•與(더불어 여)•外(바깥 외)•者(것 자)•以(써 이)•其(그 기)•出(날 출)•於(어조사 어)•天(하늘 천)•而(말이을 이)•爲(될 위)•陽(볕 양)•也(어조사 야)

지 원 거 하 여 내 자 이 기 출 어 지 이 위 음 야

119. ㅜ ㅓ ㅠ ㅕ 之圓居下與內者는 以其出於地而爲陰也니라.

[정음해례6ㄱ:3-5_제자해]

ㅜ ㅓ ㅠ ㅕ의 둥근 것(•)이 아래쪽과 안쪽에 있는 것은 땅(ㅡ)에서 나와 음성이 되기 때문이다.[9]

之(어조사 지)•圓(둥글 원)•居(놓일 거)•下(아래 하)•與(더불어 여)•內(안 내)•者(것 자)•以(써 이)•其(그 기)•出(날 출)•於(어조사 어)•地(땅 지)•而(말이을 이)•爲(될 위)•陰(응달 음)•也(어조사 야)

지 관 어 팔 성 자 유 양 지 통 음 이 주 류 만 물 야

120. ㆍ之貫於八聲者는 猶陽之統陰而周流萬物也니라.

[정음해례6ㄱ:5-6_제자해]

ㆍ가 여덟 가운뎃소리글자에 두루 다 있는 것은 마치 양성이 음성을 거느리고 만물에 두루 흐름과 같다.

之(어조사 지)•貫(꿸 관)•於(어조사 어)•八(여덟 팔)•聲(소리 성)•者(것 자)•猶(같을 유)•陽(볕 양)•之(어조사 지)•統(거느릴 통)•陰(응달 음)•而(말이을 이)•周(두루 주)•流(흐를 류)•萬(일만 만)•物(물건 물)•也(어조사 야)

지 개 겸 호 인 자 이 인 위 만 물 지 령 이 능 참 량 의 야

121. ㅛㅑㅠㅕ之皆兼乎人(ㅣ)者는 以人爲萬物之靈而能參兩儀也니라. [정음해례6ㄱ:6-8_제자해]

ㅛㅑㅠㅕ가 모두 사람을 뜻하는 ㅣ 소리가 들어 있는 것은 사람이 만물의 영장으로 능히 하늘(양)과 땅(음)이 하는 일에 참여할 수 있기 때문이다.[10]

之(어조사 지)•皆(다 개)•兼(겸할 겸)•乎(어조사 호)•人(사람 인)•者(것 자)•以(써 이)•人(사람 인)•爲(될 위)•萬(일만 만)•物(물건 물)•之(어조사 지)•靈(신령 령)•而(말이을 이)•能(능할 능)•參(참여할 참)•兩(두 량)•儀(모양 의)•也(어조사 야)

취 상 어 천 지 인 이 삼 재 지 도 비 의

122. 取象於天地人而三才之道備矣니라. [정음해례6ㄱ:8-6ㄴ:1_제자해]

가운뎃소리글자들은 하늘(ㆍ), 땅(ㅡ), 사람(ㅣ)을 본뜬 것을 가졌으니, 삼재(하늘·땅·사람) 이치가 갖추어졌다.

取(가질 취)•象(본뜰 상)•於(어조사 어)•天(하늘 천)•地(땅 지)•人(사람 인)•而(말이을 이)•三(석 삼)•才(기본 재)•之(어조사 지)•道(이치 도)•備(갖출 비)•矣(어조사 의)

---

8 'ㅗ ㅏ ㅛ ㅑ'가 하늘(ㆍ)에서 나왔다는 것은 이들 모음에 'ㆍ'가 들어갔다는 것이 아니고 이들 모음이 'ㆍ(하늘)'와 같은 양성모음이라는 뜻이다.

9 'ㅜ ㅓ ㅠ ㅕ'가 땅(ㅡ)에서 나왔다는 것은 이들 모음에 'ㅡ'가 들어갔다는 것이 아니고 이들 모음이 'ㅡ(땅)'와 같은 음성모음이라는 뜻이다.

10 'ㅛ ㅑ ㅠ ㅕ' 모두 발음을 천천히 해 보면 'ㅣ'에서 시작됨을 알 수 있다. 'ㅣ'는 사람을 본뜬 글자이므로 만물의 영장으로 양성(ㅛ ㅑ), 음성(ㅠ ㅕ)에 참여한다고 한 것이다.

정음해례6ㄴ

而三才之道備矣。然三才爲萬物之先。而天又爲三才之始。猶・ㅡㅣ三字爲八聲之首。而・又爲三字之冠也。ㅗ初生於天。天一生水之位也。ㅏ次之。天三生木之位也。ㅜ初生於地。地二生火之位也。ㅓ次之。地四生金之位也。ㅛ再生於天。天七成火之數也。ㅑ次之。天九

而三才之道備矣. 然三才爲萬物 [정음해례6ㄴ:1_제자해]
之先, 而天又爲三才之始, 猶 • ㅡ [정음해례6ㄴ:2_제자해]
ㅣ三字爲八聲之首, 而 • 又爲三 [정음해례6ㄴ:3_제자해]
字之冠°也. ㅗ 初生於天, 天一生水 [정음해례6ㄴ:4_제자해]
之位也. ㅏ 次之, 天三生木之位也. [정음해례6ㄴ:5_제자해]
ㅜ 初生於地, 地二生火之位也. ㅓ [정음해례6ㄴ:6_제자해]
次之, 地四生金之位也. ㆉ 再生於 [정음해례6ㄴ:7_제자해]
天, 天七成火之數也. ㅑ 次之, 天九 [정음해례6ㄴ:8_제자해]

그러므로 하늘·땅·사람의 삼재가 만물의 우선이 되고, 하늘이 삼재의 시작이 되는 것과 같이 • ㅡ ㅣ석 자가 여덟 가운뎃소리글자의 머리가 되고, 또한 • 자가 석 자의 으뜸이 됨과 같다.

ㅗ가 처음으로 하늘에서 생겨나니 하늘의 수로는 1이고 물을 낳는 자리다.

ㅏ가 다음으로 생겨나니 하늘의 수로는 3이고 나무를 낳는 자리다.

ㅜ가 처음으로 땅에서 나니 땅의 수로는 2이고 불을 낳는 자리다.

ㅓ가 다음으로 생겨난 것이니 땅의 수로는 4이고 쇠를 낳는 자리다.

ㅛ가 두 번째로 하늘에서 생겨나니 하늘의 수로는 7이고 불을 이루는 수다.

ㅑ가 다음으로 생겨나니 하늘의 수로는 9이고 쇠를 이루는 수다.

연 삼 재 위 만 물 지 선 이 천 우 위 삼 재 지 시 유 삼
123. 然三才爲萬物之先이요, 而天又爲三才之始하니, 猶ㆍㅡㅣ三
자 위 팔 성 지 수 이 우 위 삼 자 지 관 야
字爲八聲之首하니, 而ㆍ又爲三字之冠°也니라.

[정음해례6ㄴ:1-4_제자해]

그러므로 하늘·땅·사람의 삼재가 만물의 우선이 되고, 하늘이 삼재의 시작이 되는 것과 같이 ㆍㅡㅣ석 자가 여덟 가운뎃소리글자의 머리가 되고, 또한 ㆍ자가 석 자의 으뜸이 됨과 같다.

然(그럴 연)•三(석 삼)•才(기본 재)•爲(될 위)•萬(다수 만)•物(물건 물)•之(어조사 지)•先(먼저 선)•而(말이을 이)•天(하늘 천)•又(또 우)•爲(될 위)•三(석 삼)•才(기본 재)•之(어조사 지)•始(처음 시)•猶(마찬가지 유)•三(석 삼)•字(글자 자)•爲(될 위)•八(여덟 팔)•聲(소리 성)•之(어조사 지)•首(머리 수)•而(말이을 이)•又(또 우)•爲(될 위)•三(석 삼)•字(글자 자)•之(어조사 지)•冠°(으뜸 관)•也(어조사 야)

초 생 어 천 천 일 생 수 지 위 야
124. ㅗ가 初生於天하니 天一生水之位也니라. [정음해례6ㄴ:4-5_제자해]

ㅗ가 처음으로 하늘에서 생겨나니 하늘의 수로는 1이고 물을 낳는 자리다.

初(처음 초)•生(날 생)•於(어조사 어)•天(하늘 천)•天(하늘 천)•一(한 일)•生(날 생)•水(물 수)•之(어조사 지)•位(자리 위)•也(어조사 야)

차 지 지 삼 생 목 지 위 야
125. ㅏ가 次之하니 天三生木之位也니라. [정음해례6ㄴ:5_제자해]

ㅏ가 다음으로 생겨나니 하늘의 수로는 3이고 나무를 낳는 자리다.

次(버금 차)•之(어조사 지)•天(하늘 천)•三(석 삼)•生(날 생)•木(나무 목)•之(어조사 지)•位(자리 위)•也(어조사 야)

초 생 어 지 지 이 생 화 지 위 야
126. ㅜ가 初生於地하니 地二生火之位也니라. [정음해례6ㄴ:6_제자해]

ㅜ가 처음으로 땅에서 나니 땅의 수로는 2이고 불을 낳는 자리다.

初(처음 초)•生(날 생)•於(어조사 어)•地(땅 지)•地(땅 지)•二(두 이)•生(날 생)•火(불 화)•之(어조사 지)•位(자리 위)•也(어조사 야)

차지 지사생금지위야

127. ㅓ가 次之하니 地四生金之位也니라. [정음해례6ㄴ:6-7_제자해]

ㅓ가 다음으로 생겨난 것이니 땅의 수로는 4이고 쇠를 낳는 자리다.

次(버금 차)•之(어조사 지)•地(땅 지)•四(넉 사)•生(날 생)•金(쇠 금)•之(어조사 지)•位(자리 위)•也(어조사 야)

재생어천 천칠성화지수야

128. ㅛ가 再生於天하니 天七成火之數也니라. [정음해례6ㄴ:7-8_제자해]

ㅛ가 두 번째로 하늘에서 생겨나니 하늘의 수로는 7이고 불을 이루는 수다.

再(거듭 재)•生(날 생)•於(어조사 어)•天(하늘 천)•天(하늘 천)•七(일곱 칠)•成(이룰 성)•火(불 화)•之(어조사 지)•數(셈 수)•也(어조사 야)

차지 천구성금지수야

129. ㅑ가 次之하니 天九成金之數也니라. [정음해례6ㄴ:8-7ㄱ:1_제자해]

ㅑ가 다음으로 생겨나니 하늘의 수로는 9이고 쇠를 이루는 수다.

次(버금 차)•之(그것 지)•天(하늘 천)•九(아홉 구)•成(이룰 성)•金(쇠 금)•之(어조사 지)•數(셈 수)•也(어조사 야)

정음해례7ㄱ

成金之數也。ㅠ再生於地。地六成水之數也。ㅕ次之。地八成木之數也。水火未離乎氣。陰陽交合之初。故闔。木金陰陽之定質。故闢。ㆍ天五生土之位也。ㅡ地十成土之數也。ㅣ獨無位數者。盖以人則無極之眞。二五之精。妙合而凝。固未可以定位成數論也。是則中聲之中。

成金之數也. ㅠ 再生於地, 地六成 [정음해례7ㄱ:1_제자해]

水之數也. ㅕ 次之, 地八成木之數 [정음해례7ㄱ:2_제자해]

也. 水火未離°乎氣, 陰陽交合之初, [정음해례7ㄱ:3_제자해]

故闔. 木金陰陽之定質, 故闢. ㆍ 天 [정음해례7ㄱ:4_제자해]

五生土之位也. ㅡ 地十成土之數 [정음해례7ㄱ:5_제자해]

也. ㅣ 獨無位數者, 盖以人則無極 [정음해례7ㄱ:6_제자해]

之眞, 二五之精, 妙合而凝, 固未可 [정음해례7ㄱ:7_제자해]

以定位成數論°也. 是則中聲之中, [정음해례7ㄱ:8_제자해]

ㅠ가 두 번째로 땅에서 생겨나니 땅의 수로는 6이고 물을 이루는 수다. ㅕ 가 다음으로 생겨나니 땅의 수로는 8이고 나무를 이루는 수다.

물(ㅗ ㅠ)과 불(ㅜ ㅛ)은 아직 기를 벗어나지 못하고 음과 양이 서로 사귀어 어울리는 처음이기 때문에 입을 거의 오므린다.

나무(ㅏ ㅕ)와 쇠(ㅓ ㅑ)는 음과 양의 바탕을 바로 고정한 것이기 때문에 입을 벌린다.

ㆍ는 하늘의 수로는 5이고 흙을 낳는 자리다. ㅡ는 땅의 수로는 10이고 흙을 이루는 수다.

ㅣ만 홀로 자리와 수가 없는 것은 대개 사람은 곧 끝없는 태극의 참과 음양과 오행의 정기가 묘하게 어울리고 엉기어서, 진실로 자리를 정하고 수를 이루는 것을 밝힐 수 없기 때문이다. 이런즉 가운뎃소리(중성) 속에도 또한 저절로 음양과 오행, 방위의 수가 있는 것이다.

재생어지 지륙성수지수야
130. ㅠ가 再生於地하니 地六成水之數也니라. [정음해례7ㄱ:1-2_제자해]

ㅠ가 두 번째로 땅에서 생겨나니 땅의 수로는 6이고 물을 이루는 수다.

再(거듭 재)•生(날 생)•於(어조사 어)•地(땅 지)•地(땅 지)•六(여섯 육)•成(이룰 성)•水(물 수)•之(어조사 지)•數(셈 수)•也(어조사 야)

차지 지팔성목지수야
131. ㅕ가 次之하니 地八成木之數也니라. [정음해례7ㄱ:2-3_제자해]

ㅕ가 다음으로 생겨나니 땅의 수로는 8이고 나무를 이루는 수다.

次(버금 차)•之(그것 지)•地(땅 지)•八(여덟 팔)•成(이룰 성)•木(나무 목)•之(어조사 지)•數(셈 수)•也(어조사 야)

수 화 미리호기 음양교합지초 고합
132. 水(ㅗ ㅠ)火(ㅜ ㅛ)未離°乎氣하여 陰陽交合之初하니 故闔이니라. [정음해례7ㄱ:3-4_제자해]

물(ㅗ ㅠ)과 불(ㅜ ㅛ)은 아직 기를 벗어나지 못하고 음과 양이 서로 사귀어 어울리는 처음이기 때문에 입을 거의 오므린다.

水(물 수)•火(불 화)•未(아닐 미)•離°(벗어날 리)•乎(어조사 호)•氣(기운 기)•陰(응달 음)•陽(볕 양)•交(사귈 교)•合(합할 합)•之(어조사 지)•初(처음 초)•故(연고 고)•闔(거의닫을 합)

목 금 음양지정질 고벽
133. 木(ㅏ ㅕ)金(ㅓ ㅑ)은 陰陽之定質이니 故闢이니라.

[정음해례7ㄱ:4_제자해]

나무(ㅏ ㅕ)와 쇠(ㅓ ㅑ)는 음과 양의 바탕을 바로 고정한 것이기 때문에 입을 벌린다.

木(나무 목)•金(쇠 금)•陰(응달 음)•陽(볕 양)•之(어조사 지)•定(정할 정)•質(바탕 질)•故(연고 고)•闢(벌릴 벽)

천 오 생 토 지 위 야
134. • 는 天五生土之位也니라. [정음해례7ㄱ:4-5_제자해]

• 는 하늘의 수로는 5이고 흙을 낳는 자리다.

天(하늘 천)•五(다섯 오)•生(날 생)•土(흙 토)•之(어조사 지)•位(자리 위)•也(어조사 야)

지 십 성 토 지 수 야
135. ㅡ는 地十成土之數也니라. [정음해례7ㄱ:5-6_제자해]

ㅡ는 땅의 수로는 10이고 흙을 이루는 수다.

地(땅 지)•十(열 십)•成(이룰 성)•土(흙 토)•之(어조사 지)•數(셈 수)•也(어조사 야)

독 무 위 수 자 　 개 이 인 즉 무 극 지 진 　 이 오 지 정 　 묘 합
136. ㅣ 獨無位數者는 盖以人則無極之眞이요 二五之精이요 妙合
이 응 　 고 미 가 이 정 위 성 수 론 야
而凝이니 固未可以定位成數論°也니라. [정음해례7ㄱ:6-8_제자해]

ㅣ만 홀로 자리와 수가 없는 것은 대개 사람은 곧 끝없는 태극의 참과 음양과 오행의 정기가 묘하게 어울리고 엉기어서, 진실로 자리를 정하고 수를 이루는 것을 밝힐 수 없기 때문이다.

獨(홀로 독)•無(없을 무)•位(자리 위)•數(셈 수)•者(것 자)•盖(대개 개)•以(써 이)•人(사람 인)•則(곧 즉)•無(없을 무)•極(극할 극)•之(어조사 지)•眞(참 진)•二(두 이)•五(다섯 오)•之(어조사 지)•精(정기 정)•妙(묘할 묘)•合(합할 합)•而(말이을 이)•凝(엉길 응)•固(진실로 고)•未(아닐 미)•可(옳을 가)•以(써 이)•定(정할 정)•位(자리 위)•成(이룰 성)•數(셈 수)•論°(밝힐 론•논)•也(어조사 야)

시 즉 중 성 지 중 　 역 자 유 음 양 오 행 방 위 지 수 야
137. 是則中聲之中에 亦自有陰陽五行方位之數也니라.

[정음해례7ㄱ:8-7ㄴ:1_제자해]

이런즉 가운뎃소리(중성) 속에도 또한 저절로 음양과 오행, 방위의 수가 있는 것이다.

是(이 시)•則(곧 즉)•中(가운데 중)•聲(소리 성)•之(어조사 지)•中(가운데 중)•亦(또 역)•自(스스로 자)•有(있을 유)•陰(응달 음)•陽(볕 양)•五(다섯 오)•行(갈 행)•方(방향 방)•位(자리 위)•之(어조사 지)•數(셈 수)•也(어조사 야)

정음해례7ㄴ

亦自有陰陽五行方位之數也。以
初聲對中聲而言之。陰陽。天道也。
剛柔。地道也。中聲者。一深一淺一
闔一闢。是則陰陽分而五行之氣
具焉。天之用也。初聲者。或虛或實
或颺或滯或重若輕。是則剛柔著
而五行之質成焉。地之功也。中聲
以深淺闔闢唱之於前。初聲以五

亦自有陰陽五行方位之數也. 以 [정음해례7ㄴ:1_제자해]

初聲對中聲而言之. 陰陽, 天道也. [정음해례7ㄴ:2_제자해]

剛柔, 地道也. 中聲者, 一深一淺一 [정음해례7ㄴ:3_제자해]

闔一闢, 是則陰陽分而五行之氣 [정음해례7ㄴ:4_제자해]

具焉, 天之用也. 初聲者, 或虛或實 [정음해례7ㄴ:5_제자해]

或颺或滯或重若輕, 是則剛柔著 [정음해례7ㄴ:6_제자해]

而五行之質成焉, 地之功也. 中聲 [정음해례7ㄴ:7_제자해]

以深淺闔闢唱之於前, 初聲以五 [정음해례7ㄴ:8_제자해]

첫소리와 가운뎃소리를 맞대어 말해 보자. 가운뎃소리의 음성과 양성은 하늘의 이치다. 첫소리의 단단함과 부드러움은 땅의 이치다. 가운뎃소리는 어떤 것은 깊고 어떤 것은 얕고, 어떤 것은 오므리고 어떤 것은 벌리니, 이런즉 음양이 나뉘고, 오행의 기운이 갖추어지니 하늘의 작용이다.

첫소리는 어떤 것은 비고(목구멍소리), 어떤 것은 막히고(어금닛소리), 어떤 것은 날리고(혓소리), 어떤 것은 걸리고(잇소리), 어떤 것은 무겁고(입술무거운소리), 어떤 것은 가벼우니(입술가벼운소리), 이런즉 곧 단단하고 부드러운 것이 드러나서 여기에 오행의 바탕이 이루어진 것이니 땅의 공이다.

가운뎃소리가 깊고 얕고 오므라지고 벌림으로써 앞서 부르고, 첫소리가 오음의 맑고 흐림으로써 뒤따라 화답하여, 첫소리가 되고 끝소리가 된다.

이 초 성 대 중 성 이 언 지

138. **以初聲對中聲而言之니라.** [정음해례7ㄴ:1-2_제자해]

첫소리와 가운뎃소리를 맞대어 말해 보자.

以(써 이)•初(처음 초)•聲(소리 성)•對(대할 대)•中(가운데 중)•聲(소리 성)•而(말이을 이)•言(말 언)•之(그것 지)

음 양 천 도 야

139. **陰陽은 天道也니라.** [정음해례7ㄴ:2_제자해]

가운뎃소리의 음성과 양성은 하늘의 이치다.

陰(응달 음)•陽(볕 양)•天(하늘 천)•道(이치 도)•也(어조사 야)

강 유 지 도 야

140. **剛柔는 地道也니라.** [정음해례7ㄴ:3_제자해]

첫소리의 단단함과 부드러움은 땅의 이치다.

剛(굳셀 강)•柔(부드러울 유)•地(땅 지)•道(이치 도)•也(어조사 야)

중 성 자 일 심 일 천 일 합 일 벽 시 즉 음 양 분 이 오 행 지 기 구

141. **中聲者는 一深一淺一闔一闢하고, 是則陰陽分而五行之氣具**

언 천 지 용 야

焉이니 天之用也니라. [정음해례7ㄴ:3-5_제자해]

가운뎃소리는 어떤 것은 깊고 어떤 것은 얕고, 어떤 것은 오므리고 어떤 것은 벌리니, 이런즉 음양이 나뉘고, 오행의 기운이 갖추어지니 하늘의 작용이다.

中(가운데 중)•聲(소리 성)•者(것 자)•一(한 일)•深(깊을 심)•一(한 일)•淺(얕을 천)•一(한 일)•闔(거의닫을 합)•一(한 일)•闢(벌릴 벽)•是(이 시)•則(곧 즉)•陰(응달 음)•陽(볕 양)•分(나눌 분)•而(말이을 이)•五(다섯 오)•行(갈 행)•之(어조사 지)•氣(기운 기)•具(갖출 구)•焉(어조사 언)•天(하늘 천)•之(어조사 지)•用(쓸 용)•也(어조사 야)

초 성 자 혹 허 혹 실 혹 양 혹 체 혹 중 약 경 시 즉 강 유 저 이 오 행
142. 初聲者는 或虛或實或颺或滯或重若輕하고 是則剛柔著而五行
지 질 성 언 지 지 공 야
之質成焉이니 地之功也니라. [정음해례7ㄴ:5-7_제자해]

첫소리는 어떤 것은 비고(목구멍소리), 어떤 것은 막히고(어금닛소리), 어떤 것은 날리고(혓소리), 어떤 것은 걸리고(잇소리), 어떤 것은 무겁고(입술무거운소리), 어떤 것은 가벼우니(입술가벼운소리), 이런즉 곧 단단하고 부드러운 것이 드러나서 여기에 오행의 바탕이 이루어진 것이니 땅의 공이다.

初(처음 초)•聲(소리 성)•者(것 자)•或(또는 혹)•虛(빌 허)•或(또는 혹)•實(실할 실)•或(또는 혹)•颺(날릴 양)•或(또는 혹)•滯(걸릴 체)•或(또는 혹)•重(무거울 중)•若(같을 약)•輕(가벼울 경)•是(이 시)•則(곧 즉)•剛(굳셀 강)•柔(부드러울 유)•著(나타날 저)•而(말이을 이)•五(다섯 오)•行(갈 행)•之(어조사 지)•質(바탕 질)•成(이룰 성)•焉(어조사 언)•地(땅 지)•之(어조사 지)•功(공 공)•也(어조사 야)

중 성 이 심 천 합 벽 창 지 어 전 초 성 이 오 음 청 탁 화 지 어 후
143. 中聲以深淺闔闢唱之於前하고 初聲以五音淸濁和°之於後이니
이 위 초 역 위 종
而爲初亦爲終이니라. [정음해례7ㄴ:7-8ㄱ:1_제자해]

가운뎃소리가 깊고 얕고 오므라지고 벌림으로써 앞서 부르고, 첫소리가 오음의 맑고 흐림으로써 뒤따라 화답하여, 첫소리가 되고 또한 끝소리가 된다.

中(가운데 중)•聲(소리 성)•以(써 이)•深(깊을 심)•淺(얕을 천)•闔(거의닫을 합)•闢(열 벽)•唱(부를 창)•之(어조사 지)•於(어조사 어)•前(앞 전)•初(처음 초)•聲(소리 성)•以(써 이)•五(다섯 오)•音(소리 음)•淸(맑을 청)•濁(흐릴 탁)•和°(화답할 화)•之(어조사 지)•於(어조사 어)•後(뒤 후)•而(말이을 이)•爲(될 위)•初(처음 초)•亦(또 역)•爲(될 위)•終(마칠 종)

정음해례8ㄱ

音清濁和之於後而爲初亦爲終。
亦可見萬物初生於地。復歸於地
也。以初中終合成之字言之。亦有
動靜互根陰陽交變之義焉。動者。
天也。靜者。地也。兼乎動靜者。人也。
蓋五行在天則神之運也。在地則
質之成也。在人則仁禮信義智神
之運也。肝心脾肺腎質之成也。初

音淸濁和°之於後, 而爲初亦爲終. [정음해례8ㄱ:1_제자해]
亦可見萬物初生於地, 復歸於地 [정음해례8ㄱ:2_제자해]
也. 以初中終合成之字言之, 亦有 [정음해례8ㄱ:3_제자해]
動靜互根陰陽交變之義焉. 動者, [정음해례8ㄱ:4_제자해]
天也. 靜者, 地也. 兼乎動靜者, 人也. [정음해례8ㄱ:5_제자해]
盖五行在天則神之運也, 在地則 [정음해례8ㄱ:6_제자해]
質之成也, 在人則仁禮信義智神 [정음해례8ㄱ:7_제자해]
之運也, 肝心脾肺腎質之成也. 初 [정음해례8ㄱ:8_제자해]

또한 만물이 땅에서 처음 생겨나서, 다시 땅으로 돌아가는 것으로 볼 수 있다.

첫소리, 가운뎃소리, 끝소리가 합하여 이루어진 글자를 말하자면, 또한 움직임과 고요함이 서로 뿌리가 되어 음과 양이 서로 바뀌는 뜻이 있다. 움직이는 것은 하늘이요, 고요한 것은 땅이다. 움직임과 고요함을 겸한 것은 사람이다. 대개 오행이 하늘에서는 신(우주)의 운행이며, 땅에서는 바탕을 이루는 것이요, 이것이 사람에서는 어짊·예의·믿음·정의·슬기가 신(작은 우주)의 운행이요, 간·염통(심장)·지라(비장)·허파(폐장)·콩팥(신장)이 바탕을 이루는 것이다.

역 가 견 만 물 초 생 어 지 복 귀 어 지 야

144. 亦可見萬物初生於地하여 復歸於地也니라. [정음해례8ㄱ:2-3_제자해]

또한 만물이 땅에서 처음 생겨나서, 다시 땅으로 돌아가는 것으로 볼 수 있다.

亦(또 역)•可(옳을 가)•見(볼 견)•萬(다수 만)•物(물건 물)•初(처음 초)•生(날 생)•於(어조사 어)•地(땅 지)•復(회복할 복)•歸(돌아올 귀)•於(어조사 어)•地(땅 지)•也(어조사 야)

이 초 중 종 합 성 지 자 언 지 역 유 동 정 호 근 음 양 교 변 지 의 언

145. 以初中終合成之字言之니 亦有動靜互根陰陽交變之義焉이니라. [정음해례8ㄱ:3-4_제자해]

첫소리, 가운뎃소리, 끝소리가 합하여 이루어진 글자를 말하자면, 또한 움직임과 고요함이 서로 뿌리가 되어 음과 양이 서로 바뀌는 뜻이 있다.

以(써 이)•初(처음 초)•中(가운데 중)•終(끝 종)•合(합할 합)•成(이룰 성)•之(어조사 지)•字(글자 자)•言(말 언)•之(어조사 지)•亦(또 역)•有(있을 유)•動(움직일 동)•靜(고요할 정)•互(서로 호)•根(뿌리 근)•陰(응달 음)•陽(볕 양)•交(사귈 교)•變(바뀔 변)•之(어조사 지)•義(뜻 의)•焉(어조사 언)

동 자 천 야 정 자 지 야

146. 動者는 天也요 靜者는 地也니라. [정음해례8ㄱ:4-5_제자해]

움직이는 것은 하늘이요, 고요한 것은 땅이다.

動(움직일 동)•者(것 자)•天(하늘 천)•也(어조사 야)•靜(고요할 정)•者(것 자)•地(땅 지)•也(어조사 야)

겸 호 동 정 자 인 야

147. 兼乎動靜者는 人也니라. [정음해례8ㄱ:5_제자해]

움직임과 고요함을 겸한 것은 사람이다.

兼(겸할 겸)•乎(어조사 호)•動(움직일 동)•靜(고요할 정)•者(것 자)•人(사람 인)•也(어조사 야)

개 오 행 재 천 즉 신 지 운 야 재 지 즉 질 지 성 야 재 인 즉 인 례 신 의

148. **蓋五行在天則神之運也요 在地則質之成也요 在人則仁禮信義**

지 신 지 운 야 간 심 비 폐 신 질 지 성 야

智神之運也요 肝心脾肺腎質之成也니라. [정음해례8ㄱ:6-8_제자해]

대개 오행이 하늘에서는 신(우주)의 운행이며, 땅에서는 바탕을 이루는 것이요, 이것이 사람에서는 어짊·예의·믿음·정의·슬기가 신(작은 우주)의 운행이요, 간·염통(심장)·지라(비장)·허파(폐장)·콩팥(신장)이 바탕을 이루는 것이다.

蓋(대개 개)•五(다섯 오)•行(갈 행)•在(있을 재)•天(하늘 천)•則(곧 즉)•神(신 신)•之(어조사 지)•運(옮길 운)•也(어조사 야)•在(있을 재)•地(땅 지)•則(곧 즉)•質(바탕 질)•之(어조사 지)•成(이룰 성)•也(어조사 야)•在(있을 재)•人(사람 인)•則(곧 즉)•仁(어질 인)•禮(예의 례)•信(믿을 신)•義(옳을 의)•智(지혜 지)•神(신 신)•之(어조사 지)•運(옮길 운)•也(어조사 야)•肝(간 간)•心(마음 심)•脾(지라 비)•肺(허파 폐)•腎(콩팥 신)•質(바탕 질)•之(어조사 지)•成(이룰 성)•也(어조사 야)

초 성 유 발 동 지 의 천 지 사 야

149. **初聲有發動之義하니 天之事也니라.** [정음해례8ㄱ:8-8ㄴ:1_제자해]

첫소리는 움직여 피어나는 뜻이 있으니, 하늘의 일이다.

初(처음 초)•聲(소리 성)•有(있을 유)•發(필 발)•動(움직일 동)•之(어조사 지)•義(뜻 의)•天(하늘 천)•之(어조사 지)•事(일 사)•也(어조사 야)

정음해례8ㄴ

聲有發動之義。天之事也。終聲有
止定之義。地之事也。中聲承初之
生。接終之成。人之事也。盖字韻之
要在於中聲。初終合而成音。亦猶
天地生成萬物。而其財成輔相則
必賴乎人也。終聲之復用初聲者。
以其動而陽者乾也。靜而陰者亦
乾也。乾實分陰陽而無不君宰也。

聲有發動之義, 天之事也. 終聲有 [정음해례8ㄴ:1_제자해]
止定之義, 地之事也. 中聲承初之 [정음해례8ㄴ:2_제자해]
生, 接終之成, 人之事也. 盖字韻之 [정음해례8ㄴ:3_제자해]
要, 在於中聲, 初終合而成音. 亦猶 [정음해례8ㄴ:4_제자해]
天地生成萬物, 而其財成輔相°則 [정음해례8ㄴ:5_제자해]
必賴乎人也. 終聲之復°用初聲者, [정음해례8ㄴ:6_제자해]
以其動而陽者乾也, 靜而陰者亦 [정음해례8ㄴ:7_제자해]
乾也, 乾實分陰陽而無不君宰也. [정음해례8ㄴ:8_제자해]

첫소리는 움직여 피어나는 뜻이 있으니, 하늘의 일이다. 끝소리는 정해져 멈추는 뜻이 있으니, 땅의 일이다. 가운뎃소리는 첫소리가 생겨난 것을 이어서, 끝소리가 이루어지게 이어 주니 사람의 일이다. 대개 글자 소리의 핵심은 가운뎃소리에 있으니, 첫소리·끝소리와 합하여 음절을 이룬다. 또 오히려 하늘과 땅이 만물을 생겨나게 해도, 그것이 쓸모 있게 돕는 것은 반드시 사람한테 힘입음과 같다.

끝소리글자에 첫소리글자를 다시 쓰는 것은 움직여서 양인 것도 하늘이요, 고요해서 음인 것도 하늘이니, 하늘은 실제로는 음과 양을 구분한다 하더라도 임금(하늘)이 주관하고 다스리지 않음이 없기 때문이다.

종 성 유 지 정 지 의 지 지 사 야
150. 終聲有止定之義하니 地之事也니라. [정음해례8ㄴ:1-2_제자해]

끝소리는 정해져 멈추는 뜻이 있으니, 땅의 일이다.

終(마칠 종)•聲(소리 성)•有(있을 유)•止(그칠 지)•定(정할 정)•之(어조사 지)•義(뜻 의)•地(땅 지)•之(어조사 지)•事(일 사)•也(어조사 야)

중 성 승 초 지 생 접 종 지 성 인 지 사 야
151. 中聲承初之生하고 接終之成하니 人之事也니라.

[정음해례8ㄴ:2-3_제자해]

가운뎃소리는 첫소리가 생겨난 것을 이어서, 끝소리가 이루어지게 이어 주니 사람의 일이다.

中(가운데 중)•聲(소리 성)•承(받을 승)•初(처음 초)•之(어조사 지)•生(날 생)•接(이을 접)•終(마칠 종)•之(어조사 지)•成(이룰 성)•人(사람 인)•之(어조사 지)•事(일 사)•也(어조사 야)

개 자 운 지 요 재 어 중 성 초 종 합 이 성 음
152. 盖字韻之要요 在於中聲이니 初終合而成音이니라.

[정음해례8ㄴ:3-4_제자해]

대개 글자 소리의 핵심은 가운뎃소리에 있으니, 첫소리·끝소리와 합하여 음절을 이룬다.

盖(대개 개)•字(글자 자)•韻(소리 운)•之(어조사 지)•要(요긴할 요)•在(있을 재)•於(어조사 어)•中(가운데 중)•聲(소리 성)•初(처음 초)•終(끝 종)•合(합할 합)•而(말이을 이)•成(이룰 성)•音(소리 음)

역 유 천 지 생 성 만 물 이 기 재 성 보 상 즉 필 뢰 호 인 야
153. 亦猶天地生成萬物이니 而其財成輔相°則必賴乎人也니라.

[정음해례8ㄴ:4-6_제자해]

또 오히려 하늘과 땅이 만물을 생겨나게 해도, 그것이 쓸모 있게 돕는 것은 반드시 사람한테 힘입음과 같다.

亦(또 역)•猶(오히려 유)•天(하늘 천)•地(땅 지)•生(날 생)•成(이룰 성)•萬(다수 만)•物(물건 물)•而(말이을 이)•其(그 기)•財(재물 재)•成(이룰 성)•輔(도울 보)•相°(도울 상)•則(곧 즉)•必(반드시 필)•賴(힘입을 뢰)•乎(어조사 호)•人(사람 인)•也(어조사 야)

종성지부 용초성자 이기동이양자건야 정이음자역건야
154. 終聲之復°用初聲者는 以其動而陽者乾也요, 靜而陰者亦乾也

건실분음양이무불군재야
요, 乾實分陰陽而無不君宰也니라. [정음해례8ㄴ:6-8_제자해]

끝소리글자에 첫소리글자를 다시 쓰는 것은 움직여서 양인 것도 하늘이요, 고요해서 음인 것도 하늘이니, 하늘은 실제로는 음과 양을 구분한다 하더라도 임금(하늘)이 주관하고 다스리지 않음이 없기 때문이다.

終(마칠 종)•聲(소리 성)•之(어조사 지)•復°(다시 부)•用(쓸 용)•初(처음 초)•聲(소리 성)•者(것 자)•以(써 이)•其(그 기)•動(움직일 동)•而(말이을 이)•陽(볕 양)•者(것 자)•乾(하늘 건)•也(어조사 야)•靜(고요할 정)•而(말이을 이)•陰(응달 음)•者(것 자)•亦(또 역)•乾(하늘 건)•也(어조사 야)•乾(하늘 건)•實(열매 실)•分(나눌 분)•陰(응달 음)•陽(볕 양)•而(말이을 이)•無(없을 무)•不(아니 불)•君(임금 군)•宰(다스릴 재)•也(어조사 야)

정음해례9ㄱ

一元之氣。周流不窮。四時之運。循
環無端。故貞而復元。冬而復春。初
聲之復爲終。終聲之復爲初。亦此
義也。吁。正音作而天地萬物之理
咸備。其神矣哉。是殆天啓
聖心而假手焉者乎。訣曰

天地之化本一氣

陰陽五行相始終

一元之氣, 周流不窮, 四時之運, 循 [정음해례9ㄱ:1_제자해]
環無端, 故貞而復°元, 冬而復°春. 初 [정음해례9ㄱ:2_제자해]
聲之復°爲終, 終聲之復°爲初, 亦此 [정음해례9ㄱ:3_제자해]
義也. 吁. 正音作而天地萬物之理 [정음해례9ㄱ:4_제자해]
咸備, 其神矣哉. 是殆天啓 [정음해례9ㄱ:5_제자해]
聖心而假手焉者乎. 訣曰 [정음해례9ㄱ:6_제자해]
天地之化本一氣 [정음해례9ㄱ:7_제자해갈무리시]
陰陽五行相始終 [정음해례9ㄱ:8_제자해갈무리시]

하나의 바탕 기운이 두루 흘러 다하지 않고, 사계절 바뀜이 돌고 돌아 끝이 없으니 만물의 거둠에서 다시 만물의 처음이 되듯 겨울은 다시 봄이 되는 것이다. 첫소리글자가 다시 끝소리글자가 되고 끝소리글자가 다시 첫소리글자가 되는 것도 역시 이와 같은 뜻이다.
아! 정음이 만들어져 천지 만물의 이치가 모두 갖추어졌으니, 그 정음이 신묘하다.
이는 틀림없이 하늘이 성왕(세종)의 마음을 일깨워, 세종의 손을 빌려 정음을 만들게 한 것이로구나.

갈무리 시

하늘과 땅의 조화는 본디 하나의 기운이니
음양과 오행이 서로 처음이 되며 끝이 되네.

일 원 지 기　주 류 불 궁　사 시 지 운　순 환 무 단　고 정 이

155. 一元之氣, 周流不窮하고, 四時之運이 循環無端이니, 故貞而

부 원　동 이 부 춘

復°元하고, 冬而復°春이니라. [정음해례9ㄱ:1-2_제자해]

하나의 바탕 기운이 두루 흘러 다하지 않고, 사계절 바뀜이 돌고 돌아 끝이 없으니 만물의 거둠에서 다시 만물의 처음이 되듯 겨울은 다시 봄이 되는 것이다.

一(한 일)•元(으뜸 원)•之(어조사 지)•氣(기운 기)•周(두루 주)•流(흐를 류)•不(아니 불)•窮(다할 궁)•四(넉 사)•時(때 시)•之(어조사 지)•運(옮길 운)•循(좇을 순)•環(고리 환)•無(없을 무)•端(끝 단)•故(연고 고)•貞(거둘 정)•而(말이을 이)•復°(다시 부)•元(처음 원)•冬(겨울 동)•而(말이을 이)•復°(다시 부)•春(봄 춘)

초 성 지 부 위 종　종 성 지 부 위 호　역 차 의 야

156. 初聲之復°爲終하고, 終聲之復°爲初요, 亦此義也니라.

[정음해례9ㄱ:2-4_제자해]

첫소리글자가 다시 끝소리글자가 되고 끝소리글자가 다시 첫소리글자가 되는 것도 역시 이와 같은 뜻이다.

初(처음 초)•聲(소리 성)•之(어조사 지)•復°(다시 부)•爲(될 위)•終(끝 종)•終(끝 종)•聲(소리 성)•之(어조사 지)•復°(다시 부)•爲(될 위)•初(처음 초)•亦(또 역)•此(이 차)•義(뜻 의)•也(어조사 야)

우　정 음 작 이 천 지 만 물 지 리 함 비　기 신 의 재

157. 吁라. 正音作而天地萬物之理咸備하니 其神矣哉니라.

[정음해례9ㄱ:4-5_제자해]

아! 정음이 만들어져 천지 만물의 이치가 모두 갖추어졌으니, 그 정음이 신묘하다.

吁(탄식할 우)•正(바를 정)•音(소리 음)•作(지을 작)•而(말이을 이)•天(하늘 천)•地(땅 지)•萬(다수 만)•物(물건 물)•之(어조사 지)•理(이치 리)•咸(모두 함)•備(갖출 비)•其(그 기)•神(신 신)•矣(어조사 의)•哉(어조사 재)

시 태 천 계 성 심 이 가 수 언 자 호
158. **是殆天啓聖心而假手焉者乎로구나.** [정음해례9ㄱ:5-6_제자해]

이는 틀림없이 하늘이 성왕(세종)의 마음을 일깨워, 세종의 손을 빌려 정음을 만들게 한 것이로구나.

是(이 시)•殆(거의 태)•天(하늘 천)•啓(열 계)•聖(성인 성)•心(마음 심)•而(말이을 이)•假(빌릴 가)•手(손 수)•焉(어조사 언)•者(것 자)•乎(어조사 호)

결 왈
訣曰 [정음해례9ㄱ:6_제자해_갈무리시]

갈무리 시

訣(갈무리 결)•曰(가로 왈)

천 지 지 화 본 일 기
159. **天地之化本一氣이니**
음 양 오 행 상 시 종
陰陽五行相始終이네. [정음해례9ㄱ:7-8_제자해_갈무리시]

하늘과 땅의 조화는 본디 하나의 기운이니
음양과 오행이 서로 처음이 되며 끝이 되네.

天(하늘 천)•地(땅 지)•之(어조사 지)•化(될 화)•本(근본 본)•一(한 일)•氣(기운 기)•陰(응달 음)•陽(볕 양)•五(다섯 오)•行(갈 행)•相(서로 상)•始(처음 시)•終(끝 종)

정음해례9ㄴ

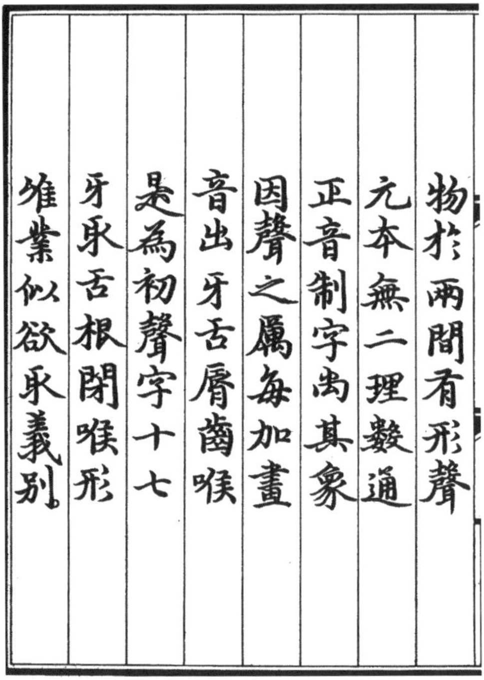
物於兩間有形聲
元本無二理數通
正音制字尙其象
因聲之厲每加畫
音出牙舌脣齒喉
是爲初聲字十七
牙取舌根閉喉形
唯業似欲取義別

物於兩間有形聲 [정음해례9ㄴ:1_제자해갈무리시]

元本無二理數通 [정음해례9ㄴ:2_제자해갈무리시]

正音制字尙其象 [정음해례9ㄴ:3_제자해갈무리시]

因聲之厲每加畫 [정음해례9ㄴ:4_제자해갈무리시]

音出牙舌脣齒喉 [정음해례9ㄴ:5_제자해갈무리시]

是爲初聲字十七 [정음해례9ㄴ:6_제자해갈무리시]

牙取舌根閉喉形 [정음해례9ㄴ:7_제자해갈무리시]

唯業似欲取義別。 [정음해례9ㄴ:8_제자해갈무리시]

만물이 하늘과 땅 사이에서 꼴과 소리가 있으나
근본은 둘이 아니니 이치와 수로 통하네.

정음 글자 만들 때 주로 그 꼴을 본뜨니
소리 세기에 따라 획을 더하였네.

소리는 어금니·혀·입술·이·목구멍에서 나니
여기에서 첫소리글자 열일곱이 나왔네.

어금닛소리글자는 혀뿌리가 목구멍을 막는 모양을 취하였는데
오직 ㆁ(이)만은 ㅇ(이)와 비슷하나 담은 뜻이 다르네.

물 어 량 간 유 형 성

160. 物於兩間有形聲이나

원 본 무 이 리 수 통

元本無二理數通이네. [정음해례9ㄴ:1-2_제자해_갈무리시]

만물이 하늘과 땅 사이에서 꼴과 소리가 있으나

근본은 둘이 아니니 이치와 수로 통하네.

物(물건 물)•於(어조사 어)•兩(두 량)•間(사이 간)•有(있을 유)•形(모양 형)•聲(소리 성)•元(으뜸 원)•本(근본 본)•無(없을 무)•二(두 이)•理(이치 리)•數(셈 수)•通(통할 통)

정 음 제 자 상 기 상

161. 正音制字尙其象이니

인 성 지 려 매 가 획

因聲之厲每加畫이네. [정음해례9ㄴ:3-4_제자해_갈무리시]

정음 글자 만들 때 주로 그 꼴을 본뜨니

소리 세기에 따라 획을 더하였네.

正(바를 정)•音(소리 음)•制(만들 제)•字(글자 자)•尙(본뜰 상)•其(그 기)•象(모양 상)•因(인할 인)•聲(소리 성)•之(어조사 지)•厲(셀 려)•每(매양 매)•加(더할 가)•畫(그을 획)

음 출 아 설 순 치 후

162. 音出牙舌脣齒喉이니

시 위 초 성 자 십 칠

是爲初聲字十七이네. [정음해례9ㄴ:5-6_제자해_갈무리시]

소리는 어금니·혀·입술·이·목구멍에서 나니

여기에서 첫소리글자 열일곱이 나왔네.

音(소리 음)•出(날 출)•牙(어금니 아)•舌(혀 설)•脣(입술 순)•齒(이 치)•喉(목구멍 후)•是(이 시)•爲(될 위)•初(처음 초)•聲(소리 성)•字(글자 자)•十(열 십)•七(일곱 칠)

아 취 설 근 폐 후 형

163. **牙取舌根閉喉形이니**

유 업 사 욕 취 의 별

唯業(ㆁ)似欲(ㅇ)取義別。이네. [정음해례9ㄴ:7-8_제자해_갈무리시]

어금닛소리글자는 혀뿌리가 목구멍을 막는 모양을 취하였는데 오직 ㆁ(이)만은 ㅇ(이)와 비슷하나 담은 뜻이 다르네.

牙(어금니 아)•取(취할 취)•舌(혀 설)•根(뿌리 근)•閉(닫을 폐)•喉(목구멍 후)•形(모양 형)•唯(오직 유)•業(일 업)•似(비슷할 사)•欲(하고자할 욕)•取(취할 취)•義(뜻 의)•別。(다를 별)

정음해례10ㄱ

舌迺象舌附上腭
脣則實是取口形
齒喉直取齒喉象
知斯五義聲自明
又有半舌半齒音
取象同而體則異
那彌戍欲聲不厲
次序雖後象形始

舌迺象舌附上腭 [정음해례10ㄱ:1_제자해갈무리시]

脣則實是取口形 [정음해례10ㄱ:2_제자해갈무리시]

齒喉直取齒喉象 [정음해례10ㄱ:3_제자해갈무리시]

知斯五義聲自明 [정음해례10ㄱ:4_제자해갈무리시]

又有半舌半齒音 [정음해례10ㄱ:5_제자해갈무리시]

取象同而體則異 [정음해례10ㄱ:6_제자해갈무리시]

那彌戌欲聲不厲 [정음해례10ㄱ:7_제자해갈무리시]

次序雖後象形始 [정음해례10ㄱ:8_제자해갈무리시]

혓소리글자는 혀가 윗잇몸에 닿는 모양을 본뜨고
입술소리글자는 바로 입 꼴을 취하였네.

잇소리글자와 목구멍소리글자는 바로 이와 목구멍의 모양을 본떴으니
이 다섯 자 뜻을 알면 소리 이치는 절로 밝혀지네.

또한 반혓소리글자(ㄹ), 반잇소리글자(ㅿ)가 있는데
본뜬 것은 같은데 짜임새가 다르네.

"ㄴ(니), ㅁ(미), ㅅ(시), ㅇ(이)" 소리는 세지 않으므로
차례는 비록 뒤이나 꼴을 본뜨는 처음이 되네.

설 내 상 설 부 상 악
164. **舌迺象舌附上腭이고**
순 즉 실 시 취 구 형
脣則實是取口形이네. [정음해례10ㄱ:1-2_제자해_갈무리시]

혓소리글자는 혀가 윗잇몸에 닿는 모양을 본뜨고
입술소리글자는 바로 입 꼴을 취하였네.

舌(혀 설)•迺(이에 내)•象(본뜰 상)•舌(혀 설)•附(닿을 부)•上(위 상)•腭(잇몸 악)•脣(입술 순)•則(곧 즉)•實(바로 실)•是(이 시)•取(취할 취)•口(입 구)•形(모양 형)

치 후 직 취 치 후 상
165. **齒喉直取齒喉象하니**
지 사 오 의 성 자 명
知斯五義聲自明이네. [정음해례10ㄱ:3-4_제자해_갈무리시]

잇소리글자와 목구멍소리글자는 바로 이와 목구멍의 모양을 본떴으니
이 다섯 자 뜻을 알면 소리 이치는 절로 밝혀지네.

齒(이 치)•喉(목구멍 후)•直(바로 직)•取(취할 취)•齒(이 치)•喉(목구멍 후)•象(모양 상)•知(알 지)•斯(이 사)•五(다섯 오)•義(뜻 의)•聲(소리 성)•自(스스로 자)•明(밝을 명)

우 유 반 설 반 치 음
166. **又有半舌半齒音이니**
취 상 동 이 체 즉 이
取象同而體則異이네. [정음해례10ㄱ:5-6_제자해_갈무리시]

또한 반혓소리글자(ㄹ), 반잇소리글자(ㅿ)가 있는데
본뜬 것은 같은데 짜임새가 다르네.

又(또 우)•有(있을 유)•半(반 반)•舌(혀 설)•半(반 반)•齒(이 치)•音(소리 음)•取(취할 취)•象(모양 상)•同(같을 동)•而(말이을 이)•體(몸 체)•則(곧 즉)•異(다를 이)

나 미 술 욕 성불려

167. 那(ㄴ)彌(ㅁ)戌(ㅅ)欲(ㅇ)聲不厲이니

차서수후상형시

次序雖後象形始이네. [정음해례10ㄱ:7-8_제자해_갈무리시]

"ㄴ(니), ㅁ(미), ㅅ(시), ㅇ(이)" 소리는 세지 않으므로

차례는 비록 뒤이나 꼴을 본뜨는 처음이 되네.

那(어찌 나)•彌(미륵 미)•戌(개 술)•欲(하고자할 욕)•聲(소리 성)•不(아니 불)•厲(셀 려)•次(차례 차)•序(차례 서)•雖(비록 수)•後(뒤 후)象(본뜰 상)•形(모양 형)•始(처음 시)

정음해례10ㄴ

配諸四時與冲氣
五行五音無不協
維喉為水冬與羽
牙迺春木其音角
徵音夏火是舌聲
齒則商秋又是金
脣於位數本無定
土而季夏為宮音

配諸四時與冲氣 [정음해례10ㄴ:1_제자해갈무리시]
五行五音無不協 [정음해례10ㄴ:2_제자해갈무리시]
維喉爲水冬與羽 [정음해례10ㄴ:3_제자해갈무리시]
牙迺春木其音角 [정음해례10ㄴ:4_제자해갈무리시]
°徵音夏火是舌聲 [정음해례10ㄴ:5_제자해갈무리시]
齒則商秋又是金 [정음해례10ㄴ:6_제자해갈무리시]
脣於位數本無定 [정음해례10ㄴ:7_제자해갈무리시]
土而季夏爲宮音 [정음해례10ㄴ:8_제자해갈무리시]

이것을 네 계절과 천지 기운에 맞추어 보니
오행과 오음계에 어울리지 않음이 없네.

목구멍소리는 '물'이 되니 '겨울'과 '우음계'요
어금닛소리는 '봄'이며 '나무'이니 그 소리는 '각음계'네.

'치음계'에 '여름'이며 '불'인 것은 혓소리요
잇소리는 곧 '상음계'이며 '가을'이니 또한 '쇠'네.

입술소리는 방위와 수가 본디 정해진 것이 없으니
'흙'이며 '늦여름'이니 '궁음계'가 되네.

배 저 사 시 여 충 기

168. 配諸四時與冲氣하니

오 행 오 음 무 불 협

五行五音無不協이네. [정음해례10ㄴ:1-2_제자해_갈무리시]

이것을 네 계절과 천지 기운에 맞추어 보니

오행과 오음계에 어울리지 않음이 없네.

配(맞출 배)•諸(어조사 저)•四(넉 사)•時(때 시)•與(더불어 여)•冲(조화로울 충)•氣(기운 기)•五(다섯 오)•行(갈 행)•五(다섯 오)•音(소리 음)•無(없을 무)•不(아니 불)•協(어울릴 협)

유 후 위 수 동 여 우

169. 維喉爲水冬與羽요

아 내 춘 목 기 음 각

牙迺春木其音角이네. [정음해례10ㄴ:3-4_제자해_갈무리시]

목구멍소리는 '물'이 되니 '겨울'과 '우음계'요

어금닛소리는 '봄'이며 '나무'이니 그 소리는 '각음계'네.

維(발어사 유)•喉(목구멍 후)•爲(될 위)•水(물 수)•冬(겨울 동)•與(더불어 여)•羽(음계 우)•牙(어금니 아)•迺(이에 내)•春(봄 춘)•木(나무 목)•其(그 기)•音(소리 음)•角(음계 각)

치 음 하 화 시 설 성

170. °徵音夏火是舌聲이요

치 즉 상 추 우 시 금

齒則商秋又是金이네. [정음해례10ㄴ:5-6_제자해_갈무리시]

'치음계'에 '여름'이며 '불'인 것은 혓소리요

잇소리는 곧 '상음계'이며 '가을'이니 또한 '쇠'네.

°徵(음계 치)•音(소리 음)•夏(여름 하)•火(불 화)•是(이 시)•舌(혀 설)•聲(소리 성)•齒(이 치)•則(곧 즉)•商(음계 상)•秋(가을 추)•又(또 우)•是(이 시)•金(쇠 금)

171. 脣於位數本無定이니
(순 어 위 수 본 무 정)

土而季夏爲宮音이네. [정음해례10ㄴ:7-8_제자해_갈무리시]
(토 이 계 하 위 궁 음)

입술소리는 방위와 수가 본디 정해진 것이 없으니

'흙'이며 '늦여름'이니 '궁음계'가 되네.

脣(입술 순)•於(어조사 어)•位(자리 위)•數(셈 수)•本(본래 본)•無(없을 무)•定(정할 정)•土(흙 토)•而(말이을 이)•季(끝 계)•夏(여름 하)•爲(될 위)•宮(음계 궁)•音(소리 음)

정음해례11ㄱ

聲音又自有淸濁
要於初發細推尋
全淸聲是君斗彆
即戌挹亦全淸聲
若迺快呑漂侵虛
五音各一爲次淸
全濁之聲虯覃步
又有慈邪亦有洪

聲音又自有淸濁 [정음해례11ㄱ:1_제자해갈무리시]

要°於初發細推尋 [정음해례11ㄱ:2_제자해갈무리시]

全淸聲是君斗彆 [정음해례11ㄱ:3_제자해갈무리시]

即戌挹亦全淸聲 [정음해례11ㄱ:4_제자해갈무리시]

若迺快呑漂侵虛 [정음해례11ㄱ:5_제자해갈무리시]

五音各一爲次淸 [정음해례11ㄱ:6_제자해갈무리시]

全濁之聲虯覃步 [정음해례11ㄱ:7_제자해갈무리시]

又有慈邪亦有洪 [정음해례11ㄱ:8_제자해갈무리시]

말소리는 또한 스스로 맑고 흐림이 있으니
중요한 것은 첫소리 날 때에 자세히 헤아려 살펴야 하네.

아주 맑은소리 '전청'은 "ㄱ(기), ㄷ(디), ㅂ(비)"이며
"ㅈ(지), ㅅ(시), ㆆ(히)"도 또한 아주 맑은소리 '전청'이라네.

"ㅋ(키), ㅌ(티), ㅍ(피), ㅊ(치), ㅎ(히)"와 같은 것은
오음 각 하나씩의 덜 맑은소리 '차청'이 되네.

아주 흐린소리 '전탁'은 "ㄲ(끼), ㄸ(띠), ㅃ(삐)"에다
"ㅉ(찌), ㅆ(씨)"가 있고 또한 "ㆅ(혀)"가 있네.

성 음 우 자 유 청 탁
172. 聲音又自有淸濁이니
요 어 초 발 세 추 심
要°於初發細推尋하네. [정음해례11ㄱ:1-2_제자해_갈무리시]

말소리는 또한 스스로 맑고 흐림이 있으니
중요한 것은 첫소리 날 때에 자세히 헤아려 살펴야 하네.

聲(소리 성)•音(소리 음)•又(또 우)•自(스스로 자)•有(있을 유)•淸(맑을 청)•濁(흐릴 탁)•要°(요긴할 요)•於(어조사 어)•初(처음 초)•發(필 발)•細(자세할 세)•推(헤아릴 추)•尋(살필 심)

전 청 성 시 군 두 별
173. 全淸聲是君(ㄱ)斗(ㄷ)彆(ㅂ)이며
즉 술 읍 역 전 청 성
即(ㅈ)戌(ㅅ)挹(ㆆ)亦全淸聲이네. [정음해례11ㄱ:3-4_제자해_갈무리시]

아주 맑은소리 '전청'은 "ㄱ(기), ㄷ(디), ㅂ(비)"이며
"ㅈ(지), ㅅ(시), ㆆ(히)"도 또한 아주 맑은소리 '전청'이라네.

全(온전 전)•淸(맑을 청)•聲(소리 성)•是(이 시)•君(임금 군)•斗(말 두)•彆(활뒤틀릴 별)•即(곧 즉)•戌(개 술)•挹(뜰 읍)•亦(또 역)•全(온전 전)•淸(맑을 청)•聲(소리 성)

약 내 쾌 탄 표 침 허
174. 若迺快(ㅋ)呑(ㅌ)漂(ㅍ)侵(ㅊ)虛(ㆁ)는
오 음 각 일 위 차 청
五音各一爲次淸이네. [정음해례11ㄱ:5-6_제자해_갈무리시]

"ㅋ(키), ㅌ(티), ㅍ(피), ㅊ(치), ㅎ(히)"와 같은 것은
오음 각 하나씩의 덜 맑은소리 '차청'이 되네.

若(같을 약)•迺(이에 내)•快(쾌할 쾌)•呑(삼킬 탄)•漂(떠다닐 표)•侵(침노할 침)•虛(빌 허)•五(다섯 오)•音(소리 음)•各(각각 각)•一(한 일)•爲(될 위)•次(버금 차)•淸(맑을 청)

전 탁 지 성 규　　　담　　　보

175. 全濁之聲虯(ㄲ)覃(ㄸ)步(ㅃ)와

우 유 자　　　사　　　역 유 홍

又有慈(ㅉ)邪(ㅆ)亦有洪(ㆅ)이네. [정음해례11ㄱ:7-8_제자해_갈무리시]

아주 흐린소리 '전탁'은 "ㄲ(끼), ㄸ(띠), ㅃ(삐)"에다

"ㅉ(찌), ㅆ(씨)"가 있고 또한 "ㆅ(ᅘᅵ)"가 있네.

全(온전 전)•濁(흐릴 탁)•之(어조사 지)•聲(소리 성)•虯(새끼용 규)•覃(깊을 담)•步(걸음 보)•又(또 우)•有(있을 유)•慈(사랑 자)•邪(간사할 사)•亦(또 역)•有(있을 유)•洪(넓을 홍)

정음해례11 ㄴ

全清竝書爲全濁
唯洪自虛是不同
業那彌欲及閭穰
其聲不清又不濁
欲之連書爲脣輕
喉聲多而脣乍合
中聲十一亦取象
精義未可容易觀

全淸並書爲全濁 [정음해례11ㄴ:1_제자해갈무리시]

唯洪自虛是不同 [정음해례11ㄴ:2_제자해갈무리시]

業那彌欲及閭穰 [정음해례11ㄴ:3_제자해갈무리시]

其聲不淸又不濁 [정음해례11ㄴ:4_제자해갈무리시]

欲之連書爲脣輕 [정음해례11ㄴ:5_제자해갈무리시]

喉聲多而脣乍合 [정음해례11ㄴ:6_제자해갈무리시]

中聲十一亦取象 [정음해례11ㄴ:7_제자해갈무리시]

精義未可容易˚觀 [정음해례11ㄴ:8_제자해갈무리시]

아주 맑은소리 '전청' 글자를 나란히 쓰면 아주 흐린소리 '전탁' 글자가
되는데 다만 'ㆅ(혜)'만은 'ㅎ(히)'에서 나와 이것만 같지 않네.

"ㆁ(이), ㄴ(니), ㅁ(미), ㅇ(이)"와 "ㄹ(리), ㅿ(시)"는
그 소리 맑지도 또 흐리지도 않네.

ㅇ(이)를 입술소리에 이어 쓰면 입술가벼운소리가 되는데
목구멍소리가 많아지면서 입술을 살짝 다물어 주네.

가운뎃소리글자 열한 자 또한 꼴을 본떴는데
섬세한 뜻은 아직 쉽게 볼 수 없네.

전 청 병 서 위 전 탁
176. 全淸並書爲全濁이니
유 홍 자 허 시 부 동
唯洪(ㆅ)自虛(ㅎ)是不同이네. [정음해례11ㄴ:1-2_제자해_갈무리시]

아주 맑은소리 '전청' 글자를 나란히 쓰면 아주 흐린소리 '전탁' 글자가 되는데 다만 'ㆅ(ᅘᅵ)'만은 'ㅎ(히)'에서 나와 이것만 같지 않네.

全(온전 전)•淸(맑을 청)•並(아우를 병)•書(쓸 서)•爲(될 위)•全(온전 전)•濁(흐릴 탁)•唯(오직 유)•洪(넓을 홍)•自(스스로 자)•虛(빌 허)•是(이 시)•不(아니 불)•同(같을 동)

업 나 미 욕 급 려 양
177. 業(ㆁ)那(ㄴ)彌(ㅁ)欲(ㅇ)及閭(ㄹ)穰(ㅿ)은
기 성 불 청 우 불 탁
其聲不淸又不濁이네. [정음해례11ㄴ:3-4_제자해_갈무리시]

"ㆁ(이), ㄴ(니), ㅁ(미), ㅇ(이)"와 "ㄹ(리), ㅿ(ᅀᅵ)"는 그 소리 맑지도 또 흐리지도 않네.

業(일 업)•那(어찌 나)•彌(미륵 미)•欲(하고자할 욕)•及(함께 급)•閭(마을 려)•穰(짚 양)•其(그 기)•聲(소리 성)•不(아니 불)•淸(맑을 청)•又(또 우)•不(아니 불)•濁(흐릴 탁)

욕 지 연 서 위 순 경
178. 欲(ㅇ)之連書爲脣輕이니
후 성 다 이 순 사 합
喉聲多而脣乍合이네. [정음해례11ㄴ:5-6_제자해_갈무리시]

ㅇ(이)를 입술소리에 이어 쓰면 입술가벼운소리가 되는데 목구멍소리가 많아지면서 입술을 살짝 다물어 주네.

欲(하고자할 욕)•之(어조사 지)•連(이을 련•연)•書(쓸 서)•爲(될 위)•脣(입술 순)•輕(가벼울 경)•喉(목구멍 후)•聲(소리 성)•多(많을 다)•而(말이을 이)•脣(입술 순)•乍(잠깐 사)•合(합할 합)

179. 中聲十一亦取象하니
(중성십일역취상)

精義未可容易°觀이네. [정음해례11ㄴ:7-8_제자해_갈무리시]
(정의미가용이 관)

가운뎃소리글자 열한 자 또한 꼴을 본떴는데

섬세한 뜻은 아직 쉽게 볼 수 없네.

中(가운데 중)•聲(소리 성)•十(열 십)•一(한 일)•亦(또 역)•取(취할 취)•象(본뜰 상)•精(자세할 정)•義(뜻 의)•未(아닐 미)•可(가히 가)•容(받아들일 용)•易°(쉬울 이)•觀(볼 관)

정음해례12ㄱ

呑擬於天聲最深
所以圓形如彈丸
即聲不深又不淺
其形之平象乎地
侵象入立厥聲淺
三才之道斯爲備
洪出於天尚爲闔
象取天圓合地平

吞擬於天聲最深 [정음해례12ㄱ:1_제자해갈무리시]

所以圓形如彈丸 [정음해례12ㄱ:2_제자해갈무리시]

即聲不深又不淺 [정음해례12ㄱ:3_제자해갈무리시]

其形之平象乎地 [정음해례12ㄱ:4_제자해갈무리시]

侵象人立厥聲淺 [정음해례12ㄱ:5_제자해갈무리시]

三才之道斯爲備 [정음해례12ㄱ:6_제자해갈무리시]

洪出於天尙爲闔 [정음해례12ㄱ:7_제자해갈무리시]

象取天圓合地平 [정음해례12ㄱ:8_제자해갈무리시]

• 는 하늘을 본떠 소리가 가장 깊으니
그래서 둥근 꼴이 총알 갈네.

ㅡ 소리는 깊지도 않고 얕지도 않아
그 평평한 꼴은 땅을 본떴네.

ㅣ는 사람이 선 모습을 본뜬 것으로 그 소리 얕으니
하늘·땅·사람의 세 바탕 이치가 이에 갖추어졌네.

ㅗ는 하늘에서 나서 입을 거의 닫으니
하늘의 둥긂과 땅의 평평함을 아울러 담은 것을 본떴네.

탄 의어천성최심
180. 呑(•)擬於天聲最深이니
소이원형여탄환
所以圓形如彈丸이네. [정음해례12ㄱ:1-2_제자해_갈무리시]

• 는 하늘을 본떠 소리가 가장 깊으니

그래서 둥근 꼴이 총알 같네.

呑(삼킬 탄)•擬(본뜰 의)•於(어조사 어)•天(하늘 천)•聲(소리 성)•最(가장 최)•深(깊을 심)•所(바 소)•以(써 이)•圓(둥글 원)•形(모양 형)•如(같을 여)•彈(탄알 탄)•丸(둥글 환)

즉 성 불심우불천
181. 即(ㅡ)聲은 不深又不淺이니
기형지평상호지
其形之平象乎地이네. [정음해례12ㄱ:3-4_제자해_갈무리시]

ㅡ 소리는 깊지도 않고 얕지도 않아

그 평평한 꼴은 땅을 본떴네.

即(곧 즉)•聲(소리 성)•不(아니 불)•深(깊을 심)•又(또 우)•不(아니 불)•淺(얕을 천)•其(그 기)•形(모양 형)•之(어조사 지)•平(평평할 평)•象(본뜰 상)•乎(어조사 호)•地(땅 지)

침 상인립궐성천
182. 侵(ㅣ)象人立厥聲淺이니
삼재지도사위비
三才之道斯爲備이네. [정음해례12ㄱ:5-6_제자해_갈무리시]

ㅣ는 사람이 선 모습을 본뜬 것으로 그 소리 얕으니

하늘·땅·사람의 세 바탕 이치가 이에 갖추어졌네.

侵(침노할 침)•象(본뜰 상)•人(사람 인)•立(설 립)•厥(그 궐)•聲(소리 성)•淺(얕을 천)•三(석 삼)•才(재주 재)•之(어조사 지)•道(길 도)•斯(이 사)•爲(될 위)•備(갖출 비)

홍 출어천상위합
183. 洪(ㆍㅗ)出於天尙爲闔이니

상취천원합지평
象取天圓合地平이네. [정음해례12ㄱ:7-8_제자해_갈무리시]

ㆍㅗ는 하늘에서 나서 입을 거의 닫으니

하늘의 둥긂과 땅의 평평함을 아울러 담은 것을 본떴네.

洪(넓을 홍)•出(날 출)•於(어조사 어)•天(하늘 천)•尙(거의 상)•爲(될 위)•闔(거의닫을 합)•象(본뜰 상)•取(취할 취)•天(하늘 천)•圓(둥글 원)•合(합할 합)•地(땅 지)•平(평평할 평)

정음해례12ㄴ

覃亦出天爲已闢
發於事物就人成
用初生義一其圓
出天爲陽在上外
欲穰兼人爲再出
二圓爲形見其義
君業戌彆出於地
據例自知何須評

覃亦出天爲已闢 [정음해례12ㄴ:1_제자해갈무리시]

發於事物就人成 [정음해례12ㄴ:2_제자해갈무리시]

用初生義一其圓 [정음해례12ㄴ:3_제자해갈무리시]

出天爲陽在上外 [정음해례12ㄴ:4_제자해갈무리시]

欲穰兼人爲再出 [정음해례12ㄴ:5_제자해갈무리시]

二圓爲形見°其義 [정음해례12ㄴ:6_제자해갈무리시]

君業戌彆出於地 [정음해례12ㄴ:7_제자해갈무리시]

據例自知何須評 [정음해례12ㄴ:8_제자해갈무리시]

ㅏ도 하늘에서 나와 입이 이미 열려 있으니
일과 사물에서 피어나 사람에서 이루어짐이네.

처음 생겨나는 뜻을 사용하여 둥근 점을 하나로 하였으니
하늘에서 나와 '양'이 되어 위와 밖에 놓이네.

ㅛ, ㅑ는 ㅣ를 겸하여 '거듭 나온 것'이 되니
두 개의 둥근 꼴로 그 뜻을 보이네.

ㅜ와 ㅓ와 ㅠ와 ㅕ는 땅에서 나니
보기를 들면 저절로 알 것을 어찌 꼭 풀이를 해야 하랴.

담 역출천 위이벽
184. 覃(ㅏ)亦出天(•)爲已闢이니
발어사물취인성
發於事物就人成이네. [정음해례12ㄴ:1-2_제자해_갈무리시]

ㅏ도 하늘에서 나와 입이 이미 열려 있으니

일과 사물에서 피어나 사람에서 이루어짐이네.

覃(깊을 담)•亦(또 역)•出(날 출)•天(하늘 천)•爲(될 위)•已(이미 이)•闢(열 벽)•發(필 발)•於(어조사 어)•事(일 사)•物(물건 물)•就(나아갈 취)•人(사람 인)•成(이룰 성)

용초생의일기원
185. 用初生義一其圓이니
출천위양재상외
出天爲陽在上外이네. [정음해례12ㄴ:3-4_제자해_갈무리시]

처음 생겨나는 뜻을 사용하여 둥근 점을 하나로 하였으니

하늘에서 나와 '양'이 되어 위와 밖에 놓이네.

用(쓸 용)•初(처음 초)•生(날 생)•義(옳을 의)•一(한 일)•其(그 기)•圓(둥글 원)•出(날 출)•天(하늘 천)•爲(될 위)•陽(볕 양)•在(있을 재)•上(위 상)•外(바깥 외)

욕 양 겸인 위재출
186. 欲(ᆢ)穰(ㅑ)은 兼人(ㅣ)爲再出이니
이원위형현 기의
二圓爲形見°其義이네. [정음해례12ㄴ:5-6_제자해_갈무리시]

ᆢ,ㅑ는 ㅣ를 겸하여[11] '거듭 나온 것'이 되니

두 개의 둥근 꼴로 그 뜻을 보이네.

欲(하고자할 욕)•穰(짚 양)•兼(겸할 겸)•人(사람 인)•爲(될 위)•再(거듭 재)•出(날 출)•二(두 이)•圓(둥글 원)•爲(될 위)•形(모양 형)•見°(보일 현)•其(그 기)•義(옳을 의)

군 업 술 별 출어지

187. 君(ㅜ)業(ㅓ)戌(ㅠ)彆(ㅕ)出於地하니

거 례 자 지 하 수 평

據例自知何須評하랴. [정음해례12ㄴ:7-8_제자해_갈무리시]

ㅜ와 ㅓ와 ㅠ와 ㅕ는 땅에서 나니

보기를 들면 저절로 알 것을 어찌 꼭 풀이를 해야 하랴.

君(임금 군)•業(일 업)•戌(개 술)•彆(활뒤틀릴 별)•出(날 출)•於(어조사 어)•地(땅 지)•據(근거 거)•例(보기 례)•自(스스로 자)•知(알 지)•何(어찌 하)•須(모름지기 수)•評(평할 평)

---

11 'ㅛ ㅑ ㅠ ㅕ' 가 사람(ㅣ)을 겸한다는 것은 네 모음이 이중모음으로서 모두 'ㅣ' 모음에서 시작한다는 뜻이다. 실제로 발음을 해 보면 'ㅛ'의 경우 'ㅣ→ㅗ→ㅛ→ㅗ' 식으로 발음된다.

정음해례13ㄱ

吞之爲字貫八聲
維天之用徧流行
四聲兼人亦有由
人參天地爲最靈
且就三聲究至理
自有剛柔與陰陽
中是天用陰陽分
初迺地功剛柔彰

呑之爲字貫八聲 [정음해례13ㄱ:1_제자해갈무리시]

維天之用徧流行 [정음해례13ㄱ:2_제자해갈무리시]

四聲兼人亦有由 [정음해례13ㄱ:3_제자해갈무리시]

人參天地爲最靈 [정음해례13ㄱ:4_제자해갈무리시]

且就三聲究至理 [정음해례13ㄱ:5_제자해갈무리시]

自有剛柔與陰陽 [정음해례13ㄱ:6_제자해갈무리시]

中是天用陰陽分 [정음해례13ㄱ:7_제자해갈무리시]

初迺地功剛柔彰 [정음해례13ㄱ:8_제자해갈무리시]

• 글자가 여덟 가운뎃소리글자에 두루 있음은
오직 하늘의 작용이 두루 흘러 다님이네.

네 소리(ㅛ ㅑ ㅠ ㅕ)가 사람(ㅣ)을 겸함도 또한 까닭이 있으니
사람(ㅣ)이 하늘과 땅에 참여하는데 가장 신령하기 때문이네.

또 나아가 첫소리, 가운뎃소리, 끝소리의 깊은 이치를 캐어 보면
단단함과 부드러움, 음과 양이 저절로 있네.

가운뎃소리는 하늘의 작용으로서 음양으로 나뉘고
첫소리는 땅의 공로로 단단함과 부드러움을 나타내네.

탄 지위자관팔성
188. 呑(•)之爲字貫八聲은
유천지용편류행
維天之用徧流行이네. [정음해례13ㄱ:1-2_제자해_갈무리시]

• 글자가 여덟 가운뎃소리글자에 두루 있음은

오직 하늘의 작용이 두루 흘러 다님이네.

呑(삼킬 탄)•之(어조사 지)•爲(될 위)•字(글자 자)•貫(꿸 관)•八(여덟 팔)•聲(소리 성)•維(오직 유)•天(하늘 천)•之(어조사 지)•用(쓸 용)•徧(두루미칠 편)•流(흐를 류)•行(갈 행)

사성겸인 역유유
189. 四聲兼人(ㅣ)亦有由이니
인 참천 지 위최령
人(ㅣ)參天(•)地(ㅡ)爲最靈이네. [정음해례13ㄱ:3-4_제자해_갈무리시]

네 소리(ㆍㆍ ㅑ ㆍㆍ ㅕ)가 사람(ㅣ)을 겸함도 또한 까닭이 있으니

사람(ㅣ)이 하늘과 땅에 참여하는데 가장 신령하기 때문이네.

四(넉 사)•聲(소리 성)•兼(겸할 겸)•人(사람 인)•亦(또 역)•有(있을 유)•由(말미암을 유)•人(사람 인)•參(참여할 참)•天(하늘 천)•地(땅 지)•爲(될 위)•最(가장 최)•靈(신령 령)

차취섬성구지리
190. 且就三聲究至理하면
자유강유여음양
自有剛柔與陰陽이네. [정음해례13ㄱ:5-6_제자해_갈무리시]

또 나아가 첫소리, 가운뎃소리, 끝소리의 깊은 이치를 캐어 보면

단단함과 부드러움, 음과 양이 저절로 있네.

且(또 차)•就(나아갈 취)•三(석 삼)•聲(소리 성)•究(연구할 구)•至(이를 지)•理(이치 리)•自(스스로 자)•有(있을 유)•剛(굳셀 강)•柔(부드러울 유)•與(더불어 여)•陰(응달 음)•陽(볕 양)

191. 中是天用陰陽分하고
初迺地功剛柔彰이네. [정음해례13ㄱ:7-8_제자해_갈무리시]

가운뎃소리는 하늘의 작용으로서 음양으로 나뉘고

첫소리는 땅의 공로로 단단함과 부드러움을 나타내네.

中(가운데 중)•是(이 시)•天(하늘 천)•用(쓸 용)•陰(응달 음)•陽(볕 양)•分(나눌 분)•初(처음 초)•迺(이에 내)•地(땅 지)•功(공 공)•剛(굳셀 강)•柔(부드러울 유)•彰(드러날 창)

정음해례13ㄴ

中聲唱之初聲和
天先乎地理自然
和者爲初亦爲終
物生復歸皆於坤
陰變爲陽陽變陰
一動一靜互爲根
初聲復有發生義
爲陽之動主於天

中聲唱之初聲和° [정음해례13ㄴ:1_제자해갈무리시]

天先°乎地理自然 [정음해례13ㄴ:2_제자해갈무리시]

和°者爲初亦爲終 [정음해례13ㄴ:3_제자해갈무리시]

物生復歸皆於坤 [정음해례13ㄴ:4_제자해갈무리시]

陰變爲陽陽變陰 [정음해례13ㄴ:5_제자해갈무리시]

一動一靜互爲根 [정음해례13ㄴ:6_제자해갈무리시]

初聲復°有發生義 [정음해례13ㄴ:7_제자해갈무리시]

爲陽之動主於天 [정음해례13ㄴ:8_제자해갈무리시]

가운뎃소리가 부르면 첫소리가 응하니
하늘이 땅보다 앞섬은 자연의 이치네.

응하는 것이 첫소리도 되고 또 끝소리도 되니
만물이 땅에서 나와 다시 모두 땅으로 되돌아감이네.

음이 바뀌어 양이 되고 양이 바뀌어 음이 되니
한 번 움직이고 한 번 고요함이 서로 뿌리가 되네.

첫소리는 다시 피어나는 뜻이 있으니
양의 움직임으로 하늘의 임자 되네.

중 성 창 지 초 성 화

192. 中聲唱之初聲和°하니

천 선 호 지 리 자 연

天先°乎地理自然이네. [정음해례13ㄴ:1-2_제자해_갈무리시]

가운뎃소리가 부르면 첫소리가 응하니

하늘이 땅보다 앞섬은 자연의 이치네.

中(가운데 중)•聲(소리 성)•唱(부를 창)•之(어조사 지)•初(처음 초)•聲(소리 성)•和°(화답할 화)•天(하늘 천)•先°(먼저 선)•乎(어조사 호)•地(땅 지)•理(이치 리)•自(스스로 자)•然(그럴 연)

화 자 위 초 역 위 종

193. 和°者爲初亦爲終하니

물 생 복 귀 개 어 곤

物生復歸皆於坤이네. [정음해례13ㄴ:3-4_제자해_갈무리시]

응하는 것이 첫소리도 되고 또 끝소리도 되니

만물이 땅에서 나와 다시 모두 땅으로 되돌아감이네.

和°(화답할 화)•者(것 자)•爲(될 위)•初(처음 초)•亦(거듭 역)•爲(될 위)•終(끝 종)•物(물건 물)•生(날 생)•復(회복할 복)•歸(돌아올 귀)•皆(다 개)•於(어조사 어)•坤(땅 곤)

음 변 위 양 양 변 음

194. 陰變爲陽陽變陰이니

일 동 일 정 호 위 근

一動一靜互爲根이네. [정음해례13ㄴ:5-6_제자해_갈무리시]

음이 바뀌어 양이 되고 양이 바뀌어 음이 되니

한 번 움직이고 한 번 고요함이 서로 뿌리가 되네.

陰(응달 음)•變(바뀔 변)•爲(될 위)•陽(볕 양)•陽(볕 양)•變(바뀔 변)•陰(응달 음)•一(한 일)•動(움직일 동)•一(한 일)•靜(고요할 정)•互(서로 호)•爲(될 위)•根(뿌리 근)

초성부 유발생의

195. 初聲復°有發生義하니

위양지동주어천

爲陽之動主於天이네. [정음해례13ㄴ:7-8_제자해_갈무리시]

첫소리는 다시 피어나는 뜻이 있으니

양의 움직임으로 하늘의 임자 되네.

初(처음 초)•聲(소리 성)•復°(다시 부)•有(있을 유)•發(필 발)•生(날 생)•義(뜻 의)•爲(될 위)•陽(볕 양)•之(어조사 지)•動(움직일 동)•主(주인 주)•於(어조사 어)•天(하늘 천)

정음해례14ㄱ

終聲比地陰之靜
字音於此止定焉
韻成要在中聲用
人能輔相天地宜
陽之爲用通於陰
至而伸則反而歸
初終雖云分兩儀
終用初聲義可知

終聲比地陰之靜 [정음해례14ㄱ:1_제자해갈무리시]

字音於此止定焉 [정음해례14ㄱ:2_제자해갈무리시]

韻成要在中聲用 [정음해례14ㄱ:3_제자해갈무리시]

人能輔相°天地宜 [정음해례14ㄱ:4_제자해갈무리시]

陽之爲用通於陰 [정음해례14ㄱ:5_제자해갈무리시]

至而伸則反而歸 [정음해례14ㄱ:6_제자해갈무리시]

初終雖云分兩儀 [정음해례14ㄱ:7_제자해갈무리시]

終用初聲義可知 [정음해례14ㄱ:8_제자해갈무리시]

끝소리는 땅에 비유되어 음의 고요함이니
글자 소리가 여기서 그쳐 정해지네.

음절을 이루는 핵심은 가운뎃소리의 쓰임새에 있으니
사람이 능히 하늘과 땅의 마땅함을 도울 수 있기 때문이네.

양의 쓰임은 음에 통하니
이르러 펴면 도로 돌아오네.

첫소리글자와 끝소리글자가 비록 하늘과 땅으로 나뉜다고 하나
끝소리글자에 첫소리글자를 쓰는 뜻을 알 수 있네.

종 성 비 지 음 지 정
196. 終聲比地陰之靜이니
자 음 어 차 지 정 언
字音於此止定焉이네. [정음해례14ㄱ:1-2_제자해_갈무리시]

끝소리는 땅에 비유되어 음의 고요함이니

글자 소리가 여기서 그쳐 정해지네.

終(끝 종)•聲(소리 성)•比(비유할 비)•地(땅 지)•陰(응달 음)•之(어조사 지)•靜(고요할 정)•字(글자 자)•音(소리 음)•於(어조사 어)•此(이 차)•止(그칠 지)•定(정할 정)•焉(어조사 언)

운 성 요 재 중 성 용
197. 韻成要在中聲用이니
인 능 보 상 천 지 의
人能輔相°天地宜이네. [정음해례14ㄱ:3-4_제자해_갈무리시]

음절을 이루는 핵심은 가운뎃소리의 쓰임새에 있으니

사람이 능히 하늘과 땅의 마땅함을 도울 수 있기 때문이네.

韻(음절 운)•成(이룰 성)•要(요긴할 요)•在(있을 재)•中(가운데 중)•聲(소리 성)•用(쓸 용)•人(사람 인)•能(능할 능)•輔(도울 보)•相°(도울 상)•天(하늘 천)•地(땅 지)•宜(마땅할 의)

양 지 위 용 통 어 음
198. 陽之爲用通於陰이니
지 이 신 즉 반 이 귀
至而伸則反而歸이네. [정음해례14ㄱ:5-6_제자해_갈무리시]

양의 쓰임은 음에 통하니

이르러 펴면 도로 돌아오네.

陽(볕 양)•之(어조사 지)•爲(될 위)•用(쓸 용)•通(통할 통)•於(어조사 어)•陰(응달 음)•至(이를 지)•而(말이을 이)•伸(펼 신)•則(곧 즉)•反(돌이킬 반)•而(말이을 이)•歸(돌아올 귀)

초 종 수 운 분 량 의

199. 初終雖云分兩儀이나

종 용 초 성 의 가 지

終用初聲義可知이네. [정음해례14ㄱ:7-8_제자해_갈무리시]

첫소리글자와 끝소리글자가 비록 하늘과 땅으로 나뉜다고 하나 끝소리글자에 첫소리글자를 쓰는 뜻을 알 수 있네.

初(처음 초)•終(끝 종)•雖(비록 수)•云(이를 운)•分(나눌 분)•兩(두 량)•儀(본보기 의)•終(끝 종)•用(쓸 용)•初(처음 초)•聲(소리 성)•義(뜻 의)•可(가히 가)•知(알 지)

정음해례14ㄴ

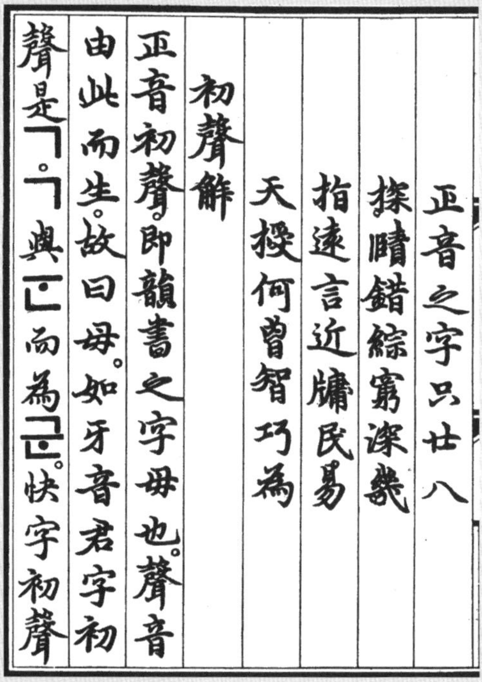

正音之字只廿八
探賾錯綜窮深幾
指遠言近牖民易
天授何曾智巧為

初聲解

正音初聲。即韻書之字母也。聲音
由此而生。故曰母。如牙音君字初
聲是ㄱ。ㄱ與ᅮᆫ而為군。快字初聲

正音之字只卄八 [정음해례14ㄴ:1_제자해갈무리시]

｡探賾錯綜窮深｡幾 [정음해례14ㄴ:2_제자해갈무리시]

指遠言近牖民易° [정음해례14ㄴ:3_제자해갈무리시]

天授何曾智巧爲 [정음해례14ㄴ:4_제자해갈무리시]

初聲解 [정음해례14ㄴ:5_초성해제목]

正音初聲, 即韻書之字母也. 聲音 [정음해례14ㄴ:6_초성해]

由此而生, 故曰母. 如牙音君字初 [정음해례14ㄴ:7_초성해]

聲是ㄱ, ㄱ與ᅮᆫ而爲군. 快字初聲 [정음해례14ㄴ:8_초성해]

정음 글자는 다만 스물여덟 자이지만

심오하고 복잡한 걸 탐구하여 근본 깊이가 어떠한가를 밝혀낼 수 있네.

뜻은 멀되 말은 가까워 백성을 깨우치기 쉬우니

하늘이 주신 것이지 어찌 일찍이 슬기와 기교로 되었으리오.

초성해(첫소리글자 풀이)

정음의 첫소리는 곧 한자음 사전에서 한 음절의 첫소리(성모)다. 말소리가 이에서 비롯되므로 이르기를 '어미(모)'라 한 것이다.

어금닛소리글자는 '군' 자의 첫소리글자인 ㄱ(기)인데, ㄱ(기)가 ᅮᆫ과 어울려 '군'이 된다.

정 음 지 자 지 입 팔
200. 正音之字只卄八이니
탐 색 착 종 궁 심 기
。探賾錯綜窮深。幾이네. [정음해례14ㄴ:1-2_제자해_갈무리시]

정음 글자는 다만 스물여덟 자이지만
심오하고 복잡한 걸 탐구하여 근본 깊이가 어떠한가를 밝혀낼 수 있네.

正(바를 정)•音(소리 음)•之(어조사 지)•字(글자 자)•只(다만 지)•卄(스물 입)•八(여덟 팔)•。探(찾을 탐)•賾(심오할 색)•錯(섞일 착)•綜(모을 종)•窮(다할 궁)•深(깊을 심)•。幾(몇 기)

지 원 언 근 유 민 이
201. 指遠言近牖民易°이니
천 수 하 증 지 교 위
天授何曾智巧爲이네. [정음해례14ㄴ:3-4_제자해_갈무리시]

뜻은 멀되 말은 가까워 백성을 깨우치기 쉬우니
하늘이 주신 것이지 어찌 일찍이 슬기와 기교로 되었으리오.

指(뜻 지)•遠(멀 원)•言(말 언)•近(가까울 근)•牖(깨우칠 유)•民(백성 민)•易°(쉬울 이)•天(하늘 천)•授(줄 수)•何(어찌 하)•曾(일찍 증)•智(슬기 지)•巧(기교 교)•爲(될 위)

초성해(初聲解)

초 성 해
初聲解

초성해(첫소리글자 풀이)

初(처음 초)•聲(소리 성)•解(풀 해)

정 음 초 성 즉 운 서 지 자 모 야
202. 正音初聲은 卽韻書之字母也니라. [정음해례14ㄴ:6_초성해]

정음의 첫소리는 곧 한자음 사전에서 한 음절의 첫소리(성모)다.

正(바를 정)•音(소리 음)•初(처음 초)•聲(소리 성)•卽(곧 즉)•韻(운 운)•書(글 서)•之(어조사 지)•字(글자 자)•母(어미 모)•也(어조사 야)

성 음 유 차 이 생 고 왈 모

203. 聲音由此而生이니, 故曰母니라. [정음해례14ㄴ:6-7_초성해]

말소리가 이에서 비롯되므로 이르기를 '어미(모)'라 한 것이다.

聲(소리 성)•音(소리 음)•由(말미암을 유)•此(이 차)•而(말이을 이)•生(날 생)•故(연고 고)•曰(가로 왈)•母(어미 모)

여 아 음 군 자 초 성 시 여 이 위

204. 如牙音君(군)字初聲是ㄱ(기)이니, ㄱ(기)與ᅟᅮᆫ而爲군이니라.

[정음해례14ㄴ:7-8_초성해]

어금닛소리글자는 '군' 자의 첫소리글자인 ㄱ(기)인데, ㄱ(기)가 ᅟᅮᆫ과 어울려 '군'이 된다.

如(같을 여)•牙(어금니 아)•音(소리 음)•君(임금 군)•字(글자 자)•初(처음 초)•聲(소리 성)•是(이 시)•與(더불어 여)•而(말이을 이)•爲(될 위)

是ㅋ。ㅋ與ㅙ而爲쾌。虯字初聲是
ㄲ。ㄲ與ㅠ而爲뀨。業字初聲是ㆁ。
ㆁ與ㅓㅂ而爲업之類。舌之斗呑覃
那。脣之彆漂步彌。齒之即侵慈戌
邪。喉之挹虛洪欲。半舌半齒之閭
穰。皆倣此。訣曰

君快虯業其聲牙
舌聲斗呑及覃那

是ㅋ, ㅋ與ᅫ而爲쾌. 虯字初聲是 [정음해례15ㄱ:1_초성해]
ㄲ, ㄲ與ᅲ而爲뀨. 業字初聲是ㆁ, [정음해례15ㄱ:2_초성해]
ㆁ與ᅥᆸ而爲ᅌᅥᆸ之類. 舌之斗呑覃 [정음해례15ㄱ:3_초성해]
那, 脣之彆漂步彌, 齒之即侵慈戌 [정음해례15ㄱ:4_초성해]
邪, 喉之挹虛洪欲, 半舌半齒之閭 [정음해례15ㄱ:5_초성해]
穰, 皆倣此. 訣曰 [정음해례15ㄱ:6_초성해]
君快虯業其聲牙 [정음해례15ㄱ:7_초성해갈무리시]
舌聲斗呑及覃那 [정음해례15ㄱ:8_초성해갈무리시]

'쾌' 자의 첫소리글자는 ㅋ(키)인데, ㅋ(키)가 ᅫ와 합하여 '쾌'가 된다. '뀨' 자의 첫소리글자는 ㄲ(끼)인데, ㄲ(끼)가 ᅲ와 합하여 '뀨'가 된다. 'ᅌᅥᆸ' 자의 첫소리글자는 ㆁ(이)인데, ㆁ(이)가 ᅥᆸ과 합하여 'ᅌᅥᆸ'이 되는 따위와 같다. 혓소리글자의 "ㄷㅌㄸㄴ(디티띠니)", 입술소리글자의 "ㅂㅍㅃㅁ(비피삐미)", 잇소리글자의 "ㅈㅊㅉㅅㅆ(지치찌시씨)", 목구멍소리글자의 "ㆆㅎㆅㅇ(히히혀이)", 반혓소리·반잇소리글자의 "ㄹㅿ(리ᅀᅵ)"도 모두 이와 같다.

갈무리 시

"ㄱㅋㄲㆁ(기키끼이)"는 어금닛소리글자이고
혓소리글자로는 "ㄷㅌ(디티)"와 "ㄸㄴ(띠니)"가 있네.

205. 快(쾌)字初聲是ㅋ(키)니, ㅋ(키)與ᅫ而爲쾌니라.

[정음해례15ㄱ:1_초성해]

'쾌' 자의 첫소리글자는 ㅋ(키)인데, ㅋ(키)가 ᅫ와 합하여 '쾌'가 된다.

快(쾌할 쾌)•字(글자 자)•初(처음 초)•聲(소리 성)•是(이 시)•與(더불어 여)•而(말이을 이)•爲(될 위)

206. 虯(뀨)字初聲是ㄲ(끼)니, ㄲ與ᅲ而爲뀨니라.

[정음해례15ㄱ:1-2_초성해]

'뀨' 자의 첫소리글자는 ㄲ(끼)인데, ㄲ(끼)가 ᅲ와 합하여 '뀨'가 된다.

虯(새끼용 규)•字(글자 자)•初(처음 초)•聲(소리 성)•是(이 시)•與(더불어 여)•而(말이을 이)•爲(될 위)

207. 業(ᅌᅥᆸ)字初聲是ㆁ(이)니, ㆁ(이)與ᅥᆸ而爲ᅌᅥᆸ之類니라.

[정음해례15ㄱ:2-3_초성해]

'ᅌᅥᆸ' 자의 첫소리글자는 ㆁ(이)인데, ㆁ(이)가 ᅥᆸ과 합하여 'ᅌᅥᆸ'이 되는 따위와 같다.

業(일 업)•字(글자 자)•初(처음 초)•聲(소리 성)•是(이 시)•與(더불어 여)•而(말이을 이)•爲(될 위)•之(어조사 지)•類(무리 류)

208. 舌之斗(ㄷ)呑(ㅌ)覃(ㄸ)那(ㄴ), 脣之彆(ㅂ)漂(ㅍ)步(ㅃ)彌(ㅁ), 齒之即(ㅈ)侵(ㅊ)慈(ㅉ)戌(ㅅ)邪(ㅆ), 喉之挹(ㆆ)虛(ㅎ)洪(ㆅ) 欲(ㅇ), 半舌半齒之閭(ㄹ)穰(ㅿ), 皆倣此니라.

[정음해례15ㄱ:3-6_초성해]

혓소리글자의 “ㄷㅌㄸㄴ(디티띠니)”, 입술소리글자의 “ㅂㅍㅃㅁ(비피삐미)”, 잇소리글자의 “ㅈㅊㅉㅅㅆ(지치찌시씨)”, 목구멍소리글자의 “ㆆㅎㆅㅇ(히히ᅘᅵ이)”, 반혓소리·반잇소리글자의 “ㄹㅿ(리ᅀᅵ)”도 모두 이와 같다.

舌(혀 설)•之(어조사 지)•斗(말 두)•呑(삼킬 탄)•覃(깊을 담)•那(어찌 나)•脣(입술 순)•之(어조사 지)•彆(활뒤틀릴 별)•漂(떠다닐 표)•步(걸음 보)•彌(미륵 미)•齒(이 치)•之(어조사 지)•即(곧 즉)•侵(침노할 침)•慈(사랑 자)•戌(개 술)•邪(간사할 사)•喉(목구멍 후)•之(어조사 지)•挹(뜰 읍)•虛(빌 허)•洪(넓을 홍)•欲(하고자할 욕)•半(반 반)•舌(혀 설)•半(반 반)•齒(이 치)•之(어조사 지)•閭(마을 려)•穰(짚 양)•皆(다 개)•倣(본뜰 방)•此(이 차)

결 왈
訣曰 [정음해례15ㄱ:6_초성해_갈무리시]

갈무리 시

訣(갈무리 결)•曰(가로 왈)

군 쾌 규 업 기 성 아
209. 君(ㄱ)快(ㅋ)虯(ㄲ)業(ㆁ)其聲牙이고
설 성 두 탄 급 담 나
舌聲斗(ㄷ)呑(ㅌ)及覃(ㄸ)那(ㄴ)이네.

[정음해례15ㄱ:7-8_초성해_갈무리시]

“ㄱㅋㄲㆁ(기키끼이)”는 어금닛소리글자이고
혓소리글자로는 “ㄷㅌ(디티)”와 “ㄸㄴ(띠니)”가 있네.

君(임금 군)•快(쾌할 쾌)•虯(새끼용 규)•業(일 업)•其(그 기)•聲(소리 성)•牙(어금니 아)•舌(혀 설)•聲(소리 성)•斗(말 두)•呑(삼킬 탄)•及(함께 급)•覃(깊을 담)•那(어찌 나)

정음해례15ㄴ

彆漂步彌則是脣
齒有即侵慈戌邪
挹虛洪欲迺喉聲
閭爲半舌穰半齒
二十三字是爲母
萬聲生生皆自此

中聲解

中聲者。居字韻之中。合初終而成

脣漂步彌則是脣 [정음해례15ㄴ:1_초성해갈무리시]

齒有即侵慈戌邪 [정음해례15ㄴ:2_초성해갈무리시]

挹虛洪欲迺喉聲 [정음해례15ㄴ:3_초성해갈무리시]

閭爲半舌穰半齒 [정음해례15ㄴ:4_초성해갈무리시]

二十三字是爲母 [정음해례15ㄴ:5_초성해갈무리시]

萬聲生生皆自此 [정음해례15ㄴ:6_초성해갈무리시]

中聲解 [정음해례15ㄴ:7_중성해제목]

中聲者, 居字韻之中, 合初終而成 [정음해례15ㄴ:8_중성해]

"ㅂㅍㅃㅁ(비피삐미)"는 곧 입술소리글자이고
잇소리글자로는 "ㅈㅊㅉㅅㅆ(지치찌시씨)"가 있네.

"ㆆㅎㆅㅇ(히히혀이)"는 곧 목구멍소리글자이고
ㄹ(리)는 반혓소리글자이고, ㅿ(ᅀᅵ)는 반잇소리글자이네.

스물세 자가 첫소리글자가 되니
온갖 소리가 모두 다 여기에서 생겨나네.

중성해(가운뎃소리글자 풀이)

가운뎃소리는 음절소리(자운)의 가운데에 있으니 첫소리, 끝소리와 합하여 음절을 이룬다.

별 표 보 미 즉시순

210. 彆(ㅂ)漂(ㅍ)步(ㅃ)彌(ㅁ)則是脣이고

치유즉 침 자 술 사

齒有即(ㅈ)侵(ㅊ)慈(ㅉ)戌(ㅅ)邪(ㅆ)이네.

[정음해례15ㄴ:1-2_초성해_갈무리시]

"ㅂㅍㅃㅁ(비피삐미)"는 곧 입술소리글자이고

잇소리글자로는 "ㅈㅊㅉㅅㅆ(지치찌시씨)"가 있네.

彆(활뒤틀릴 별)•漂(떠다닐 표)•步(걸음 보)•彌(미륵 미)•則(곧 즉)•是(이 시)•脣(입술 순)•齒(이 치)•有(있을 유)•即(곧 즉)•侵(침노할 침)•慈(사랑 자)•戌(개 술)•邪(간사할 사)

읍 허 홍 욕 내후성

211. 挹(ㆆ)虛(ㅎ)洪(ㆅ)欲(ㅇ)迺喉聲이고

려 위반설양 반치

閭(ㄹ)爲半舌穰(ㅿ)半齒이네. [정음해례15ㄴ:3-4_초성해_갈무리시]

"ㆆㅎㆅㅇ(ᅙᅵ히ᅘᅵ이)"는 곧 목구멍소리글자이고

ㄹ(리)는 반혓소리글자이고, ㅿ(ᅀᅵ)는 반잇소리글자이네.

挹(뜰 읍)•虛(빌 허)•洪(넓을 홍)•欲(하고자할 욕)•迺(이에 내)•喉(목구멍 후)•聲(소리 성)•閭(마을 려)•爲(될 위)•半(반 반)•舌(혀 설)•穰(짚 양)•半(반 반)•齒(이 치)

이십삼자시위모

212. 二十三字是爲母이니

만성생생개자차

萬聲生生皆自此이네. [정음해례15ㄴ:5-6_초성해_갈무리시]

스물세 자가 첫소리글자가 되니

온갖 소리가 모두 다 여기에서 생겨나네.

二(두 이)•十(열 십)•三(석 삼)•字(글자 자)•是(이 시)•爲(될 위)•母(어미 모)•萬(다수 만)•聲(소리 성)•生(날 생)•生(날 생)•皆(다 개)•自(부터 자)•此(이 차)

중 성 해
中聲解

중성해(가운뎃소리글자 풀이)

中(가운데 중)•聲(소리 성)•解(풀 해)

중 성 자 거 자 운 지 중 합 초 종 이 성 음
213. 中聲者는 居字韻之中하여 合初終而成音이니라.

[정음해례15ㄴ:8-16ㄱ:1_중성해]

가운뎃소리는 음절소리(자운)의 가운데에 있으니 첫소리, 끝소리와 합하여 음절을 이룬다.

中(가운데 중)•聲(소리 성)•者(것 자)•居(놓일 거)•字(글자 자)•韻(소리 운)•之(어조사 지)•中(가운데 중)•合(합할 합)•初(처음 초)•終(끝 종)•而(말이을 이)•成(이룰 성)•音(소리 음)

정음해례16ㄱ

音。如吞字中聲是·。·居ㅌㄴ之
間而為ᄐᆞᆫ。即字中聲是ㅡ。ㅡ居ㅈ
ㄱ之間而為즉。侵字中聲是ㅣ。ㅣ
居ㅊㅁ之間而為침之類。洪覃君
業欲穰戌彆。皆倣此。二字合用者
ㅗ與ㅏ同出於·。故合而為ㅘ。ㅛ
與ㅑ又同出於ㅣ。故合而為ㆇ。ㅜ
與ㅓ同出於ㅡ。故合而為ㅝ。ㅠ與

音. 如呑字中聲是 •, • 居 ㅌ ㄴ 之 [정음해례16ㄱ:1_중성해]
間而爲 ᄐᆞᆫ. 即字中聲是 ㅡ, ㅡ 居 ㅈ [정음해례16ㄱ:2_중성해]
ㄱ 之間而爲 즉. 侵字中聲是 ㅣ, ㅣ [정음해례16ㄱ:3_중성해]
居 ㅊ ㅁ 之間而爲 침 之類. 洪覃君 [정음해례16ㄱ:4_중성해]
業欲穰戌彆, 皆倣此. 二字合用者, [정음해례16ㄱ:5_중성해]
ㅗ 與 ㅏ 同出於 •, 故合而爲 ㅘ. ㅛ [정음해례16ㄱ:6_중성해]
與 ㅑ 又同出於 ㅣ, 故合而爲 ㆇ. ㅜ [정음해례16ㄱ:7_중성해]
與 ㅓ 同出於 ㅡ, 故合而爲 ㅝ. ㅠ 與 [정음해례16ㄱ:8_중성해]

'ᄐᆞᆫ' 자의 가운뎃소리글자는 •인데, •가 ㅌ(티)와 ㄴ(은) 사이에 놓여 'ᄐᆞᆫ'이 된다. '즉' 자의 가운뎃소리글자는 ㅡ인데, ㅡ는 ㅈ(지)와 ㄱ(윽) 사이에 놓여 '즉'이 된다. '침' 자의 가운뎃소리글자는 ㅣ인데, ㅣ가 ㅊ(치)와 ㅁ(음) 사이에 놓여 '침'이 되는 것과 같다. "ᅘᅩᆼ·땀·군·업·욕·ᄉᆞᆼ·ᅌᅲᆫ·ᄫᅧᇙ"에서의 "ㅗ ㅏ ㅜ ㅓ ㅛ ㅑ ㅠ ㅕ"도 모두 이와 같다.

두 글자를 합쳐 쓴 것으로, ㅗ와 ㅏ가 똑같이 •와 같은 양성 가운뎃소리이므로 합하여 ㅘ가 된다. ㅛ와 ㅑ도 ㅣ에서 똑같이 비롯되므로 합하면 ㆇ가 된다. ㅜ와 ㅓ가 똑같이 ㅡ와 같은 음성 가운뎃소리이므로[12] 합하여 ㅝ가 된다.

---

12 'ㅜ, ㅓ'가 음성모음(ㅡ)이라는 뜻.

214. 如呑(ᄐᆞᆫ)字中聲是ㆍ인데, ㆍ居ㅌㄴ(티/은)之間而爲ᄐᆞᆫ이니라.

[정음해례16ㄱ:1-2_중성해]

'ᄐᆞᆫ' 자의 가운뎃소리글자는 ㆍ인데, ㆍ가 ㅌ(티)와 ㄴ(은) 사이에 놓여 'ᄐᆞᆫ'이 된다.

如(같을 여)•呑(삼킬 탄)•字(글자 자)•中(가운데 중)•聲(소리 성)•是(이 시)•居(놓일 거)•之(어조사 지)•間(사이 간)•而(말이을 이)•爲(될 위)

215. 卽(즉)字中聲是ㅡ니, ㅡ居ㅈㄱ(지/윽)之間而爲즉이니라.

[정음해례16ㄱ:2-3_중성해]

'즉' 자의 가운뎃소리글자는 ㅡ인데, ㅡ는 ㅈ(지)와 ㄱ(윽) 사이에 놓여 '즉'이 된다.

卽(곧 즉)•字(글자 자)•中(가운데 중)•聲(소리 성)•是(이 시)•居(놓일 거)•之(어조사 지)•間(사이 간)•而(말이을 이)•爲(될 위)

216. 侵(침)字中聲是ㅣ니, ㅣ居ㅊㅁ(치/음)之間而爲침之類니라.

[정음해례16ㄱ:3-4_중성해]

'침' 자의 가운뎃소리글자는 ㅣ인데, ㅣ가 ㅊ(치)와 ㅁ(음) 사이에 놓여 '침'이 되는 것과 같다.

侵(침노할 침)•字(글자 자)•中(가운데 중)•聲(소리 성)•是(이 시)•居(놓일 거)•之(어조사 지)•間(사이 간)•而(말이을 이)•爲(될 위)•之(어조사 지)•類(무리 류)

217. 洪(ㅗ)覃(ㅏ)君(ㅜ)業(ㅓ)欲(ㅛ)穰(ㅑ)戌(ㅠ)彆(ㅕ)도 皆倣此니라. [정음해례16ㄱ:4-5_중성해]

"ᅘᅩᇰ·땀·군·ᅌᅥᆸ·욕·ᅀᅣᇰ·ᄉᆔᇙ·ᄇᆑᇙ"에서의 "ㅗ ㅏ ㅜ ㅓ ㅛ ㅑ ㅠ ㅕ"도 모두 이와 같다.

洪(넓을 홍)•覃(깊을 담)•君(임금 군)•業(일 업)•欲(하고자할 욕)•穰(짚 양)•戌(개 술)•彆(활 뒤틀릴 별)•皆(다 개)•倣(본뜰 방)•此(이 차)

218. 二字合用者는 ᅩ與ᅡ同出於ᆞ니 故合而爲ᅪ니라.
(이자합용자 / 여 / 동출어 / 고합이위)

[정음해례16ㄱ:5-6_중성해]

두 글자를 합쳐 쓴 것으로, ᅩ와 ᅡ가 똑같이 ᆞ와 같은 양성 가운뎃소리이므로 합하여 ᅪ가 된다.

二(두 이)•字(글자 자)•合(합할 합)•用(쓸 용)•者(것 자)•與(더불어 여)•同(같을 동)•出(날 출)•於(어조사 어)•故(연고 고)•合(합할 합)•而(말이을 이)•爲(될 위)

219. ᅭ與ᅣ又同出於ᅵ니 故合而爲ᆄ니라. [정음해례16ㄱ:5-6_중성해]
(여 / 우동출어 / 고합이위)

ᅭ와 ᅣ도 ᅵ에서 똑같이 비롯되므로 합하면 ᆄ가 된다.

與(더불어 여)•又(또 우)•同(같을 동)•出(날 출)•於(어조사 어)•故(연고 고)•合(합할 합)•而(말이을 이)•爲(될 위)

220. ᅮ與ᅥ同出於ᅳ니 故合而爲ᅯ니라. [정음해례16ㄱ:7-8_중성해]
(어 / 동출어 / 고합이위)

ᅮ와 ᅥ가 똑같이 ᅳ와 같은 음성 가운뎃소리이므로 합하여 ᅯ가 된다.

與(더불어 여)•同(같을 동)•出(날 출)•於(어조사 어)•故(연고 고)•合(합할 합)•而(말이을 이)•爲(될 위)

정음해례16ㄴ

ㅕ又同出於ㅣ。故合而爲ㆊ。以其
同出而爲類。故相合而不悖也。一
字中聲之與ㅣ相合者十。ㆎㅢㅚ
ㅐㅟㅔㆉㅒㆌㅖ是也。二字中聲
之與ㅣ相合者四。ㅙㅞㆈㆋ是也。
ㅣ於深淺闔闢之聲。並能相隨者。
以其舌展聲淺而便於開口也。亦
可見人之參贊開物而無所不通

ㅕ又同出於ㅣ, 故合而爲ㆊ. 以其 [정음해례16ㄴ:1_중성해]
同出而爲類, 故相合而不悖也. 一 [정음해례16ㄴ:2_중성해]
字中聲之與ㅣ相合者十, ㆎ ㅢ ㅚ [정음해례16ㄴ:3_중성해]
ㅐ ㅟ ㅔ ㆉ ㅒ ㆌ ㅖ是也. 二字中聲 [정음해례16ㄴ:4_중성해]
之與ㅣ相合者四, ㅙ ㅞ ㆈ ㆋ是也. [정음해례16ㄴ:5_중성해]
ㅣ於深淺闔闢之聲, 並能相隨者, [정음해례16ㄴ:6_중성해]
以其舌展聲淺而便於開口也. 亦 [정음해례16ㄴ:7_중성해]
可見人之參贊開物而無所不通 [정음해례16ㄴ:8_중성해]

ㅠ와 ㅕ가 또한 똑같이 ㅣ에서 비롯되므로 합하여 ㆊ가 된다. 이런 합용자들은 같은 것에서 나와 같은 부류가 되므로, 서로 합해도 어그러지지 않는다.

한 날글자로 된 가운뎃소리글자가 ㅣ와 서로 합한 것이 열이니 "ㆎ ㅢ ㅚ ㅐ ㅟ ㅔ ㆉ ㅒ ㆌ ㅖ"가 그것이다.

두 날글자로 된 가운뎃소리글자가 ㅣ와 서로 합한 것은 넷이니 "ㅙ ㅞ ㆈ ㆋ"가 그것이다. ㅣ가 깊고, 얕고, 오므리고, 벌리는 소리에 두루 능히 서로 따를 수 있는 것은 'ㅣ' 소리가 혀가 펴지고 소리가 얕아서 입을 열기 편하기 때문이다. 또한 사람(ㅣ)이 만물을 여는 데에 참여하고 도와서 통하지 않는 것이 없음을 볼 수 있다.

여 우동출어 고합이위

221. ㅠ與ㅕ又同出於ㅣ니, 故合而爲ㆊ니라. [정음해례16ㄱ:8-16ㄴ:1_중성해]

ㅠ와 ㅕ가 또한 똑같이 ㅣ에서 비롯되므로 합하여 ㆊ가 된다.

與(더불어 여)•又(또 우)•同(같을 동)•出(날 출)•於(어조사 어)•故(연고 고)•合(합할 합)•而(말이을 이)•爲(될 위)

이기동출이위류 고상합이불패야

222. 以其同出而爲類이니 故相合而不悖也니라. [정음해례16ㄴ:1-2_중성해]

이런 합용자들은 같은 것에서 나와 같은 부류가 되므로, 서로 합해도 어그러지지 않는다.

以(써 이)•其(그 기)•同(같을 동)•出(날 출)•而(말이을 이)•爲(될 위)•類(무리 류)•故(연고 고)•相(서로 상)•合(합할 합)•而(말이을 이)•不(아니 불)•悖(거스를 패)•也(어조사 야)

일자중성지여상 합자십

223. 一字中聲之與相ㅣ合者十이니, ㆎ ㅢ ㅚ ㅐ ㅟ ㅔ ㆉ ㅒ ㆌ

시야

ㅖ是也니라. [정음해례16ㄴ:2-4_중성해]

한 낱글자로 된 가운뎃소리글자가 ㅣ와 서로 합한 것이 열이니 "ㆎ ㅢ ㅚ ㅐ ㅟ ㅔ ㆉ ㅒ ㆌ ㅖ"가 그것이다.

一(한 일)•字(글자 자)•中(가운데 중)•聲(소리 성)•之(어조사 지)•與(더불어 여)•相(서로 상)•合(합할 합)•者(것 자)•十(열 십)•是(이 시)•也(어조사 야)

이자중성지여 상합자사 시야

224. 二字中聲之與ㅣ相合者四니, ㅙ ㅞ ㆈ ㆋ是也니라.

[정음해례16ㄴ:4-5_중성해]

두 낱글자로 된 가운뎃소리글자가 ㅣ와 서로 합한 것은 넷이니 "ㅙ ㅞ ㆈ ㆋ"가 그것이다.

二(두 이)•字(글자 자)•中(가운데 중)•聲(소리 성)•之(어조사 지)•與(더불어 여)•相(서로 상)•合(합할 합)•者(것 자)•四(넉 사)•是(이 시)•也(어조사 야)

어 심 천 합 벽 지 성 병 능 상 수 자 이 기 설 전 성 천 이 편 어 개 구 야

225. ㅣ於深淺闔闢之聲에 並能相隨者는 以其舌展聲淺而便於開口也니라. [정음해례16ㄴ:6-7_중성해]

ㅣ가 깊고, 얕고, 오므리고, 벌리는 소리에 두루 능히 서로 따를 수 있는 것은 'ㅣ' 소리가 혀가 펴지고 소리가 얕아서 입을 열기 편하기 때문이다.

於(어조사 어)•深(깊을 심)•淺(얕을 천)•闔(거의닫을 합)•闢(열 벽)•之(어조사 지)•聲(소리 성)•並(아우를 병)•能(능할 능)•相(서로 상)•隨(따를 수)•者(것 자)•以(써 이)•其(그 기)•舌(혀 설)•展(펼 전)•聲(소리 성)•淺(얕을 천)•而(말이을 이)•便(편할 편)•於(어조사 어)•開(열 개)•口(입 구)•也(어조사 야)

역 가 견 인 지 참 찬 개 물 이 무 소 불 통 야

226. 亦可見人(ㅣ)之參贊開物而無所不通也니라.

[정음해례16ㄴ:7-8-17ㄱ:1_중성해]

또한 사람(ㅣ)이 만물을 여는 데에 참여하고 도와서 통하지 않는 것이 없음을 볼 수 있다.

亦(또 역)•可(옳을 가)•見(볼 견)•人(사람 인)•之(어조사 지)•參(참여할 참)•贊(도울 찬)•開(열 개)•物(물건 물)•而(말이을 이)•無(없을 무)•所(바 소)•不(아니 불)•通(통할 통)•也(어조사 야)

정음해례17ㄱ

也。訣曰

母字之音各有中
須就中聲尋闢闔
洪覃自呑可合用
君業出卽亦可合
欲之與穰戌與彆
各有所從義可推
侵之爲用最居多

也. 訣曰 [정음해례17ㄱ:1_중성해]

母子之音各有中 [정음해례17ㄱ:2_중성해갈무리시]

須就中聲尋闢闔 [정음해례17ㄱ:3_중성해갈무리시]

洪覃自呑可合用 [정음해례17ㄱ:4_중성해갈무리시]

君業出卽亦可合 [정음해례17ㄱ:5_중성해갈무리시]

欲之與穰戌與彆 [정음해례17ㄱ:6_중성해갈무리시]

各有所從義可推 [정음해례17ㄱ:7_중성해갈무리시]

侵之爲用最居多 [정음해례17ㄱ:8_중성해갈무리시]

갈무리 시

음절 소리마다 제각기 가운뎃소리가 있으니
모름지기 가운뎃소리에서 벌림과 오므림을 찾아야 하네.

ㅗ와 ㅏ는 ㆍ에서 나왔으니(양성모음) 합하여 쓸 수 있고
ㅜ와 ㅓ는 ㅡ에서 나왔으니(음성모음) 또한 합하여 쓸 수 있네.

ㅛ와 ㅑ, ㅠ와 ㅕ의 관계는
각각 따르는 곳이 있으니 그 뜻을 미루어 알 수 있네.

ㅣ자의 쓰임새가 가장 많아서

결 왈
訣曰 [정음해례17ㄱ:1_중성해_갈무리시]

갈무리 시

訣(갈무리 결)•曰(가로 왈)

모 자 지 음 각 유 중
227. 母字之音各有中이니
수 취 중 성 심 벽 합
須就中聲尋闢闔하네. [정음해례17ㄱ:2-3_중성해_갈무리시]

음절 소리마다 제각기 가운뎃소리가 있으니
모름지기 가운뎃소리에서 벌림과 오므림을 찾아야 하네.

母(어미 모)•字(글자 자)•之(어조사 지)•音(소리 음)•各(각각 각)•有(있을 유)•中(가운데 중)•須(모름지기 수)•就(나아갈 취)•中(가운데 중)•聲(소리 성)•尋(찾을 심)•闢(열 벽)•闔(거의닫을 합)

홍 담 자 탄 가 합 용
228. 洪(ㅗ)覃(ㅏ)自呑(ㆍ)可合用하고
군 업 출 즉 역 가 합
君(ㅜ)業(ㅓ)出即(ㅡ)亦可合이네. [정음해례17ㄱ:4-5_중성해_갈무리시]

ㅗ와 ㅏ는 ㆍ에서 나왔으니(양성모음) 합하여 쓸 수 있고
ㅜ와 ㅓ는 ㅡ에서 나왔으니(음성모음) 또한 합하여 쓸 수 있네.

洪(넓을 홍)•覃(깊을 담)•自(부터 자)•呑(삼킬 탄)•可(옳을 가)•合(합할 합)•用(쓸 용)•君(임금 군)•業(일 업)•出(날 출)•即(곧 즉)•亦(또 역)•可(옳을 가)•合(합할 합)

욕 지 여 양 술 여 별
229. 欲(ㅛ)之與穰(ㅑ)戌(ㅠ)與彆(ㅕ)은
각 유 소 종 의 가 추
各有所從義可推이네. [정음해례17ㄱ:6-7_중성해_갈무리시]

ㅛ와 ㅑ, ㅠ와 ㅕ의 관계는
각각 따르는 곳이 있으니 그 뜻을 미루어 알 수 있네.

欲(하고자할 욕)•之(어조사 지)•與(더불어 여)•穰(짚 양)•戌(개 술)•與(더불어 여)•彆(활뒤틀릴 별)•各(각각 각)•有(있을 유)•所(바 소)•從(따를 종)•義(뜻 의)•可(옳을 가)•推(헤아릴 추)

230. 侵(ㅣ)之爲用最居多이니 (침 지위용최거다)

於十四聲徧相隨네. (어십사성편상수) [정음해례17ㄱ:8-17ㄴ:1_중성해_갈무리시]

ㅣ자의 쓰임새가 가장 많아서

열넷의 소리에 두루 서로 따르네.

侵(침노할 침)•之(어조사 지)•爲(될 위)•用(쓸 용)•最(가장 최)•居(놓일 거)•多(많을 다)•於(어조사 어)•十(열 십)•四(넉 사)•聲(소리 성)•徧(두루미칠 편)•相(서로 상)•隨(따를 수)

정음해례17ㄴ

於十四聲徧相隨

終聲解

終聲者承初中而成字韻。如即字

終聲是ㄱ。ㄱ居즈終而為즉。洪字

終聲是ㆁ。ㆁ居ᅘᅩ終而為ᅘᅩᇰ之類。

舌脣齒喉皆同。聲有緩急之殊。故

平上去其終聲不類入聲之促急。

不清不濁之字。其聲不厲。故用於

於十四聲徧相隨 [정음해례17ㄴ:1_중성해갈무리시]

終聲解 [정음해례17ㄴ:2_종성해제목]

終聲者, 承初中而成字韻. 如即字 [정음해례17ㄴ:3_종성해]

終聲是ㄱ, ㄱ居즈終而爲즉. 洪字 [정음해례17ㄴ:4_종성해]

終聲是ㆁ, ㆁ居ᅘᅩ終而爲ᅘᅩᆼ之類. [정음해례17ㄴ:5_종성해]

舌脣齒喉皆同. 聲有緩急之殊, 故 [정음해례17ㄴ:6_종성해]

平°上去其終聲不類入聲之促急. [정음해례17ㄴ:7_종성해]

不淸不濁之字, 其聲不厲, 故用於 [정음해례17ㄴ:8_종성해]

열넷의 소리에 두루 서로 따르네.

종성해(끝소리글자 풀이)

끝소리는 첫소리·가운뎃소리를 이어서 음절을 이룬다.

이를테면 '즉' 자의 끝소리글자는 ㄱ(윽)인데, ㄱ(윽)은 '즈'의 끝에 놓여 '즉'이 되는 것과 같다. 'ᅘᅩᆼ' 자의 끝소리는 ㆁ(웅)인데, ㆁ(웅)은 ᅘᅩ의 끝에 놓여 'ᅘᅩᆼ'이 되는 것과 같다. 혓소리글자, 입술소리글자, 잇소리글자, 목구멍소리글자도 모두 같다.

소리에는 느리고 빠른 차이가 있으니, 평성·상성·거성 음절의 끝소리는 입성 음절 끝소리가 매우 빠른 것과 같은 부류가 아니다.

울림소리 '불청불탁' 글자는 그 소리가 세지 않으므로 끝소리로 쓰면 평성·상성·거성에 마땅하다.

종 성 해
終聲解

종성해(끝소리글자 풀이)

終(끝 종)•聲(소리 성)•解(풀 해)

종 성 자　　승 초 중 이 성 자 운
231. **終聲者는 承初中而成字韻이니라.** [정음해례17ㄴ:3_종성해]

끝소리는 첫소리·가운뎃소리를 이어서 음절을 이룬다.

終(끝 종)•聲(소리 성)•者(것 자)•承(이을 승)•初(처음 초)•中(가운데 중)•而(말이을 이)•成(이룰 성)•字(글자 자)•韻(운 운)

여 즉　　자 종 성 시　　거　　종 이 위
232. **如即(즉)字終聲是ㄱ(윽)이니, ㄱ(윽)居즈終而爲즉이니라.**

[정음해례17ㄴ:3-4_종성해]

이를테면 '즉' 자의 끝소리글자는 곧 ㄱ(기)인데, ㄱ(윽)은 '즈'의 끝에 놓여 '즉'이 되는 것과 같다.

如(같을 여)•即(곧 즉)•字(글자 자)•終(끝 종)•聲(소리 성)•是(이 시)•居(놓일 거)•終(끝 종)•而(말이을 이)•爲(될 위)

홍　　자 종 성 시　　거　　종 이 위　　지 류
233. **洪(ᅘᅩᇰ)字終聲是ㆁ(응)은 ㆁ(응)居ᅘᅩ終而爲ᅘᅩᇰ之類니라.**

[정음해례17ㄴ:4-5_종성해]

'ᅘᅩᇰ' 자의 끝소리는 ㆁ(응)인데, ㆁ(응)은 ᅘᅩ의 끝에 놓여 'ᅘᅩᇰ'이 되는 것과 같다.

洪(넓을 홍)•字(글자 자)•終(끝 종)•聲(소리 성)•是(이 시)•居(놓일 거)•終(끝 종)•而(말이을 이)•爲(될 위)•之(어조사 지)•類(무리 류)

설 순 치 후 개 동

234. 舌脣齒喉皆同이니라. [정음해례17ㄴ:6_종성해]

혓소리글자, 입술소리글자, 잇소리글자, 목구멍소리글자도 모두 같다.

舌(혀 설)•脣(입술 순)•齒(이 치)•喉(목구멍 후)•皆(다 개)•同(같을 동)

성 유 완 급 지 수 고 평 상 거 기 종 성 불 류 입 성 지 촉 급

235. 聲有緩急之殊하니, 故平°上去其終聲不類入聲之促急이니라.

[정음해례17ㄴ:6-7_종성해]

소리에는 느리고 빠른 차이가 있으니, 평성·상성·거성 음절의 끝소리는 입성 음절 끝소리가 매우 빠른 것과 같은 부류가 아니다.

聲(소리 성)•有(있을 유)•緩(느릴 완)•急(빠를 급)•之(어조사 지)•殊(다를 수)•故(연고 고)•平(평평할 평)•°上(오를 상)•去(갈 거)•其(그 기)•終(끝 종)•聲(소리 성)•不(아니 불)•類(무리 류)•入(들 입)•聲(소리 성)•之(어조사 지)•促(빠를 촉)•急(빠를 급)

불 청 불 탁 지 자 기 성 불 려 고 용 어 종 즉 의 어 평 상 거

236. 不清不濁之字는 其聲不厲하니, 故用於終則宜於平°上去니라.

[정음해례17ㄴ:8-18ㄱ:1_종성해]

울림소리 '불청불탁' 글자는 그 소리가 세지 않으므로 끝소리로 쓰면 평성·상성·거성에 마땅하다.

不(아니 불)•清(맑을 청)•不(아니 불)•濁(흐릴 탁)•之(어조사 지)•字(글자 자)•其(그 기)•聲(소리 성)•不(아니 불)•厲(셀 려)•故(연고 고)•用(쓸 용)•於(어조사 어)•終(끝 종)•則(곧 즉)•宜(마땅할 의)•於(어조사 어)•平(평평할 평)•°上(오를 상)•去(갈 거)

정음해례18ㄱ

終則宜於平上去。全淸次淸全濁
之字其聲爲厲。故用於終則宜於
入。所以ㆁㄴㅁㅇㄹㅿ六字爲平
上去聲之終。而餘皆爲入聲之終
也。然ㄱㆁㄷㄴㅂㅁㅅㄹ八字可
足用也。如빗곶爲梨花。여ᇫ의갗爲
狐皮。而ㅅ字可以通用。故只用ㅅ
字。且ㅇ聲淡而虛。不必用於終。而

終則宜於平°上去. 全淸次淸全濁 [정음해례18ㄱ:1_종성해]

之字, 其聲爲厲, 故用於終則宜於 [정음해례18ㄱ:2_종성해]

入. 所以ㆁㄴㅁㅇㄹㅿ六字爲平 [정음해례18ㄱ:3_종성해]

°上去聲之終, 而餘皆爲入聲之終 [정음해례18ㄱ:4_종성해]

也. 然ㄱㆁㄷㄴㅂㅁㅅㄹ八字可 [정음해례18ㄱ:5_종성해]

足用也. 如빗곶爲梨花, 엿의갗爲 [정음해례18ㄱ:6_종성해]

狐皮, 而ㅅ字可以通用, 故只用ㅅ [정음해례18ㄱ:7_종성해]

字. 且ㅇ聲淡而虛, 不必用於終, 而 [정음해례18ㄱ:8_종성해]

아주 맑은소리 전청, 덜 맑은소리 차청, 아주 흐린소리 전탁 글자는 그 소리가 세므로 끝소리로 쓰면 입성에 마땅하다. 그래서 ㆁㄴㅁㅇㄹㅿ(이니미이리시)의 여섯 글자가 끝소리로 쓰이는 음절은 평성과 상성과 거성이 되고, 나머지 글자가 끝소리로 쓰이는 음절은 모두 입성이 된다.

그렇지만 ㄱㆁㄷㄴㅂㅁㅅㄹ(기이디니비미시리)의 여덟 글자만으로도 끝소리글자를 적기에 넉넉하다. "**빗곶**(배꽃)"이나 "**엿의갗**(여우 가죽)"에서처럼 ㅅ(읏) 자로 두루 쓸 수 있어서 오직 ㅅ(읏) 자를 쓰는 것과 같다. 또 ㅇ(이)는 소리가 맑고 비어서 반드시 끝소리로 쓰지 않더라도 가운뎃소리만으로 음절을 이룰 수 있다.

전 청 차 청 전 탁 지 자 기 성 위 려 고 용 어 종 즉 의 어 입

237. 全淸次淸全濁之字는 其聲爲厲하니, 故用於終則宜於入이니라. [정음해례18ㄱ:1-3_종성해]

아주 맑은소리 전청, 덜 맑은소리 차청, 아주 흐린소리 전탁 글자는 그 소리가 세므로 끝소리로 쓰면 입성에 마땅하다.

全(온전 전)•淸(맑을 청)•次(버금 차)•淸(맑을 청)•全(온전 전)•濁(흐릴 탁)•之(어조사 지)•字(글자 자)•其(그 기)•聲(소리 성)•爲(될 위)•厲(셀 려)•故(연고 고)•用(쓸 용)•於(어조사 어)•終(끝 종)•則(곧 즉)•宜(마땅할 의)•於(어조사 어)•入(들 입)

소 이 육 자 위 평 상 거 성 지 종

238. 所以ㆁㄴㅁㅇㄹㅿ(이니미이리ᅀᅵ)六字爲平°上去聲之終이요,

이 여 개 위 입 성 지 종 야

而餘皆爲入聲之終也니라. [정음해례18ㄱ:3-5_종성해]

그래서 ㆁㄴㅁㅇㄹㅿ(이니미이리ᅀᅵ)의 여섯 글자가 끝소리로 쓰이는 음절은 평성과 상성과 거성이 되고, 나머지 글자가 끝소리로 쓰이는 음절은 모두 입성이 된다.

所(바 소)•以(써 이)•六(여섯 륙•육)•字(글자 자)•爲(될 위)•平(평평할 평)•°上(오를 상)•去(갈 거)•聲(소리 성)•之(어조사 지)•終(끝 종)•而(말이을 이)•餘(남을 여)•皆(다 개)•爲(될 위)•入(들 입)•聲(소리 성)•之(어조사 지)•終(끝 종)•也(어조사 야)

연 팔 자 가 족 용 야

239. 然ㄱㆁㄷㄴㅂㅁㅅㄹ(기이디니비미시리)八字可足用也니라.

[정음해례18ㄱ:5-6_종성해]

그렇지만 ㄱㆁㄷㄴㅂㅁㅅㄹ(기이디니비미시리)의 여덟 글자만으로도 끝소리글자를 적기에 넉넉하다.

然(그럴 연)•八(여덟 팔)•字(글자 자)•可(옳을 가)•足(충분할 족)•用(쓸 용)•也(어조사 야)

여 위 리 화 위 호 피 이 자 가 이 통 용

240. 如빗곶 爲梨花요, ᅇᅧᇫ의갗 爲狐皮이니, 而ㅅ(읏)字可以通用하

고 지 용 자

니, 故只用ㅅ(읏)字니라. [정음해례18ㄱ:6-8_종성해]

“ᄇᆡᆺ곶(배꽃)”이나 “ᅇᅧᇫᄋᆡ갗(여우 가죽)”에서처럼 **ㅅ**(읏) 자로 두루 쓸 수 있어서 오직 **ㅅ**(읏) 자를 쓰는 것과 같다.

如(같을 여)•爲(될 위)•梨(배나무 리)•花(꽃 화)•爲(될 위)•狐(여우 호)•皮(가죽 피)•而(말이을 이)•字(글자 자)•可(옳을 가)•以(써 이)•通(통할 통)•用(쓸 용)•故(연고 고)•只(다만 지)•用(쓸 용)•字(글자 자)

241. **且(차) ㅇ(이)聲(성)淡(담)而(이)虛(허)하니, 不(불)必(필)用(용)於(어)終(종)이요, 而(이)中(중)聲(성)可(가)得(득)成(성)音(음)也(야)니라.** [정음해례18ㄱ:8-18ㄴ:1_종성해]

또 **ㅇ**(이)는 소리가 맑고 비어서 반드시 끝소리로 쓰지 않더라도 가운뎃소리만으로 음절을 이룰 수 있다.

且(또 차)•聲(소리 성)•淡(맑을 담)•而(말이을 이)•虛(빌 허)•不(아니 불)•必(반드시 필)•用(쓸 용)•於(어조사 어)•終(끝 종)•而(말이을 이)•中(가운데 중)•聲(소리 성)•可(가할 가)•得(능히 득)•成(이룰 성)•音(소리 음)•也(어조사 야)

정음해례18ㄴ

中聲可得成音也。ㄷ如볃爲彆。ㄴ
如군爲君。ㅂ如업爲業。ㅁ如땀爲
覃。ㅅ如諺語옷爲衣。ㄹ如諺語실
爲絲之類。五音之緩急。亦各自爲
對。如牙之ㆁ與ㄱ爲對。而ㆁ促呼
則變爲ㄱ而急。ㄱ舒出則變爲ㆁ
而緩。舌之ㄴㄷ。脣之ㅁㅂ。齒之ㅿ
ㅅ。喉之ㅇㆆ。其緩急相對。亦猶是

中聲可得成音也. ㄷ如볃爲彆, ㄴ [정음해례18ㄴ:1_종성해]

如군爲君, ㅂ如업爲業, ㅁ如땀爲 [정음해례18ㄴ:2_종성해]

覃, ㅅ如諺語·옷爲衣, ㄹ如諺語실 [정음해례18ㄴ:3_종성해]

爲絲之類. 五音之緩急, 亦各自爲 [정음해례18ㄴ:4_종성해]

對. 如牙之ㆁ與ㄱ爲對, 而ㆁ促呼 [정음해례18ㄴ:5_종성해]

則變爲ㄱ而急, ㄱ舒出則變爲ㆁ [정음해례18ㄴ:6_종성해]

而緩. 舌之ㄴ ㄷ, 脣之ㅁ ㅂ, 齒之ㅿ [정음해례18ㄴ:7_종성해]

ㅅ, 喉之ㅇ ㆆ, 其緩急相對, 亦猶是 [정음해례18ㄴ:8_종성해]

ㄷ(디)는 '볃'의 끝소리 ㄷ(읃)이 되고, ㄴ(니)는 '군'의 끝소리 ㄴ(은)이 되고, ㅂ(비)는 '업'의 끝소리 ㅂ(읍)이 되며, ㅁ(미)는 '땀'의 끝소리 ㅁ(음)이 되고, ㅅ(시)는 토박이말인 '·옷'의 끝소리 ㅅ(읏)이 되며, ㄹ(리)는 토박이말인 '실'의 끝소리 ㄹ(을)이 된다.

오음의 느리고 빠름이 또한 각각 스스로 짝이 된다. 이를테면 어금닛소리의 ㆁ(웅)은 ㄱ(윽)과 짝이 되어 ㆁ(웅)을 빨리 발음하면 ㄱ(윽) 음으로 바뀌어 빠르고, ㄱ(윽) 음을 느리게 내면 ㆁ(웅) 음으로 바뀌어 느린 것과 같다. 혓소리의 ㄴ(은) 음과 ㄷ(읃) 음, 입술소리의 ㅁ(음) 음과 ㅂ(읍) 음, 잇소리의 ㅿ(읈) 음과 ㅅ(읏) 음, 목구멍소리의 ㅇ(응) 음과 ㆆ(읗) 음도 그 느리고 빠름이 서로 짝이 되니 이와 같다.

여 위별 여 위군 여 위업
242. ㄷ(디)如볃爲彆이요, ㄴ如군爲君이요, ㅂ如업爲業이요, ㅁ
여 위담 여언어 위의 여언어 위사지류
如땀爲覃이요, ㅅ如諺語·옷爲衣이요, ㄹ如諺語실爲絲之類
니라. [정음해례18ㄴ:1-4_종성해]

ㄷ(디)는 '볃'의 끝소리 ㄷ(읃)이 되고, ㄴ(니)는 '군'의 끝소리 ㄴ(은)이 되고, ㅂ(비)는 '업'의 끝소리 ㅂ(읍)이 되며, ㅁ(미)는 '땀'의 끝소리 ㅁ(음)이 되고, ㅅ(시)는 토박이말인 '·옷'의 끝소리 ㅅ(읏)이 되며, ㄹ(리)는 토박이말인 '실'의 끝소리 ㄹ(을)이 된다.

如(같을 여)•爲(될 위)•彆(활뒤틀릴 별)•如(같을 여)•爲(될 위)•君(임금 군)•如(같을 여)•爲(될 위)•業(일 업)•如(같을 여)•爲(될 위)•覃(깊을 담)•如(같을 여)•諺(일상말 언)•語(말 어)•爲(될 위)•衣(옷 의)•如(같을 여)•諺(일상말 언)•語(말 어)•爲(될 위)•絲(실 사)•之(어조사 지)•類(무리 류)

오음지완급 역각자위대
243. 五音之緩急이 亦各自爲對니라. [정음해례18ㄴ:4-5_종성해]

오음의 느리고 빠름이 또한 각각 스스로 짝이 된다.

五(다섯 오)•音(소리 음)•之(어조사 지)•緩(느릴 완)•急(빠를 급)•亦(또 역)•各(각각 각)•自(스스로 자)•爲(될 위)•對(대할 대)

여아지 여 위대 이 촉호즉변위 이급
244. 如牙之ㆁ(웅)與ㄱ(윽)爲對하니, 而ㆁ(웅)促呼則變爲ㄱ而急이
서출즉변위 이완
요, ㄱ(윽)舒出則變爲ㆁ(웅)而緩이니라. [정음해례18ㄴ:5-7_종성해]

이를테면 어금닛소리의 ㆁ(웅)은 ㄱ(윽)과 짝이 되어 ㆁ(웅)을 빨리 발음하면 ㄱ(윽) 음으로 바뀌어 빠르고, ㄱ(윽) 음을 느리게 내면 ㆁ(웅) 음으로 바뀌어 느린 것과 같다.

如(같을 여)•牙(어금니 아)•之(어조사 지)•與(더불어 여)•爲(될 위)•對(대할 대)•而(말이을 이)•促(빠를 촉)•呼(부를 호)•則(곧 즉)•變(바뀔 변)•爲(될 위)•而(말이을 이)•急(빠를 급)•舒(펼 서)•出(날 출)•則(곧 즉)•變(바뀔 변)•爲(될 위)•而(말이을 이)•緩(느릴 완)

설지 순지 치지 후지

245. 舌之ㄴ(은)ㄷ(읃), 脣之ㅁ(음)ㅂ(읍), 齒之ㅿ(읈)ㅅ(읏), 喉之 ㅇ(응)ㆆ(응), 其緩急相對하니, 亦猶是也니라.

기완급상대 역유시야

[정음해례18ㄴ:7-8-19ㄱ:1_종성해]

혓소리의 ㄴ(은) 음과 ㄷ(읃) 음, 입술소리의 ㅁ(음) 음과 ㅂ(읍) 음, 잇소리의 ㅿ(읈) 음과 ㅅ(읏) 음, 목구멍소리의 ㅇ(응) 음과 ㆆ(응) 음도 그 느리고 빠름이 서로 짝이 되니 이와 같다.

舌(혀 설)•之(어조사 지)•脣(입술 순)•之(어조사 지)•齒(이 치)•之(어조사 지)•喉(목구멍 후)•之(어조사 지)•其(그 기)•緩(느릴 완)•急(빠를 급)•相(서로 상)•對(대할 대)•亦(또 역)•猶(같을 유)•是(이 시)•也(어조사 야)

정음해례19ㄱ

也。且半舌之ㄹ。當用於諺。而不可
用於文。如入聲之彆字。終聲當用
ㄷ。而俗習讀爲ㄹ。盖ㄷ變而爲輕
也。若用ㄹ爲彆之終。則其聲舒緩
不爲入也。訣曰

不淸不濁用於終
爲平上去不爲入
全淸次淸及全濁

也. 且半舌之ㄹ, 當用於諺, 而不可 [정음해례19ㄱ:1_종성해]

用於文. 如入聲之彆字, 終聲當用 [정음해례19ㄱ:2_종성해]

ㄷ, 而俗習讀爲ㄹ, 盖ㄷ變而爲輕 [정음해례19ㄱ:3_종성해]

也. 若用ㄹ爲彆之終, 則其聲舒緩, [정음해례19ㄱ:4_종성해]

不爲入也. 訣曰 [정음해례19ㄱ:5_종성해]

不淸不濁用於終 [정음해례19ㄱ:6_종성해갈무리시]

爲平°上去不爲入 [정음해례19ㄱ:7_종성해갈무리시]

全淸次淸及全濁 [정음해례19ㄱ:8_종성해갈무리시]

또 반혓소리글자인 ㄹ(을)은 마땅히 토박이말에나 쓸 것이며 한자말에는 쓸 수 없다. 입성의 '彆(볃)' 자와 같은 것도 끝소리글자로 마땅히 ㄷ(읃)을 써야 할 것인데 세속 관습으로는 한자말 끝소리를 ㄹ(을) 음으로 읽으니 대개 ㄷ(읃) 음이 바뀌어 가볍게 된 것이다.
만일 ㄹ(을)을 '彆(:별)' 자의 끝소리글자로 쓴다면 그 소리가 펴지고 늘어져 입성이 되지 못한다.

갈무리 시

맑지도 흐리지도 않은 울림소리를 끝소리에 쓰니
평성, 상성, 거성이 되고 입성은 되지 않네.

아주 맑은소리, 덜 맑은소리, 그리고 아주 흐린소리는

차 반 설 지 당 용 어 언 이 불 가 용 어 문
246. 且半舌之ㄹ(을)은 當用於諺이요, 而不可用於文이니라.

[정음해례19ㄱ:1-2_종성해]

또 반혓소리글자인 ㄹ(을)은 마땅히 토박이말에나 쓸 것이며 한자말에는 쓸 수 없다.

且(또 차)•半(반 반)•舌(혀 설)•之(어조사 지)•當(마땅 당)•用(쓸 용)•於(어조사 어)•諺(토박이말 언)•而(말이을 이)•不(아니 불)•可(옳을 가)•用(쓸 용)•於(어조사 어)•文(한자 문)

여 입 성 지 별 자 종 성 당 용 이 속 습 독 위
247. 如入聲之彆(볃)字도, 終聲當用ㄷ(읃)이나, 而俗習讀爲ㄹ(을),
개 변 이 위 경 야
盖ㄷ(읃)變而爲輕也니라. [정음해례19ㄱ:2-4_종성해]

입성의 '彆(볃)' 자와 같은 것도 끝소리글자로 마땅히 ㄷ(읃)을 써야 할 것인데 세속 관습으로는 한자말 끝소리를 ㄹ(을) 음으로 읽으니 대개 ㄷ(읃) 음이 바뀌어 가볍게 된 것이다.

如(같을 여)•入(들 입)•聲(소리 성)•之(어조사 지)•彆(활뒤틀릴 별)•字(글자 자)•終(끝 종)•聲(소리 성)•當(마땅 당)•用(쓸 용)•而(말이을 이)•俗(풍속 속)•習(익힐 습)•讀(읽을 독)•爲(될 위)•盖(대개 개)•變(바뀔 변)•而(말이을 이)•爲(될 위)•輕(가벼울 경)•也(어조사 야)

약 용 위 별 지 종 즉 기 성 서 완 불 위 입 야
248. 若用ㄹ(을)爲彆(:별)之終하면, 則其聲舒緩하여, 不爲入也니라.

[정음해례19ㄱ:4-5_종성해]

만일 ㄹ(을)을 '彆(:별)' 자의 끝소리글자로 쓴다면 그 소리가 펴지고 늘어져 입성이 되지 못한다.

若(같을 약)•用(쓸 용)•爲(될 위)•彆(활뒤틀릴 별)•之(어조사 지)•終(끝 종)•則(곧 즉)•其(그 기)•聲(소리 성)•舒(펼 서)•緩(느릴 완)•不(아니 불)•爲(될 위)•入(들 입)•也(어조사 야)

결 왈
訣曰

갈무리 시

訣(갈무리 결)•曰(가로 왈)

불 청 불 탁 용 어 종
249. 不淸不濁用於終이니
위 평 상 거 불 위 입
爲平°上去不爲入이네. [정음해례19ㄱ:6-7_종성해_갈무리시]

맑지도 흐리지도 않은 울림소리를 끝소리에 쓰니

평성, 상성, 거성이 되고 입성은 되지 않네.

不(아니 불)•淸(맑을 청)•不(아니 불)•濁(흐릴 탁)•用(쓸 용)•於(어조사 어)•終(끝 종)•爲(될 위)•平(평평할 평)• °上(오를 상)•去(갈 거)•不(아니 불)•爲(될 위)•入(들 입)

전 청 차 청 급 전 탁
250. 全淸次淸及全濁은
시 개 위 입 성 촉 급
是皆爲入聲促急이네. [정음해례19ㄱ:8-19ㄴ:1_종성해_갈무리시]

아주 맑은소리, 덜 맑은소리, 그리고 아주 흐린소리는

모두 입성이 되어 소리가 매우 빠르네.

全(온전 전)•淸(맑을 청)•次(버금 차)•淸(맑을 청)•及(함께 급)•全(온전 전)•濁(흐릴 탁)•是(이 시)•皆(다 개)•爲(될 위)•入(들 입)•聲(소리 성)•促(빠를 촉)•急(빠를 급)

정음해례19ㄴ

是皆爲入聲促急
初作終聲理固然
只將八字用不窮
唯有欲聲所當處
中聲成音亦可通
若書即字終用君
洪彆亦以業斗終
君業覃終又何如

是皆爲入聲促急 [정음해례19ㄴ:1_종성해갈무리시]

初作終聲理固然 [정음해례19ㄴ:2_종성해갈무리시]

只將八字用不窮 [정음해례19ㄴ:3_종성해갈무리시]

唯有欲聲所當處 [정음해례19ㄴ:4_종성해갈무리시]

中聲成音亦可通 [정음해례19ㄴ:5_종성해갈무리시]

若書即字終用君 [정음해례19ㄴ:6_종성해갈무리시]

洪彆亦以業斗終 [정음해례19ㄴ:7_종성해갈무리시]

君業覃終又何如 [정음해례19ㄴ:8_종성해갈무리시]

모두 입성이 되어 소리가 매우 빠르네.

첫소리글자를 끝소리글자로 쓰는 이치가 본래 그러한데
다만 여덟 자만 가지고도 쓰임에 막힘은 없네.

오직 ㅇ(이) 자가 있어야 마땅한 자리라도
가운뎃소리만으로도 음절을 이루어 또한 통할 수 있네.

만일 '즉' 자를 쓰려면 'ㄱ(윽)'을 끝소리로 하고
"홍, 볃"은 'ㆁ(옹)'과 'ㄷ(읃)'을 끝소리로 하네.

"군, 업, 땀" 끝소리는 또한 어떨까 하니

초 작 종 성 리 고 연

251. 初作終聲理固然이나

지 장 팔 자 용 불 궁

只將八字用不窮이네. [정음해례19ㄴ:2-3_종성해_갈무리시]

첫소리글자를 끝소리글자로 쓰는 이치가 본래 그러한데

다만 여덟 자만 가지고도 쓰임에 막힘은 없네.

初(처음 초)•作(지을 작)•終(끝 종)•聲(소리 성)•理(이치 리)•固(본디 고)•然(그럴 연)•只(다만 지)•將(가질 장)•八(여덟 팔)•字(글자 자)•用(쓸 용)•不(아니 불)•窮(막힐 궁)

유 유 욕 성 소 당 처

252. 唯有欲(ㅇ)聲所當處라도

중 성 성 음 역 가 통

中聲成音亦可通이네. [정음해례19ㄴ:4-5_종성해_갈무리시]

오직 ㅇ(이) 자가 있어야 마땅한 자리라도

가운뎃소리만으로도 음절을 이루어 또한 통할 수 있네.

唯(오직 유)•有(있을 유)•欲(하고자할 욕)•聲(소리 성)•所(바 소)•當(마땅 당)•處(곳 처)•中(가운데 중)•聲(소리 성)•成(이룰 성)•音(소리 음)•亦(또 역)•可(가할 가)•通(통할 통)

약 서 즉 자 종 용 군

253. 若書即(즉)字終用君(ㄱ)하고

홍 별 역 이 업 두 종

洪(ᅘᅩᇰ)彆(볋)亦以業(ㆁ)斗(ㄷ)終이네.

[정음해례19ㄴ:6-7_종성해_갈무리시]

만일 '즉' 자를 쓰려면 'ㄱ(윽)'을 끝소리로 하고

"ᅘᅩᇰ, 볋"은 'ㆁ(웅)'과 'ㄷ(읃)'을 끝소리로 하네.

若(만약 약)•書(쓸 서)•即(곧 즉)•字(글자 자)•終(끝 종)•用(쓸 용)•君(임금 군)•洪(넓을 홍)•彆(활뒤틀릴 별)•亦(또 역)•以(써 이)•業(일 업)•斗(말 두)•終(끝 종)

군 업 담 종우하여

254. 君(군)業(업)覃(땀)終又何如요

이나 별 미 차제추

以那(ㄴ)彆(ㅂ)彌(ㅁ)次第推이네.

[정음해례19ㄴ:8-20ㄱ:1_종성해_갈무리시]

"군, 업, 땀" 끝소리는 또한 어떨까 하니

"ㄴ(은), ㅂ(읍), ㅁ(음)"을 차례대로 헤아려 보네.

君(임금 군)•業(일 업)•覃(깊을 담)•終(끝 종)•又(또 우)•何(어찌 하)•如(같을 여)•以(써 이)•那(어찌 나)•彆(활뒤틀릴 별)•彌(미륵 미)•次(버금 차)•苐(차례 제)[13]•推(헤아릴 추)

---

13 지금은 '第(차례 제), 苐(싹 제)'와 같이 구별하나 여기서의 '苐'는 '차례 제'로 쓰였다.

정음해례20ㄱ

以那彆彌次第推
六聲通乎文與諺
戌閭用於諺衣絲
五音緩急各自對
君聲迺是業之促
斗彆聲緩爲那彌
穰欲亦對戌與挹
閭宜於諺不宜文

以那彆彌次第推　[정음해례20ㄱ:1_종성해갈무리시]

六聲通乎文與諺　[정음해례20ㄱ:2_종성해갈무리시]

戌閭用於諺衣絲　[정음해례20ㄱ:3_종성해갈무리시]

五音緩急各自對　[정음해례20ㄱ:4_종성해갈무리시]

君聲迺是業之促　[정음해례20ㄱ:5_종성해갈무리시]

斗彆聲緩爲那彌　[정음해례20ㄱ:6_종성해갈무리시]

穰欲亦對戌與挹　[정음해례20ㄱ:7_종성해갈무리시]

閭宜於諺不宜文　[정음해례20ㄱ:8_종성해갈무리시]

“ㄴ(은), ㅂ(읍), ㅁ(음)”을 차례대로 헤아려 보네.

여섯 소리(ㄱㆁㄷㄴㅂㅁ/윽으ᇰ읃은읍음)는 한자말과 토박이말에 함께 쓰이되
ㅅ(읏)과 ㄹ(을)은 토박이말의 ‘·옷’과 ‘·실’의 끝소리로만 쓰이네.

오음은 각각 느림과 빠름의 짝을 저절로 이루니
ㄱ(윽) 소리는 ㆁ(으ᇰ) 소리를 빠르게 낸 것이네.

ㄷㅂ(읃/읍) 소리가 느려지면 ㄴㅁ(은/음)이 되며
ㅿ(으ᇫ)과 ㅇ(응)은 그것 또한 ㅅㆆ(읏/으ᇹ)의 짝이 되네.

ㄹ(을)은 토박이말 끝소리 표기에는 마땅하나 한자말 표기에는 마땅하지 않으니

육 성 통 호 문 여 언
255. 六聲(ㄱㆁㄷㄴㅂㅁ)通乎文與諺이되
술 려 용 어 언 의 사
戌(ㅅ)閭(ㄹ)用於諺衣(·옷)絲(:실)이네.

[정음해례20ㄱ:2-3_종성해_갈무리시]

여섯 소리(ㄱㆁㄷㄴㅂㅁ/윽으ᇰ읃은읍음)는 한자말과 토박이말에 함께 쓰이되

ㅅ(읏)과 ㄹ(을)은 토박이말의 '·옷'과 ':실'의 끝소리로만 쓰이네.

六(여섯 육)•聲(소리 성)•通(통할 통)•乎(어조사 호)•文(한자 문)•與(더불어 여)•諺(일상말 언)•戌(개 술)•閭(마을 려)•用(쓸 용)•於(어조사 어)•諺(일상말 언)•衣(옷 의)•絲(실 사)

오 음 완 급 각 자 대
256. 五音緩急各自對하니
군 성 내 시 업 지 촉
君(ㄱ)聲迺是業(ㆁ)之促이네. [정음해례20ㄱ:4-5_종성해_갈무리시]

오음은 각각 느림과 빠름의 짝을 저절로 이루니

ㄱ(윽) 소리는 ㆁ(으ᇰ) 소리를 빠르게 낸 것이네.

五(다섯 오)•音(소리 음)•緩(느릴 완)•急(빠를 급)•各(각각 각)•自(스스로 자)•對(대할 대)•君(임금 군)•聲(소리 성)•迺(이에 내)•是(이 시)•業(일 업)•之(어조사 지)•促(빠를 촉)

두 별 성 완 위 나 미
257. 斗(ㄷ)彆(ㅂ)聲緩爲那(ㄴ)彌(ㅁ)이니
양 욕 역 대 술 여 읍
穰(ㅿ)欲(ㅇ)亦對戌(ㅅ)與挹(ㆆ)이네.

[정음해례20ㄱ:6-7_종성해_갈무리시]

ㄷㅂ(읃/읍) 소리가 느려지면 ㄴㅁ(은/음)이 되며

ㅿ(으ᇫ)과 ㅇ(응)은 그것 또한 ㅅㆆ(읏/으ᇹ)의 짝이 되네.

斗(말 두)•彆(활뒤틀릴 별)•聲(소리 성)•緩(느릴 완)•爲(될 위)•那(어찌 나)•彌(미륵 미)•穰(짚 양)•欲(하고자할 욕)•亦(또 역)•對(대할 대)•戌(개 술)•與(더불어 여)•挹(뜰 읍)

려　　　의 어 언 불 의 문
258. 閭(ㄹ)宜於諺不宜文이니

두　　　경 위 려　　　시 속 습
斗(ㄷ)輕爲閭(ㄹ)是俗習이네.

[정음해례20ㄱ:8-20ㄴ:1_종성해_갈무리시]

ㄹ(을)은 토박이말 끝소리 표기에는 마땅하나 한자말 표기에는 마땅하지 않으니
ㄷ(읃) 소리가 가벼워져서 ㄹ(을) 소리가 된 것은 곧 일반 관습이네.

閭(마을 려)•宜(마땅할 의)•於(어조사 어)•諺(일상말 언)•不(아니 불)•宜(마땅할 의)•文(한자 문)•斗(말 두)•輕(가벼울 경)•爲(될 위)•閭(마을 려)•是(이 시)•俗(풍속 속)•習(익힐 습)

정음해례20ㄴ

斗輕爲閭是俗習

合字解

初中終三聲。合而成字。初聲或在
中聲之上。或在中聲之左。如君字
ㄱ在ㅜ上。業字ㆁ在ㅓ左之類。中
聲則圓者橫者在初聲之下。ㆍㅡ
ㅗㅛㅜㅠ是也。縱者在初聲之右。
ㅣㅏㅑㅓㅕ是也。如呑字ㆍ在ㅌ

斗輕爲閭是俗習 [정음해례20ㄴ:1_종성해갈무리시]

合字解 [정음해례20ㄴ:2_합자해제목]

初中終三聲, 合而成字. 初聲或在 [정음해례20ㄴ:3_합자해]

中聲之上, 或在中聲之左. 如君字 [정음해례20ㄴ:4_합자해]

ㄱ在ㅜ上, 業字ㆁ在ㅓ左之類. 中 [정음해례20ㄴ:5_합자해]

聲則圓者橫者在初聲之下, ㆍㅡ [정음해례20ㄴ:6_합자해]

ㅗㅛㅜㅠ是也. 。縱者在初聲之右, [정음해례20ㄴ:7_합자해]

ㅣㅏㅑㅓㅕ是也. 如呑字ㆍ在ㅌ [정음해례20ㄴ:8_합자해]

ㄷ(읃) 소리가 가벼워져서 ㄹ(을) 소리가 된 것은 곧 일반 관습이네.

합자해(글자 합치기 풀이)

첫소리·가운뎃소리·끝소리 세 낱글자가 합하여 글자를 이룬다. 첫소리글자는 가운뎃소리글자 위에 쓰기도 하고, 가운뎃소리글자의 왼쪽에 쓰기도 한다. 이를테면 '**군**' 자의 ㄱ(기)는 ㅜ의 위에 쓰고, '**업**' 자의 ㆁ(이)는 ㅓ의 왼쪽에 쓰는 것과 같다.

가운뎃소리글자는 둥근 것(ㆍ)과 가로로 된 것(ㅡ)은 첫소리글자 아래에 쓰니 "ㆍㅡㅗㅛㅜㅠ"가 이것이다. 세로로 된 것은 첫소리글자의 오른쪽에 쓰니 "ㅣㅏㅑㅓㅕ"가 이것이다.

합 자 해
合字解

합자해(글자 합치기 풀이)

合(합할 합)•字(글자 자)•解(풀 해)

초 중 종 삼 성 합 이 성 자
259. 初中終三聲은 合而成字니라. [정음해례20ㄴ:3_합자해]

첫소리·가운뎃소리·끝소리 세 낱글자가 합하여 글자를 이룬다.

初(처음 초)•中(가운데 중)•終(끝 종)•三(석 삼)•聲(소리 성)•合(합할 합)•而(말이을 이)•成(이룰 성)•字(글자 자)

초 성 혹 재 중 성 지 상 혹 재 중 성 지 좌
260. 初聲或在中聲之上하고, 或在中聲之左니라. [정음해례20ㄴ:3-4_합자해]

첫소리글자는 가운뎃소리글자 위에 쓰기도 하고, 가운뎃소리글자의 왼쪽에 쓰기도 한다.

初(처음 초)•聲(소리 성)•或(또는 혹)•在(있을 재)•中(가운데 중)•聲(소리 성)•之(어조사 지)•上(위 상)•或(또는 혹)•在(있을 재)•中(가운데 중)•聲(소리 성)•之(어조사 지)•左(왼쪽 좌)

여 군 자 재 상 업 자 재 좌 지 류
261. 如君(군)字ㄱ(기)在ᅮ上하고 業(ᅌᅥᆸ)字ᅌ(이)在ᅥ左之類니라.

[정음해례20ㄴ:4-5_합자해]

이를테면 '군' 자의 ㄱ(기)는 ᅮ의 위에 쓰고, 'ᅌᅥᆸ' 자의 ᅌ(이)는 ᅥ의 왼쪽에 쓰는 것과 같다.

如(같을 여)•君(임금 군)•字(글자 자)•在(있을 재)•上(위 상)•業(일 업)•字(글자 자)•在(있을 재)•左(왼쪽 좌)•之(어조사 지)•類(무리 류)

중성즉원자횡자재초성지하　　　　　　　　　　　시야

262. 中聲則圓者橫者在初聲之下이니, ・ ㅡ ㅗ ㅛ ㅜ ㅠ 是也니라. [정음해례20ㄴ:5-7_합자해]

가운뎃소리글자는 둥근 것(・)과 가로로 된 것(ㅡ)은 첫소리글자 아래에 쓰니 "・ ㅡ ㅗ ㅛ ㅜ ㅠ"가 이것이다.

中(가운데 중)•聲(소리 성)•則(곧 즉)•圓(둥글 원)•者(것 자)•橫(가로 횡)•者(것 자)•在(있을 재)•初(처음 초)•聲(소리 성)•之(어조사 지)•下(아래 하)•是(이 시)•也(어조사 야)

종자재초성지우　　　　　　시야

263. 。縱者在初聲之右하니, ㅣ ㅏ ㅑ ㅓ ㅕ 是也니라. [정음해례20ㄴ:7-8_합자해]

세로로 된 것은 첫소리글자의 오른쪽에 쓰니 "ㅣ ㅏ ㅑ ㅓ ㅕ"가 이것이다.

。縱(세로 종)•者(것 자)•在(있을 재)•初(처음 초)•聲(소리 성)•之(어조사 지)•右(오른쪽 우)•是(이 시)•也(어조사 야)

정음해례21ㄱ

下。即字ㅡ在ㅈ下。侵字ㅣ在ㅊ右
之類。終聲在初中之下。如君字ㄴ
在구下。業字ㅂ在어下之類。初聲
二字三字合用並書。如諺語·ᄯᅡ爲
地。·ᄧᅡᆨ爲隻。·ᄢᅳᆷ爲隙之類。各自並書
如諺語·혀爲舌而·ᅘᅧ爲引。괴·여爲
我愛人而괴·ᅇᅧ爲人愛我。·소·다爲
覆物而·쏘·다爲射之之類。中聲二

下, 卽字ㅡ在ㅈ下, 侵字ㅣ在ㅊ右 [정음해례21ㄱ:1_합자해]

之類. 終聲在初中之下. 如君字ㄴ [정음해례21ㄱ:2_합자해]

在구下, 業字ㅂ在ᅌᅥ下之類. 初聲 [정음해례21ㄱ:3_합자해]

二字三字合用並書, 如諺語·ᄯᅡ爲 [정음해례21ㄱ:4_합자해]

地, ᄧᅡᆨ爲隻, ᄢᅳᆷ爲隙之類. 各自並書, [정음해례21ㄱ:5_합자해]

如諺語·혀爲舌而·ᅘᅧ爲引, 괴·여爲 [정음해례21ㄱ:6_합자해]

我愛人而괴·ᅇᅧ爲人愛我, 소·다爲 [정음해례21ㄱ:7_합자해]

覆物而쏘·다爲射之之類. 中聲二 [정음해례21ㄱ:8_합자해]

이를테면 'ᄐᆞᆫ' 자의 ㆍ는 ㅌ(티) 아래에 쓰고, '즉' 자의 ㅡ는 ㅈ(지) 아래에 쓰며, '침' 자의 ㅣ는 ㅊ(치) 오른쪽에 쓰는 것과 같다.

끝소리글자는 첫소리글자·가운뎃소리글자 아래에 쓴다. 이를테면 '군' 자의 ㄴ(은)은 구 아래에 쓰고, 'ᅌᅥᆸ' 자의 ㅂ(읍)은 ᅌᅥ 아래에 쓰는 것과 같다.

첫소리글자에서 서로 다른 두 개의 낱글자 또는 세 개의 낱글자를 나란히 쓰는 '병서'는 이를테면 토박이말의 "·ᄯᅡ(땅), ᄧᅡᆨ(외짝), ᄢᅳᆷ(틈)" 따위와 같은 것이다. 같은 낱글자를 나란히 쓰는 각자병서는 이를테면 토박이말에서 "·혀"는 입속의 혀(舌)이지만 "·ᅘᅧ"는 '당겨(引)'를 나타내며, "괴·여"는 '내가 남을 사랑한다(我愛人)'는 뜻이지만 "괴·ᅇᅧ"는 '남에게서 내가 사랑받는다(人愛我)'는 뜻이 되고, "소·다(覆物)"는 '무엇을 뒤집어 쏟다'라는 뜻이지만 "쏘·다"는 '무엇을 쏘다(射)'라는 뜻이 되는 따위와 같은 것이다.

여 탄 자 재 하 즉 자 재 하 침

264. 如呑(ᄐᆞᆫ)字ㆍ在ㅌ(티)下하고, 即(즉)字ㅡ在ㅈ(지)下하고, 侵

자 재 우 지 류

(침)字ㅣ在ㅊ(치)右之類니라. [정음해례20ㄴ:8-21ㄱ:2_합자해]

이를테면 'ᄐᆞᆫ' 자의 ㆍ는 ㅌ(티) 아래에 쓰고, '즉' 자의 ㅡ는 ㅈ(지) 아래에 쓰며, '침' 자의 ㅣ는 ㅊ(치) 오른쪽에 쓰는 것과 같다.

如(같을 여)•呑(삼킬 탄)•字(글자 자)•在(있을 재)•下(아래 하)•即(곧 즉)•字(글자 자)•在(있을 재)•下(아래 하)•侵(침노할 침)•字(글자 자)•在(있을 재)•右(오른쪽 우)•之(어조사 지)•類(무리 류)

종 성 재 초 중 지 하

265. 終聲在初中之下니라. [정음해례21ㄱ:2_합자해]

끝소리글자는 첫소리글자·가운뎃소리글자 아래에 쓴다.

終(끝 종)•聲(소리 성)•在(있을 재)•初(처음 초)•中(가운데 중)•之(어조사 지)•下(아래 하)

여 군 자 재 하 업 자 재 하 지 류

266. 如君(군)字ㄴ(은)在구下하고, 業(ᅌᅥᆸ)字ㅂ(읍)在ᅌᅥ下之類니라. [정음해례21ㄱ:2-3_합자해]

이를테면 '군' 자의 ㄴ(은)은 구 아래에 쓰고, 'ᅌᅥᆸ' 자의 ㅂ(읍)은 ᅌᅥ 아래에 쓰는 것과 같다.

如(같을 여)•君(임금 군)•字(글자 자)•在(있을 재)•下(아래 하)•業(일 업)•字(글자 자)•在(있을 재)•下(아래 하)•之(어조사 지)•類(무리 류)

초 성 이 자 삼 자 합 용 병 서 여 언 어 위 지 위 척

267. 初聲二字三字合用並書는 如諺語ᄯᅡ爲地요, ᄧᅡᆨ爲隻이요, ᄢᅳᆷ

위 극 지 류

爲隙之類니라. [정음해례21ㄱ:3-5_합자해]

첫소리글자에서 서로 다른 두 개의 낱글자 또는 세 개의 낱글자를 나란히 쓰는 '병서'는 이를테면 토박이말의 "ᄯᅡ(땅), ᄧᅡᆨ(외짝), ᄢᅳᆷ(틈)" 따위와 같은 것이다.

初(처음 초)•聲(소리 성)•二(두 이)•字(글자 자)•三(석 삼)•字(글자 자)•合(합할 합)•用(쓸 용)•並(아우를 병)•書(쓸 서)•如(같을 여)•諺(일상말 언)•語(말 어)•爲(될 위)•地(땅 지)•爲(될 위)•隻(외짝 척)•爲(될 위)•隙(틈 극)•之(어조사 지)•類(무리 류)

각자병서 여언어 위설이 위인 위아애인이
268. 各自並書는 如諺語 ·혀 爲舌而 ·ᅘᅧ 爲引이요, 괴·여 爲我愛人而
위인애아 위복물이 위사지지류
괴·ᅇᅧ 爲人愛我요, 소·다 爲覆物而 쏘·다 爲射之之類니라.

[정음해례21ㄱ:5-8_합자해]

같은 날글자를 나란히 쓰는 각자병서는 이를테면 토박이말에서 "**·혀**"는 입속의 혀(舌)이지만 "**·ᅘᅧ**"는 '당겨(引)'를 나타내며, "**괴·여**"는 '내가 남을 사랑한다(我愛人)'는 뜻이지만 "**괴·ᅇᅧ**"는 '남에게서 내가 사랑받는다(人愛我)'는 뜻이 되고, "**소·다**(覆物)"는 '무엇을 뒤집어 쏟다'라는 뜻이지만 "**쏘·다**"는 '무엇을 쏘다(射)'라는 뜻이 되는 따위와 같은 것이다.

各(각각 각)•自(스스로 자)•並(아우를 병)•書(쓸 서)•如(같을 여)•諺(일상말 언)•語(말 어)•爲(될 위)•舌(혀 설)•而(말이을 이)•爲(될 위)•引(끌 인)•爲(될 위)•我(나 아)•愛(사랑 애)•人(사람 인)•而(말이을 이)•爲(될 위)•人(사람 인)•愛(사랑 애)•我(나 아)•爲(될 위)•覆(쏟을 복)•物(물건 물)•而(말이을 이)•爲(될 위)•射(쏠 사)•之(어조사 지)•之(어조사 지)•類(무리 류)

정음해례21ㄴ

字三字合用。如諺語·과爲琴柱。·홰
爲炬之類。終聲二字三字合用。如
諺語흙爲土。·낛爲釣。돐·ᄢᅢ爲酉時
之類。其合用並書。自左而右。初中
終三聲皆同。文與諺雜用則有因
字音而補以中終聲者。如孔子ㅣ
魯ㅅ사ᄅᆞᆷ之類。諺語平上去入。如
활爲弓而其聲平。:돌爲石而其聲

字三字合用, 如諺語·과爲琴柱, ·홰 [정음해례21ㄴ:1_합자해]
爲炬之類. 終聲二字三字合用, 如 [정음해례21ㄴ:2_합자해]
諺語ᄒᆞᆰ爲土, ·낛爲釣, ᄃᆞᇌᄣᅢ爲酉時 [정음해례21ㄴ:3_합자해]
之類. 其合用並書, 自左而右, 初中 [정음해례21ㄴ:4_합자해]
終三聲皆同. 文與諺雜用則有因 [정음해례21ㄴ:5_합자해]
字音而補以中終聲者, 如孔子ㅣ [정음해례21ㄴ:6_합자해]
魯ㅅ :사ᄅᆞᆷ之類. 諺語平°上去入, 如 [정음해례21ㄴ:7_합자해]
활爲弓而其聲平, :돌爲石而其聲 [정음해례21ㄴ:8_합자해]

가운뎃소리글자를 두 개의 낱글자, 세 개의 낱글자를 합쳐 쓰는 것은 이를테면 토박이말의 "·과[거문고 줄을 받치는 기둥(琴柱)]", "·홰[횃불(炬)]" 따위와 같이 쓰는 것과 같다.

끝소리글자를 두 개의 낱글자, 세 개의 낱글자를 합쳐 쓰는 것은 이를테면 토박이말의 "ᄒᆞᆰ[흙(土)]", "·낛[낚시(釣)], ᄃᆞᇌᄣᅢ[닭때, 유시(酉時)]" 따위와 같이 쓰는 것과 같다.

이들 합용병서는 왼쪽에서 오른쪽으로 쓰며 첫소리글자, 가운뎃소리글자, 끝소리글자 모두 같다.

한자와 한글을 섞어 쓸 때는 한자음에 따라서 한글의 가운뎃소리글자나 끝소리글자를 보충하는 일이 있으니, 이를테면 '孔子ㅣ 魯ㅅ :사ᄅᆞᆷ(공자가 노나라 사람)' 따위와 같이 쓰는 것과 같다.

토박이말의 평성·상성·거성·입성의 예를 들면, "활[활(弓)]"은 평성이고, ":돌[돌(石)]"은 상성이다.

중성이자삼자합용 여언어 위금주 위거지류
269. 中聲二字三字合用은 如諺語·과爲琴柱요, ·홰爲炬之類니라.

[정음해례21ㄱ:8-21ㄴ:1-2_합자해]

가운뎃소리글자를 두 개의 낱글자, 세 개의 낱글자를 합쳐 쓰는 것은 이를테면 토박이말의 "·과[거문고 줄을 받치는 기둥
금주 거
(琴柱)]", "·홰[횃불(炬)]" 따위와 같이 쓰는 것과 같다.

中(가운데 중)•聲(소리 성)•二(두 이)•字(글자 자)•三(석 삼)•字(글자 자)•合(합할 합)•用(쓸 용)•如(같을 여)•諺(일상말 언)•語(말 어)•爲(될 위)•琴(거문고 금)•柱(기둥 주)•爲(될 위)•炬(횃불 거)•之(어조사 지)•類(무리 류)

종성이자삼자합용 여언어 위토 위조
270. 終聲二字三字合用은 如諺語ᄒᆞᆰ爲土요, ·낛爲釣요, ᄃᆞᇌᄣᅢ
위유시지류
爲酉時之類니라. [정음해례21ㄴ:2-4_합자해]

끝소리글자를 두 개의 낱글자, 세 개의 낱글자를 합쳐 쓰는 것은
토 조
이를테면 토박이말의 "ᄒᆞᆰ[흙(土)]", "·낛[낚시(釣)], ᄃᆞᇌᄣᅢ[닭때, 유
유시
시(酉時)]" 따위와 같이 쓰는 것과 같다.

終(끝 종)•聲(소리 성)•二(두 이)•字(글자 자)•三(석 삼)•字(글자 자)•合(합할 합)•用(쓸 용)•如(같을 여)•諺(일상말 언)•語(말 어)•爲(될 위)•土(흙 토)•爲(될 위)•釣(낚시 조)•爲(될 위)•酉(닭 유)•時(때 시)•之(어조사 지)•類(무리 류)

기합용병서 자좌이우 초중종삼성개동
271. 其合用並書는 自左而右하며, 初中終三聲皆同이니라.

[정음해례21ㄴ:4-5_합자해]

이들 합용병서는 왼쪽에서 오른쪽으로 쓰며 첫소리글자, 가운뎃소리글자, 끝소리글자 모두 같다.

其(그 기)•合(합할 합)•用(쓸 용)•並(아우를 병)•書(쓸 서)•自(스스로 자)•左(왼쪽 좌)•而(말 이을 이)•右(오른쪽 우)•初(처음 초)•中(가운데 중)•終(끝 종)•三(석 삼)•聲(소리 성)•皆(다 개)•同(같을 동)

문 여 언 잡 용 즉 유 인 자 음 이 보 이 중 종 성 자 여 공 자 로
272. 文與諺雜用則有因字音而補以中終聲者하니, 如孔子ㅣ魯ㅅ
지 류
:사ᄅᆞᆷ 之類니라. [정음해례21ㄴ:5-7_합자해]

한자와 한글을 섞어 쓸 때는 한자음에 따라서 한글의 가운뎃소리글자나 끝소리글자를 보충하는 일이 있으니, 이를테면 '孔子ㅣ魯ㅅ :사ᄅᆞᆷ(공자가 노나라 사람)' 따위와 같이 쓰는 것과 같다.

文(한자 문)•與(더불어 여)•諺(일상말 언)•雜(섞일 잡)•用(쓸 용)•則(곧 즉)•有(있을 유)•因(인할 인)•字(글자 자)•音(소리 음)•而(말이을 이)•補(기울 보)•以(써 이)•中(가운데 중)•終(끝 종)•聲(소리 성)•者(것 자)•如(같을 여)•孔(공자 공)•子(경칭 자)•魯(노나라 로•노)•之(어조사 지)•類(무리 류)

언 어 평 상 거 입 여 위 궁 이 기 성 평 위 석 이 기 성 상
273. 諺語平°上去入, 如활爲弓而其聲平이요, :돌爲石而其聲°上이
위 도 이 기 성 거 위 필 이 기 성 입 지 류
요, ·갈爲刀而其聲去이요, ·붇爲筆而其聲入之類니라.

[정음해례21ㄴ:7-8_22ㄱ:1-2_합자해]

토박이말의 평성·상성·거성·입성의 예를 들면, "활[활(弓)]"은 평성이고, ":돌[돌(石)]"은 상성이다. "·갈[칼(刀)]"은 거성이요, "·붇[붓(筆)]"은 입성이 되는 따위와 같다.

諺(일상말 언)•語(말 어)•平(평평할 평)• °上(오를 상)•去(갈 거)•入(들 입)•如(같을 여)•爲(될 위)•弓(활 궁)•而(말이을 이)•其(그 기)•聲(소리 성)•平(평평할 평)•爲(될 위)•石(돌 석)•而(말이을 이)•其(그 기)•聲(소리 성)•°上(오를 상)•爲(될 위)•刀(칼 도)•而(말이을 이)•其(그 기)•聲(소리 성)•去(갈 거)•爲(될 위)•筆(붓 필)•而(말이을 이)•其(그 기)•聲(소리 성)•入(들 입)•之(어조사 지)•類(무리 류)

합용병서

정음해례22ㄱ

上。·갈為刀而其聲去。·붇為筆而其
聲入之類。凡字之左。加一點為去
聲。二點為上聲。無點為平聲。而文
之入聲。與去聲相似。諺之入聲無
定。或似平聲。如긷為柱。녑為脅。或
似上聲。如:낟為穀。:깁為繒。或似去
聲。如·몯為釘。·입為口之類。其加點
則與平上去同。平聲安而和。春也。

°上, 갈爲刀而其聲去, 붇爲筆而其 [정음해례22ㄱ:1_합자해]

聲入之類. 凡字之左, 加一點爲去 [정음해례22ㄱ:2_합자해]

聲, 二點爲°上聲, 無點爲平聲. 而文 [정음해례22ㄱ:3_합자해]

之入聲, 與去聲相似. 諺之入聲無 [정음해례22ㄱ:4_합자해]

定, 或似平聲, 如긷爲柱, 녑爲脅. 或 [정음해례22ㄱ:5_합자해]

似°上聲, 如·낟爲穀, :깁爲繒. 或似去 [정음해례22ㄱ:6_합자해]

聲, 如몯爲釘, ·입爲口之類. 其加點 [정음해례22ㄱ:7_합자해]

則與平°上去同. 平聲安而和, 春也, [정음해례22ㄱ:8_합자해]

"갈[칼(刀)]"은 거성이요, "붇[붓(筆)]"은 입성이 되는 따위와 같다. 무릇 글자의 왼쪽에 한 점을 찍은 것은 거성이고, 두 점을 찍은 것은 상성이며, 점이 없는 것은 평성이다.

한자말의 입성은 거성과 서로 비슷하다. 토박이말 입성은 한결같지 않아서, 또는 평성과 비슷한 "긷[기둥(柱)], 녑[옆구리(脅)]"과 같은 경우도 있다. 또는 상성과 비슷한 "·낟[곡식(穀)], :깁[비단(繒)]"과 같은 경우도 있다. 또는 거성과 비슷한 "몯[못(釘)], ·입[입(口)]"과 같은 경우도 있다. 입성에서 점을 찍는 것은 평성·상성·거성의 경우와 같다. 평성은 편안하고 부드러우니 봄에 해당되어 이는 만물이 편안한 것과 같다.

범자지좌 가일점위거성 이점위상성 무점위평성
274. 凡字之左에 加一點爲去聲이요, 二點爲°上聲이요, 無點爲平聲이니라. [정음해례22ㄱ:2-3_합자해]

무릇 글자의 왼쪽에 한 점을 찍은 것은 거성이고, 두 점을 찍은 것은 상성이며, 점이 없는 것은 평성이다.

凡(무릇 범)•字(글자 자)•之(어조사 지)•左(왼쪽 좌)•加(더할 가)•一(한 일)•點(점 점)•爲(될 위)•去(갈 거)•聲(소리 성)•二(둘 이)•點(점 점)•爲(될 위)• °上(오를 상)•聲(소리 성)•無(없을 무)•點(점 점)•爲(될 위)•平(평평할 평)•聲(소리 성)

이문지입성 여거성상사
275. 而文之入聲은 與去聲相似니라. [정음해례22ㄱ:3-4_합자해]

한자말의 입성은 거성과 서로 비슷하다.

而(말이을 이)•文(한자 문)•之(어조사 지)•入(들 입)•聲(소리 성)•與(더불어 여)•去(갈 거)•聲(소리 성)•相(서로 상)•似(같을 사)

언지입성무정 혹사평성 여 위주 위협
276. 諺之入聲無定하여 或似平聲하니 如긷爲柱요 녑爲脅이니라.

[정음해례22ㄱ:4-5_합자해]

토박이말 입성은 한결같지 않아서, 또는 평성과 비슷한 "긷[기둥(柱)], 녑[옆구리(脅)]"과 같은 경우도 있다.

諺(일상말 언)•之(어조사 지)•入(들 입)•聲(소리 성)•無(없을 무)•定(정할 정)•或(또는 혹)•似(같을 사)•平(평평할 평)•聲(소리 성)•如(같을 여)•爲(될 위)•柱(기둥 주)•爲(될 위)•脅(옆구리 협)

혹사상성 여 위곡 위증
277. 或似°上聲하니 如·낟爲穀이요 :깁爲繒이니라.

[정음해례22ㄱ:5-6_합자해]

또는 상성과 비슷한 "·낟[곡식(穀)], :깁[비단(繒)]"과 같은 경우도 있다.

或(또는 혹)•似(같을 사)• °上(오를 상)•聲(소리 성)•如(같을 여)•爲(될 위)•穀(곡식 곡)•爲(될 위)•繒(비단 증)

혹 사 거 성　　여　　위 정　　　위 구 지 류
278. 或似去聲하니 如·몯 爲釘이요 ·입 爲口之類니라.

[정음해례22ㄱ:6-7_합자해]

또는 거성과 비슷한 "·몯[못(釘, 정)], ·입[입(口, 구)]"과 같은 경우도 있다.

或(또는 혹)•似(같을 사)•去(갈 거)•聲(소리 성)•如(같을 여)•爲(될 위)•釘(못 정)•爲(될 위)•口(입 구)•之(어조사 지)•類(무리 류)

기 가 점 즉 여 평 상 거 동
279. 其加點則與平°上去同이니라. [정음해례22ㄱ:7-8_합자해]

입성에서 점을 찍는 것은 평성·상성·거성의 경우와 같다.

其(그 기)•加(더할 가)•點(점 점)•則(곧 즉)•與(더불어 여)•平(평평할 평)• °上(오를 상)•去(갈 거)•同(같을 동)

평 성 안 이 화　　춘 야　　만 물 서 태
280. 平聲安而和하니 春也요, 萬物舒泰니라. [정음해례22ㄱ:8-22ㄴ:1_합자해]

평성은 편안하고 부드러우니 봄에 해당되어 이는 만물이 편안한 것과 같다.

平(평평할 평)•聲(소리 성)•安(편안할 안)•而(말이을 이)•和(부드러울 화)•春(봄 춘)•也(어조사 야)•萬(일만 만)•物(물건 물)•舒(펼 서)•泰(피어날 태)

정음해례22ㄴ

萬物舒泰。上聲和而擧。夏也。萬物漸盛。去聲擧而壯。秋也。萬物成熟。入聲促而塞。冬也。萬物閉藏。初聲之ㆆ與ㅇ相似。於諺可以通用也。半舌有輕重二音。然韻書字母唯一。且國語雖不分輕重。皆得成音。若欲備用。則依脣輕例。ㅇ連書ㄹ下。爲半舌輕音。舌乍附上腭。ㆍㅡ

萬物舒泰. °上聲和而擧, 夏也, 萬物 [정음해례22ㄴ:1_합자해]
漸盛. 去聲擧而壯, 秋也, 萬物成熟. [정음해례22ㄴ:2_합자해]
入聲促而塞。, 冬也, 萬物閉藏. 初聲 [정음해례22ㄴ:3_합자해]
之ㆆ與ㅇ相似, 於諺可以通用也. [정음해례22ㄴ:4_합자해]
半舌有輕重二音. 然韻書字母唯 [정음해례22ㄴ:5_합자해]
一, 且國語雖不分輕重, 皆得成音. [정음해례22ㄴ:6_합자해]
若欲備用, 則依脣輕例, ㅇ連書ㄹ [정음해례22ㄴ:7_합자해]
下, 爲半舌輕音, 舌乍附上腭. ㆍㅡ [정음해례22ㄴ:8_합자해]

상성은 부드러움에서 거세져 여름이니, 이는 만물이 점점 무성해지는 것과 같다. 거성은 거세면서도 굳세어 가을이니 만물이 무르익는 것과 같다. 입성은 말소리가 빠르고 막히어 겨울이니 만물이 닫히고 갈무리되는 것과 같다.

첫소리의 ㆆ(히)와 ㅇ(이)는 서로 비슷해서 토박이말에서는 두루 쓰일 수 있다.

반혓소리에는 가볍고 무거운 두 소리가 있다. 중국 한자음 사전의 음절 첫소리에서는 오직 하나뿐이며, 또 우리나라 말에서는 비록 가볍고 무거운 것을 구별하지 않더라도 모두 소리를 낼 수 있다. 만약 갖추어 쓰고자 한다면 입술가벼운소리글자(순경음자, ㅸ)의 예에 따라 'ㅇ(이)'를 'ㄹ(리)' 아래 이어 쓰면 반혀가벼운소리글자(반설경음자, ㅇ̣ㄹ)가 되니, 혀를 윗잇몸에 살짝 댄다.

상 성 화 이 거 하 야 만 물 점 성

281. °上聲和而擧하니 夏也요, 萬物漸盛이니라. [정음해례22ㄴ:1-2_합자해]

상성은 부드러움에서 거세져 여름이니, 이는 만물이 점점 무성해지는 것과 같다.

°上(오를 상)•聲(소리 성)•和(부드러울 화)•而(말이을 이)•擧(들 거)•夏(여름 하)•也(어조사 야)•萬(일만 만)•物(물건 물)•漸(점점 점)•盛(성할 성)

거 성 거 이 장 추 야 만 물 성 숙

282. 去聲擧而壯이니 秋也요, 萬物成熟이니라. [정음해례22ㄴ:2_합자해]

거성은 거세면서도 굳세어 가을이니 만물이 무르익는 것과 같다.

去(갈 거)•聲(소리 성)•擧(높을 거)•而(말이을 이)•壯(장대할 장)•秋(가을 추)•也(어조사 야)•萬(일만 만)•物(물건 물)•成(이룰 성)•熟(익을 숙)

입 성 촉 이 색 동 야 만 물 폐 장

283. 入聲促而塞。이니 冬也요, 萬物閉藏이니라. [정음해례22ㄴ:3_합자해]

입성은 말소리가 빠르고 막히어 겨울이니 만물이 닫히고 갈무리되는 것과 같다.

入(들 입)•聲(소리 성)•促(빠를 촉)•而(말이을 이)•塞。(막힐 색)•冬(겨울 동)•也(어조사 야)•萬(일만 만)•物(물건 물)•閉(닫을 폐)•藏(감출 장)

초 성 지 여 상 사 어 언 가 이 통 용 야

284. 初聲之ㆆ(히)與ㅇ(이)相似이니 於諺可以通用也니라.

[정음해례22ㄴ:3-4_합자해]

첫소리의 ㆆ(히)와 ㅇ(이)는 서로 비슷해서 토박이말에서는 두루 쓰일 수 있다.

初(처음 초)•聲(소리 성)•之(어조사 지)•與(더불어 여)•相(서로 상)•似(같을 사)•於(어조사 어)•諺(일상말 언)•可(가할 가)•以(써 이)•通(통할 통)•用(쓸 용)•也(어조사 야)

반 설 유 경 중 이 음

285. **半舌有輕重二音이니라.** [정음해례22ㄴ:5_합자해]

반혓소리에는 가볍고 무거운 두 소리가 있다.

半(반 반)•舌(혀 설)•有(있을 유)•輕(가벼울 경)•重(무거울 중)•二(두 이)•音(소리 음)

연 운 서 자 모 유 일 　 차 국 어 수 불 분 경 중 　 개 득 성 음

286. **然韻書字母唯一이요, 且國語雖不分輕重이라도 皆得成音이니라.** [정음해례22ㄴ:5-6_합자해]

중국 한자음 사전의 음절 첫소리에서는 오직 하나뿐이며, 또 우리나라 말에서는 비록 가볍고 무거운 것을 구별하지 않더라도 모두 소리를 낼 수 있다.

然(그럴 연)•韻(소리 운)•書(글 서)•字(글자 자)•母(어미 모)•唯(오직 유)•一(한 일)•且(또 차)•國(나라 국)•語(말 어)•雖(비록 수)•不(아니 불)•分(나눌 분)•輕(가벼울 경)•重(무거울 중)•皆(다 개)•得(가능할 득)•成(이룰 성)•音(소리 음)

약 욕 비 용 　 즉 위 순 경 례 　 련 서 　 하 　 위 반 설 경 음

설 사 부 상 악

287. **若欲備用이면 則依脣輕例ㅇ(이)連書ㄹ(리)下하면 爲半舌輕音이니, 舌乍附上腭이니라.** [정음해례22ㄴ:7-8_합자해]

만약 갖추어 쓰고자 한다면 입술가벼운소리글자(순경음자, ㅸ)의 예에 따라 'ㅇ(이)'를 'ㄹ(리)' 아래 이어 쓰면 반혀가벼운소리글자(반설경음자, ᄛ)가 되니, 혀를 윗잇몸에 살짝 댄다.

若(약 약)•欲(하고자할 욕)•備(갖출 비)•用(쓸 용)•則(곧 즉)•依(의지할 의)•脣(입술 순)•輕(가벼울 경)•例(보기 례)•連(이을 련•연)•書(쓸 서)•下(아래 하)•爲(될 위)•半(반 반)•舌(혀 설)•輕(가벼울 경)•音(소리 음)•舌(혀 설)•乍(잠깐 사)•附(붙을 부)•上(위 상)•腭(잇몸 악)

정음해례23ㄱ

起ㅣ聲於國語無用。兒童之言。邊
野之語。或有之。當合二字而用。如
ᄀᆝᄀᆜ之類。其先縱後橫。與他不同。
訣曰
初聲在中聲左上
挹欲於諺用相同
中聲十一附初聲
圓橫書下右書縱

起ㅣ聲, 於國語無用. 兒童之言, 邊 [정음해례23ㄱ:1_합자해]

野之語, 或有之, 當合二字而用, 如 [정음해례23ㄱ:2_합자해]

ᆜ ᆜ 之類. 其先。縱後橫, 與他不同. [정음해례23ㄱ:3_합자해]

訣曰 [정음해례23ㄱ:4_합자해]

初聲在中聲左上 [정음해례23ㄱ:5_합자해갈무리시]

挹欲於諺用相同 [정음해례23ㄱ:6_합자해갈무리시]

中聲十一附初聲 [정음해례23ㄱ:7_합자해갈무리시]

圓橫書下右書。縱 [정음해례23ㄱ:8_합자해갈무리시]

• ㅡ가 ㅣ에서 시작되는 소리는 중앙말에 쓰이지 않는다. 아이들 말이나 변두리 시골말에는 드물게 있으니, 마땅히 두 글자를 합하여 나타내려 할 때에는 "ᆜ ᆜ" 따위와 같이 쓴다. 이것은 세로로 먼저 긋고 가로로 나중에 쓰는 것으로 다른 글자와 같지 않다.

갈무리 시

첫소리글자는 가운뎃소리글자의 왼쪽과 위쪽에 쓰는데
'ㆆ(히)'와 'ㅇ(이)'는 토박이말에서는 서로 같이 쓰이네.

가운뎃소리글자 열하나는 첫소리글자에 붙이는데
둥근 것과 가로로 된 것은 첫소리글자 아래에 쓰고 세로로 된 것만 오른쪽에 쓰네.

기 성 어국어무용
288. • ㅡ 起ㅣ聲은 於國語無用이니라. [정음해례22ㄴ:8-23ㄱ:1_합자해]

• ㅡ가 ㅣ에서 시작되는 소리는 중앙말에 쓰이지 않는다.

起(일어날 기)•聲(소리 성)•於(어조사 어)•國(나라 국)•語(말 어)•無(없을 무)•用(쓸 용)

아동지언 변야지어 혹유지 당합이자이용 여
289. 兒童之言이나 邊野之語에 或有之하니, 當合二字而用에는 如
지류
ᄀᆝ ᄀᆜ 之類이니라. [정음해례23ㄱ:1-3_합자해]

아이들 말이나 변두리 시골말에는 드물게 있으니, 마땅히 두 글자를 합하여 나타내려 할 때에는 "ᄀᆝ ᄀᆜ" 따위와 같이 쓴다.

兒(아이 아)•童(아이 동)•之(어조사 지)•言(말 언)•邊(가장자리 변)•野(들 야)•之(어조사 지)•語(말 어)•或(또는 혹)•有(있을 유)•之(그것 지)•當(마땅 당)•合(합할 합)•二(두 이)•字(글자 자)•而(말이을 이)•用(쓸 용)•如(같을 여)•之(어조사 지)•類(무리 류)

기선 종 후횡 여타부동
290. 其先。縱하고 後橫하니 與他不同이니라. [정음해례23ㄱ:3_합자해]

이것은 세로로 먼저 긋고 가로로 나중에 쓰는 것으로 다른 글자와 같지 않다.

其(그 기)•先(먼저 선)•。縱(세로 종)•後(뒤 후)•橫(가로 횡)•與(더불어 여)•他(다를 타)•不(아니 부)•同(같을 동)

결 왈
訣曰 [정음해례23ㄱ:4_합자해]

갈무리 시

訣(갈무리 결)•曰(가로 왈)

초성재중성좌상
291. 初聲在中聲左上이니
읍 욕 어언용상동
挹(ㆆ)欲(ㅇ)於諺用相同이니라. [정음해례23ㄱ:5-6_합자해_갈무리시]

첫소리글자는 가운뎃소리글자의 왼쪽과 위쪽에 쓰는데

'ㆆ(히)'와 'ㅇ(이)'는 토박이말에서는 서로 같이 쓰이네.

初(처음 초)•聲(소리 성)•在(있을 재)•中(가운데 중)•聲(소리 성)•左(왼쪽 좌)•上(위 상)•挹(뜰 읍)•欲(하고자할 욕)•於(어조사 어)•諺(일상말 언)•用(쓸 용)•相(서로 상)•同(같을 동)

중 성 십 일 부 초 성

292. 中聲十一附初聲이니

원 횡 서 하 우 서 종

圓橫書下右書。縱이네. [정음해례23ㄱ:7-8_합자해_갈무리시]

가운뎃소리글자 열하나는 첫소리글자에 붙이는데

둥근 것과 가로로 된 것은 첫소리글자 아래에 쓰고 세로로 된 것만 오른쪽에 쓰네.

中(가운데 중)•聲(소리 성)•十(열 십)•一(한 일)•附(붙을 부)•初(처음 초)•聲(소리 성)•圓(둥글 원)•橫(가로 횡)•書(쓸 서)•下(아래 하)•右(오른쪽 우)•書(쓸 서)•。縱(세로 종)

정음해례23ㄴ

欲書終聲在何處
初中聲下接着寫
初終合用各並書
中亦有合悉自左
諺之四聲何以辨
平聲則弓上則石
刀爲去而筆爲入
觀此四物他可識

欲書終聲在何處　　[정음해례23ㄴ:1_합자해갈무리시]

初中聲下接着。寫　　[정음해례23ㄴ:2_합자해갈무리시]

初終合用各並書　　[정음해례23ㄴ:3_합자해갈무리시]

中亦有合悉自左　　[정음해례23ㄴ:4_합자해갈무리시]

諺之四聲何以辨　　[정음해례23ㄴ:5_합자해갈무리시]

平聲則弓°上則石　　[정음해례23ㄴ:6_합자해갈무리시]

刀爲去而筆爲入　　[정음해례23ㄴ:7_합자해갈무리시]

觀此四物他可識　　[정음해례23ㄴ:8_합자해갈무리시]

끝소리글자를 쓰자면 어디에 쓰는가 하니
첫·가운뎃소리글자의 아래에 이어서 붙여 쓰네.

첫·끝소리글자를 각각 합쳐 쓰려면 나란히 쓰고
가운뎃소리글자도 나란히 쓰되 모두 왼쪽부터 쓰네.

토박이말에서는 사성을 어떻게 구별하는가 하니
평성은 '**ᄒᆞᆯ**(활)'이요 상성은 '**:돌**(돌)'이네.

'**·갈**(칼)'은 거성이 되고 '**·붇**(붓)'은 입성이 되니
이 네 갈래를 보아서 다른 것도 알 수 있네.

욕 서 종 성 재 하 처
293. 欲書終聲在何處하니
초 중 성 하 접 착 사
初中聲下接着。寫이네. [정음해례23ㄴ:1-2_합자해_갈무리시]

끝소리글자를 쓰자면 어디에 쓰는가 하니

첫·가운뎃소리글자의 아래에 이어서 붙여 쓰네.

欲(하고자할 욕)•書(쓸 서)•終(끝 종)•聲(소리 성)•在(있을 재)•何(어찌 하)•處(곳 처)•初(처음 초)•中(가운데 중)•聲(소리 성)•下(아래 하)•接(이을 접)•着。(붙을 착)•寫(베낄 사)

초 종 합 용 각 병 서
294. 初終合用各並書이고
중 역 유 합 실 자 좌
中亦有合悉自左이네. [정음해례23ㄴ:3-4_합자해_갈무리시]

첫·끝소리글자를 각각 합쳐 쓰려면 나란히 쓰고

가운뎃소리글자도 나란히 쓰되 모두 왼쪽부터 쓰네.

初(처음 초)•終(끝 종)•合(합할 합)•用(쓸 용)•各(각각 각)•並(어우를 병)•書(쓸 서)•中(가운데 중)•亦(또 역)•有(있을 유)•合(합할 합)•悉(모두 실)•自(부터 자)•左(왼쪽 좌)

언 지 사 성 하 이 변
295. 諺之四聲何以辨하니
평 성 즉 궁 상 즉 석
平聲則弓(활)°上則石(돌)이네. [정음해례23ㄴ:5-6_합자해_갈무리시]

토박이말에서는 사성을 어떻게 구별하는가 하니

평성은 '활(활)'이요 상성은 '돌(돌)'이네.

諺(토박이말 언)•之(어조사 지)•四(넉 사)•聲(소리 성)•何(어찌 하)•以(써 이)•辨(분별할 변)•平(평평할 평)•聲(소리 성)•則(곧 즉)•弓(활 궁)• °上(오를 상)•則(곧 즉)•石(돌 석)

296. 刀(갈)爲去而筆(붇)爲入이니
觀此四物他可識이네. [정음해례23ㄴ:7-8_합자해_갈무리시]

'갈(칼)'은 거성이 되고 '붇(붓)'은 입성이 되니

이 네 갈래를 보아서 다른 것도 알 수 있네.

刀(칼 도)•爲(될 위)•去(갈 거)•而(말이을 이)•筆(붓 필)•爲(될 위)•入(설 입)•觀(볼 관)•此(이 차)•四(넉 사)•物(갈래 물)•他(다를 타)•可(가할 가)•識(알 식)

정음해례24ㄱ

音因左點四聲分
一去二上無點平
語入無定亦加點
文之入則似去聲
方言俚語萬不同
有聲無字書難通
一朝
制作侔神工

音因左點四聲分 [정음해례24ㄱ:1_합자해갈무리시]

一去二°上無點平 [정음해례24ㄱ:2_합자해갈무리시]

語入無定亦加點 [정음해례24ㄱ:3_합자해갈무리시]

文之入則似去聲 [정음해례24ㄱ:4_합자해갈무리시]

方言俚語萬不同 [정음해례24ㄱ:5_합자해갈무리시]

有聲無字書難通 [정음해례24ㄱ:6_합자해갈무리시]

一朝 [정음해례24ㄱ:7_합자해갈무리시]

制作侔神工 [정음해례24ㄱ:8_합자해갈무리시]

소리에 따라 왼쪽의 점으로 사성을 나누니
하나면 거성, 둘이면 상성, 없으면 평성이네.

토박이말 입성은 정함이 없으나 평·상·거성처럼 점 찍고
한자말의 입성은 거성과 비슷하네.

우리말은 중국 말과 다 다르니
말소리는 있고 글자는 없어 글로 통하기 어려웠네.

하루아침에 신과 같은 솜씨로 정음을 지어 내시니

음 인 좌 점 사 성 분

297. 音因左點四聲分하니

일 거 이 상 무 점 평

一去二°上無點平이네. [정음해례24ㄱ:1-2_합자해_갈무리시]

소리에 따라 왼쪽의 점으로 사성을 나누니

하나면 거성, 둘이면 상성, 없으면 평성이네.

音(소리 음)•因(인할 인)•左(왼쪽 좌)•點(점 점)•四(넉 사)•聲(소리 성)•分(나눌 분)•一(한 일)•去(갈 거)•二(두 이)•°上(오를 상)•無(없을 무)•點(점 점)•平(평평할 평)

어 입 무 정 역 가 점

298. 語入無定亦加點이니

문 지 입 즉 사 거 성

文之入則似去聲이네. [정음해례24ㄱ:3-4_합자해_갈무리시]

토박이말 입성은 정함이 없으나 평·상·거성처럼 점 찍고

한자말의 입성은 거성과 비슷하네.

語(말 어)•入(들 입)•無(없을 무)•定(정할 정)•亦(또 역)•加(더할 가)•點(점 점)•文(한자 문)•之(어조사 지)•入(들 입)•則(곧 즉)•似(비슷할 사)•去(갈 거)•聲(소리 성)

방 언 리 어 만 부 동

299. 方言俚語萬不同이니

유 성 무 자 서 난 통

有聲無字書難通이네. [정음해례24ㄱ:5-6_합자해_갈무리시]

우리말은 중국 말과 다 다르니

말소리는 있고 글자는 없어 글로 통하기 어려웠네.

方(나라 방)•言(말 언)•俚(속될 리)•語(말 어)•萬(일만 만)•不(아니 부)•同(같을 동)•有(있을 유)•聲(소리 성)•無(없을 무)•字(글자 자)•書(글 서)•難(어려울 난)•通(통할 통)

일 조 제 작 모 신 공
300. 一朝制作侔神工이니
대 동 천 고 개 몽 롱
大東千古開矇矓이네. [정음해례24ㄱ:7-8-24ㄴ:1_합자해_갈무리시]

하루아침에 신과 같은 솜씨로 정음을 지어 내시니

우리 겨레 오랜 역사의 어둠을 비로소 밝혀 주셨네.

一(한 일)•朝(아침 조)•制(만들 제)•作(지을 작)•侔(같을 모)•神(신 신)•工(장인 공)•大(큰 대)•東(동녘 동)•千(일천 천)•古(옛 고)•開(열 개)•矇(어두울•어리석을 몽)•矓(흐릴 롱)

정음해례24ㄴ

大東千古開矇矓

用字例

初聲ㄱ。如감爲柿。ᄀᆞᆯ爲蘆。ㅋ。如우케爲未舂稻。콩爲大豆。ㆁ。如러울爲獺。서에爲流凘。ㄷ。如뒤爲茅。담爲墻。ㅌ。如고티爲繭。두텁爲蟾蜍。ㄴ。如노로爲獐。납爲猿。ㅂ。如볼爲臂。벌爲蜂。ㅍ。如파爲葱。ᄑᆞᆯ爲蠅。ㅁ。

大東千古開矇矓 [정음해례24ㄴ:1_합자해갈무리시]

用字例 [정음해례24ㄴ:2_용자례제목]

初聲ㄱ, 如:감爲柿, ·골爲蘆. ㅋ, 如우 [정음해례24ㄴ:3_용자례]

·케爲未春稻, 콩爲大豆. ㆁ, 如러·울 [정음해례24ㄴ:4_용자례]

爲獺, 서·에爲流凘. ㄷ, 如·뒤爲茅, ·담 [정음해례24ㄴ:5_용자례]

爲墻. ㅌ, 如고·티爲繭, 두텁爲蟾蜍. [정음해례24ㄴ:6_용자례]

ㄴ, 如노로爲獐, 납爲猿. ㅂ, 如·불爲 [정음해례24ㄴ:7_용자례]

臂, :벌爲蜂. ㅍ, 如·파爲葱, ·풀爲蠅. ㅁ, [정음해례24ㄴ:8_용자례]

우리 겨레 오랜 역사의 어둠을 비로소 밝혀 주셨네.

용자례(낱글자 사용 보기)

첫소리글자 ㄱ(기)는 “:감[감(柿)], ·골[갈대(蘆)]”과 같이 쓴다. ㅋ(키)는 “우·케[찧지 않은 벼(未春稻)], 콩[콩(大豆)]”과 같이 쓴다. ㆁ(이)는 “러·울[너구리(獺)], 서·에[성엣장(流凘)]”와 같이 쓴다.

ㄷ(디)는 “·뒤[띠(茅)], ·담[담(墻)]”과 같이 쓴다. ㅌ(티)는 “고·티[고치(繭)], 두텁[두꺼비(蟾蜍)]”과 같이 쓴다. ㄴ(니)는 “노로[노루(獐)], 납[원숭이(猿)]”과 같이 쓴다.

ㅂ(비)는 “·불[팔(臂)], :벌[벌(蜂)]”과 같이 쓴다. ㅍ(피)는 “·파[파(葱)], ·풀[파리(蠅)]”과 같이 쓴다.

用字例

용자례(낱글자 사용 보기)

用(쓸 용)•字(글자 자)•例(보기 례)

301. 初聲ㄱ(기)는 如·감 爲柿요, ·골 爲蘆니라. [정음해례24ㄴ:3_용자례]

첫소리글자 ㄱ(기)는 "·감 [감(柿)], ·골 [갈대(蘆)]"과 같이 쓴다.

初(처음 초)•聲(소리 성)•如(같을 여)•爲(될 위)•柿(감 시)•爲(될 위)•蘆(갈대 로)

302. ㅋ(키)는 如 ᄋᆞ·케 爲未舂稻요, 콩 爲大豆니라.

[정음해례24ㄴ:3-4_용자례]

ㅋ(키)는 "ᄋᆞ·케 [찧지 않은 벼(未舂稻)], 콩 [콩(大豆)]"과 같이 쓴다.

如(같을 여)•爲(될 위)•未(아닐 미)•舂(찧을 용)•稻(벼 도)•爲(될 위)•大(큰 대)•豆(콩 두)

303. ㆁ(이)는 如 러·울 爲獺이요, 서·에 爲流凘니라.

[정음해례24ㄴ:4-5_용자례]

ㆁ(이)는 "러·울 [너구리(獺)], 서·에 [성엣장(流凘)]"와 같이 쓴다.

如(같을 여)•爲(될 위)•獺(수달 달)•爲(될 위)•流(흐를 류)•凘(성엣장 시)

304. ㄷ(디)는 如·뒤 爲茅요, ·담 爲墻이니라. [정음해례24ㄴ:5-6_용자례]

ㄷ(디)는 "·뒤 [띠(茅)], ·담 [담(墻)]"과 같이 쓴다.

如(같을 여)•爲(될 위)•茅(띠 모)•爲(될 위)•墻(담 장)

여 위견 위섬여
305. ㅌ(티)는 如고·티 爲繭이요, 두텁 爲蟾蜍니라.

[정음해례24ㄴ:6_용자례]

견 섬여
ㅌ(티)는 "고·티[고치(繭)], 두텁[두꺼비(蟾蜍)]"과 같이 쓴다.

如(같을 여)•爲(될 위)•繭(고치 견)•爲(될 위)•蟾(두꺼비 섬)•蜍(두꺼비 여)

여 위장 위원
306. ㄴ(니)는 如노로 爲獐이요, ᄂᆞᆸ 爲猿이니라. [정음해례24ㄴ:7_용자례]

장 원
ㄴ(니)는 "노로[노루(獐)], ᄂᆞᆸ[원숭이(猿)]"과 같이 쓴다.

如(같을 여)•爲(될 위)•獐(노루 장)•爲(될 위)•猿(원숭이 원)

여 위비 위봉
307. ㅂ(비)는 如ᄇᆞᆯ 爲臂요, :벌 爲蜂이니라. [정음해례24ㄴ:7-8_용자례]

비 봉
ㅂ(비)는 "ᄇᆞᆯ[팔(臂)], :벌[벌(蜂)]"과 같이 쓴다.

如(같을 여)•爲(될 위)•臂(팔 비)•爲(될 위)•蜂(벌 봉)

여 위총 위승
308. ㅍ(피)는 如·파· 爲葱이요, ·ᄑᆞᆯ 爲蠅이니라. [정음해례24ㄴ:8_용자례]

총 승
ㅍ(피)는 "·파·[파(葱)], ·ᄑᆞᆯ[파리(蠅)]"과 같이 쓴다.

如(같을 여)•爲(될 위)•葱(파 총)•爲(될 위)•蠅(파리 승)

정음해례25ㄱ

如·뫼爲山。·마爲薯藇。ㅸ。如사·ᄫᅵ爲
蝦。드·ᄫᅴ爲瓠。ㅈ。如·자爲尺。죠·ᄒᆡ爲
紙。ㅊ。如·체爲䉶。·채爲鞭。ㅅ。如·손爲
手。·셤爲島。ㆆ。如·부헝爲鵂鶹。·힘爲
筋。ㅇ。如·비육爲鷄雛。·ᄇᆡ얌爲蛇。ㄹ
。如·무뤼爲雹。어·름爲氷。ㅿ。如아ᅀᆞ
爲弟。:너ᅀᅵ爲鴇。中聲ㆍ。如·ᄐᆞᆨ爲頤
·ᄑᆞᆺ爲小豆。ᄃᆞ리爲橋。·ᄀᆞ래爲楸。ㅡ。

如:뫼爲山, ·마爲薯蕷. ㅸ, 如사·ᄫᅵ爲 [정음해례25ㄱ:1_용자례]
蝦, 드·ᄫᅴ爲瓠. ㅈ, 如·자爲尺, 죠·ᄒᆡ爲 [정음해례25ㄱ:2_용자례]
紙. ㅊ, 如·체爲篩, ·채爲鞭. ㅅ, 如·손爲 [정음해례25ㄱ:3_용자례]
手, :셤爲島. ㅎ, 如·부헝爲鵂鶹, ·힘爲 [정음해례25ㄱ:4_용자례]
筋. ㅇ, 如·비육爲鷄雛, ·ᄇᆞ얌爲蛇. ㄹ, [정음해례25ㄱ:5_용자례]
如·무뤼爲雹, 어·름爲氷. ㅿ, 如아ᅀᆞ [정음해례25ㄱ:6_용자례]
爲弟, :너ᅀᅵ爲鴇. 中聲 ㆍ, 如·ᄐᆞᆨ爲頤, [정음해례25ㄱ:7_용자례]
·ᄑᆞᆺ爲小豆, ᄃᆞ리爲橋, ·ᄀᆞ래爲楸. ㅡ, [정음해례25ㄱ:8_용자례]

ㅁ(미)는 “:뫼[산(山)], ·마[마(薯蕷)]”와 같이 쓴다. ㅸ(ᄫᅵ)는 “사·ᄫᅵ[새우(蝦)], 드·ᄫᅴ[뒤웅박(瓠)]”와 같이 쓴다.

ㅈ(지)는 “·자[자(尺)], 죠·ᄒᆡ[종이(紙)]”와 같이 쓴다. ㅊ(치)는 “·체[체(篩)], ·채[채찍(鞭)]”와 같이 쓴다. ㅅ(시)는 “·손[손(手)], :셤[섬(島)]”과 같이 쓴다.

ㅎ(히)는 “·부헝[부엉이(鵂鶹)], ·힘[힘줄(筋)]”과 같이 쓴다. ㅇ(이)는 “·비육[병아리(鷄雛)], ·ᄇᆞ얌[뱀(蛇)]”과 같이 쓴다. ㄹ(리)는 “·무뤼[우박(雹)], 어·름[얼음(氷)]”과 같이 쓴다. ㅿ(ᅀᅵ)는 “아ᅀᆞ[아우(弟)], :너ᅀᅵ[느시(鴇)]”와 같이 쓴다.

가운뎃소리글자 ㆍ는 “·ᄐᆞᆨ[턱(頤)], ·ᄑᆞᆺ[팥(小豆)], ᄃᆞ리[다리(橋)], ·ᄀᆞ래[가래(楸)]”와 같이 쓴다.

309. ㅁ(미)는 如:뫼 爲山이요, ·마 爲薯萸니라. [정음해례24ㄴ:8-25ㄱ:1_용자례]

ㅁ(미)는 ":뫼[산(山)], ·마[마(薯萸)]"와 같이 쓴다.

如(같을 여)•爲(될 위)•山(뫼 산)•爲(될 위)•薯(참마 서)•萸(참마 여)

310. ㅸ(빙)는 如사·ᄫᅵ 爲蝦요, 드·ᄫᅬ 爲瓠니라. [정음해례25ㄱ:1-2_용자례]

ㅸ(빙)는 "사·ᄫᅵ[새우(蝦)], 드·ᄫᅬ[뒤웅박(瓠)]"와 같이 쓴다.

如(같을 여)•爲(될 위)•蝦(새우 하)•爲(될 위)•瓠(뒤웅박 호)

311. ㅈ(지)는 如·자 爲尺이요, 죠·ᄒᆡ 爲紙니라. [정음해례25ㄱ:2-3_용자례]

ㅈ(지)는 "·자[자(尺)], 죠·ᄒᆡ[종이(紙)]"와 같이 쓴다.

如(같을 여)•爲(될 위)•尺(자 척)•爲(될 위)•紙(종이 지)

312. ㅊ(치)는 如·체 爲簏요, ·채 爲鞭이니라. [정음해례25ㄱ:3_용자례]

ㅊ(치)는 "·체[체(簏)], ·채[채찍(鞭)]"와 같이 쓴다.

如(같을 여)•爲(될 위)•簏(체 사)•爲(될 위)•鞭(채찍 편)

313. ㅅ(시)는 如·손 爲手요, :셤 爲島니라. [정음해례25ㄱ:3-4_용자례]

ㅅ(시)는 "·손[손(手)], :셤[섬(島)]"과 같이 쓴다.

如(같을 여)•爲(될 위)•手(손 수)•爲(될 위)•島(섬 도)

314. ㅎ(히)는 如·부헝 爲鵂鶹요, ·힘 爲筋이니라. [정음해례25ㄱ:4-5_용자례]

ㅎ(히)는 "·부헝[부엉이(鵂鶹)], ·힘[힘줄(筋)]"과 같이 쓴다.

如(같을 여)•爲(될 위)•鵂(부엉이 휴)•鶹(부엉이 류)•爲(될 위)•筋(힘줄 근)

315. ㅇ(이)는 如 ·비육 爲鷄雛요, ·ᄇᆞ·얌 爲蛇니라. [정음해례25ㄱ:5_용자례]

ㅇ(이)는 "·비육[병아리(鷄雛)], ·ᄇᆞ·얌[뱀(蛇)]"과 같이 쓴다.

如(같을 여)•爲(될 위)•鷄(닭 계)•雛(병아리 추)•爲(될 위)•蛇(뱀 사)

316. ㄹ(리)는 如 ·무뤼 爲雹이요, 어·름 爲氷이니라. [정음해례25ㄱ:5-6_용자례]

ㄹ(리)는 "·무뤼[우박(雹)], 어·름[얼음(氷)]"과 같이 쓴다.

如(같을 여)•爲(될 위)•雹(우박 박)•爲(될 위)•氷(얼음 빙)

317. ㅿ(시)는 如 아ᅀᆞ 爲弟요, :너ᅀᅵ 爲鴇니라. [정음해례25ㄱ:6-7_용자례]

ㅿ(시)는 "아ᅀᆞ[아우(弟)], :너ᅀᅵ[느시(鴇)]"와 같이 쓴다.

如(같을 여)•爲(될 위)•弟(아우 제)•爲(될 위)•鴇(느시 보)

318. 中聲 •는 如 ·ᄐᆞᆨ 爲頤요, ·ᄑᆞᆺ 爲小豆요, ᄃᆞ리 爲橋요, ·ᄀᆞ래 爲楸니라. [정음해례25ㄱ:7-8_용자례]

가운뎃소리글자 •는 "·ᄐᆞᆨ[턱(頤)], ·ᄑᆞᆺ[팥(小豆)], ᄃᆞ리[다리(橋)], ·ᄀᆞ래[가래(楸)]"와 같이 쓴다.

中(가운데 중)•聲(소리 성)•如(같을 여)•爲(될 위)•頤(턱 이)•爲(될 위)•小(작을 소)•豆(콩 두)•爲(될 위)•橋(다리 교)•爲(될 위)•楸(가래 추)

정음해례25ㄴ

如믈爲水。발측爲跟。그력爲鴈。드
레爲汲器。ㅣ。如깃爲巢。밀爲蠟。피
爲稷。키爲箕。ㅗ。如논爲水田。톱爲
鉅。호ᄆᆡ爲鉏。벼로爲硯。ㅏ。如밥爲
飯。낟爲鎌。이아爲綜。사ᄉᆞᆷ爲鹿。ㅜ。
如숫爲炭。울爲籬。누에爲蚕。구리
爲銅。ㅓ。如브ᅀᅥᆸ爲竈。널爲板。서리
爲霜。버들爲柳。ㅛ。如죵爲奴。고욤

如·믈爲水, ·발·측爲跟, 그력爲鴈, 드 [정음해례25ㄴ:1_용자례]
·레爲汲器. ㅣ, 如·깃爲巢, :밀爲蠟, ·피 [정음해례25ㄴ:2_용자례]
爲稷, ·키爲箕. ㅗ, 如·논爲水田, ·톱爲 [정음해례25ㄴ:3_용자례]
鉅, 호·ᄆᆡ爲鉏, 벼·로爲硯. ㅏ, 如·밥爲 [정음해례25ㄴ:4_용자례]
飯·낟, 爲鎌 이·아, 爲綜 사·ᄉᆞᆷ, 爲鹿. ㅜ, [정음해례25ㄴ:5_용자례]
如숫爲炭, ·울爲籬, 누·에爲蚕, 구·리 [정음해례25ㄴ:6_용자례]
爲銅. ㅓ, 如브섭爲竈, :널爲板, 서·리 [정음해례25ㄴ:7_용자례]
爲霜, 버·들爲柳. ㅛ, 如:종爲奴, ·고욤 [정음해례25ㄴ:8_용자례]

ㅡ는 "·믈[물(水)], ·발·측[발꿈치(跟)], 그력[기러기(鴈)], 드·레[두레박(汲器)]"와 같이 쓴다. ㅣ는 "·깃[둥지(巢)], :밀[밀랍(蠟)], ·피[피(稷)], ·키[키(箕)]"와 같이 쓴다.

ㅗ는 "·논[논(水田)], ·톱[톱(鉅)], 호·ᄆᆡ[호미(鉏)], 벼·로[벼루(硯)]"와 같이 쓴다. ㅏ는 "·밥[밥(飯)], 낟[낫(鎌)], 이·아[잉아(綜)], 사·ᄉᆞᆷ[사슴(鹿)]"과 같이 쓴다. ㅜ는 "숫[숯(炭)], ·울[울타리(籬)], 누·에[누에(蚕)], 구·리[구리(銅)]"와 같이 쓴다. ㅓ는 "브섭[부엌(竈)], :널[널판(板)], 서·리[서리(霜)], 버·들[버들(柳)]"과 같이 쓴다.

ㅛ는 ":종[종, 노비(奴)], ·고욤[고욤(梬)], ·쇼[소(牛)], 삽됴[삽주(蒼朮菜)]"와 같이 쓴다.

319. ㅡ는 如·믈爲水요, ·발·측爲跟이요, 그력爲鴈이요, 드레爲汲器니라. [정음해례25ㄱ:8-25ㄴ:1-2_용자례]

ㅡ는 "·믈[물(水)], ·발·측[발꿈치(跟)], 그력[기러기(鴈)], 드레[두레박(汲器)]"와 같이 쓴다.

如(같을 여)•爲(될 위)•水(물 수)•爲(될 위)•跟(발꿈치 근)•爲(될 위)•鴈(기러기 안)•爲(될 위)•汲(물길을 급)•器(그릇 기)

320. ㅣ는 如·깃爲巢요, :밀爲蠟이요, ·피爲稷이요, ·키爲箕니라.

[정음해례25ㄴ:2-3_용자례]

ㅣ는 "·깃[둥지(巢)], :밀[밀랍(蠟)], ·피[피(稷)], ·키[키(箕)]"와 같이 쓴다.

如(같을 여)•爲(될 위)•巢(둥지 소)•爲(될 위)•蠟(밀 랍)•爲(될 위)•稷(피 직)•爲(될 위)•箕(키 기)

321. ㅗ는 如논爲水田이요, ·톱爲鉅요, 호·미爲鉏요, 벼·로爲硯이니라. [정음해례25ㄴ:3-4_용자례]

ㅗ는 "논[논(水田)], ·톱[톱(鉅)], 호·미[호미(鉏)], 벼·로[벼루(硯)]"와 같이 쓴다.

如(같을 여)•爲(될 위)•水(물 수)•田(밭 전)•爲(될 위)•鉅(톱 거)•爲(될 위)•鉏(호미 서)•爲(될 위)•硯(벼루 연)

322. ㅏ는 如·밥爲飯이요, :낟爲鎌이요, 이·아爲綜이요, 사·ᄉᆞᆷ爲鹿이니라. [정음해례25ㄴ:4-5_용자례]

ㅏ는 "·밥[밥(飯)], :낟[낫(鎌)], 이·아[잉아(綜)], 사·ᄉᆞᆷ[사슴(鹿)]"과

같이 쓴다.

如(같을 여)•爲(될 위)•飯(밥 반)•爲(될 위)•鎌(낫 겸)•爲(될 위)•綜(잉아 종)•爲(될 위)•鹿(사슴 록)

323. ㅜ는 如숫爲炭이요, ·울爲籬요, 누·에爲蚕이요, 구·리爲銅이니라. [정음해례25ㄴ:5-7_용자례]

ㅜ는 "숫[숯(炭)], ·울[울타리(籬)], 누·에[누에(蚕)], 구·리[구리(銅)]"와 같이 쓴다.

如(같을 여)•爲(될 위)•炭(숯 탄)•爲(될 위)•籬(울타리 리)•爲(될 위)•蚕(누에 잠)•爲(될 위)•銅(구리 동)

324. ㅓ는 如브섭爲竈요, :널爲板이요, 서·리爲霜이요, 버들爲柳니라. [정음해례25ㄴ:7-8_용자례]

ㅓ는 "브섭[부엌(竈)], :널[널판(板)], 서·리[서리(霜)], 버들[버들(柳)]"과 같이 쓴다.

如(같을 여)•爲(될 위)•竈(부엌 조)•爲(될 위)•板(널빤지 판)•爲(될 위)•霜(서리 상)•爲(될 위)•柳(버들 류)

325. ㅛ는 如죵爲奴요, ·고욤爲梬이요, ·쇼爲牛요, 삽됴爲蒼朮菜니라. [정음해례25ㄴ:8-26ㄱ:1_용자례]

ㅛ는 "죵[종, 노비(奴)], ·고욤[고욤(梬)], ·쇼[소(牛)], 삽됴[삽주(蒼朮菜)]"와 같이 쓴다.

如(같을 여)•爲(될 위)•奴(종 노)•爲(될 위)•梬(고욤나무 영)•爲(될 위)•牛(소 우)•爲(될 위)•蒼(푸를 창)•朮(삽주 출)•菜(나물 채)

정음해례26ㄱ

爲梬。쇼爲牛。삽됴爲蒼朮菜。ㅑ。如
남샹爲龜。약爲鼅鼊。다야爲匜。쟈
감爲蕎麥皮。ㅠ。如율믜爲薏苡。쥭
爲飯粟。슈룹爲雨繖。쥬련爲帨。ㅕ。
如엿爲飴餹。뎔爲佛寺。벼爲稻。져
비爲燕。終聲ㄱ。如닥爲楮。독爲甕。
ㆁ。如굼벙爲蠐螬。올창爲蝌蚪。ㄷ。
如갇爲笠。싣爲楓。ㄴ。如신爲屨。반

爲榠, ·쇼爲牛, 삽됴爲蒼朮菜. ㅑ, 如 [정음해례26ㄱ:1_용자례]
남샹爲龜, 약爲鼅鼊, 다·야爲匜, 쟈 [정음해례26ㄱ:2_용자례]
감 爲蕎麥皮. ㅠ, 如율믜爲薏苡, 쥭 [정음해례26ㄱ:3_용자례]
爲飯熏, 슈룹爲雨繖, 쥬련爲帨. ㅕ, [정음해례26ㄱ:4_용자례]
如·엿爲飴餹, ·뎔爲佛寺, ·벼爲稻, :져 [정음해례26ㄱ:5_용자례]
비爲燕. 終聲ㄱ, 如닥爲楮, 독爲甕. [정음해례26ㄱ:6_용자례]
ㆁ, 如:굼벙爲蠐螬, ·올창爲蝌蚪. ㄷ, [정음해례26ㄱ:7_용자례]
如·갇爲笠, 싣爲楓. ㄴ, 如·신爲屨, ·반 [정음해례26ㄱ:8_용자례]

ㅑ는 "남샹[남생이(龜^귀)], 약[바다거북(鼅鼊^구벽)], 다·야[대야(匜^이)], 쟈감[메밀껍질(蕎麥皮^교맥피)]"과 같이 쓴다. ㅠ는 "율믜[율무(薏苡^의이)], 쥭[밥주걱(飯熏^반초)], 슈룹[우산(雨繖^우산)], 쥬련[수건(帨^세)]"과 같이 쓴다. ㅕ는 "·엿[엿(飴餹^이당)], ·뎔[절(佛寺^불사)], ·벼[벼(稻^도)], :져비[제비(燕^연)]"와 같이 쓴다.

끝소리글자 ㄱ(윽)은 "닥[닥나무(楮^저)], 독[독(甕^옹)]"과 같이 쓴다.

끝소리글자 ㆁ(응)은 ":굼벙[굼벵이(蠐螬^제조)], ·올창[올챙이(蝌蚪^과두)]"과 같이 쓴다.

끝소리글자 ㄷ(읃)은 "·갇[갓(笠^립)], 싣[신나무(楓^풍)]"과 같이 쓴다.

끝소리글자 ㄴ(은)은 "·신[신(屨^구)], ·반되[반디(螢^형)]"와 같이 쓴다.

326. **ㅑ는 如남샹 爲龜요, 약 爲鼅鼊이요, 다·야 爲匜요, 쟈감 爲蕎麥皮니라.** [정음해례26ㄱ:1-3_용자례]

ㅑ는 "**남샹**[남생이(龜)], **약**[바다거북(鼅鼊)], **다·야**[대야(匜)], **쟈감**[메밀껍질(蕎麥皮)]"과 같이 쓴다.

如(같을 여)•爲(될 위)•龜(남생이 귀)•爲(될 위)•鼅(거북 구)•鼊(거북 벽)•爲(될 위)•匜(손대야 이)•爲(될 위)•蕎(메밀 교)•麥(보리 맥)•皮(가죽 피)

327. **ㅠ는 如율믜 爲薏苡요, 쥭 爲飯乘요, 슈룹 爲雨繖이요, 쥬련 爲帨니라.** [정음해례26ㄱ:3-4_용자례]

ㅠ는 "**율믜**[율무(薏苡)], **쥭**[밥주걱(飯乘)], **슈룹**[우산(雨繖)], **쥬련**[수건(帨)]"과 같이 쓴다.

如(같을 여)•爲(될 위)•薏(율무 의)•苡(율무 이)•爲(될 위)•飯(밥 반)•乘(밥주걱 초)•爲(될 위)•雨(비 우)•繖(우산 산)•爲(될 위)•帨(수건 세)

328. **ㅕ는 如·엿 爲飴餹이요, ·뎔 爲佛寺요, ·벼 爲稻요, :져비 爲燕이니라.** [정음해례26ㄱ:4-6_용자례]

ㅕ는 "**·엿**[엿(飴餹)], **·뎔**[절(佛寺)], **·벼**[벼(稻)], **:져비**[제비(燕)]"와 같이 쓴다.

如(같을 여)•爲(될 위)•飴(엿 이)•餹(엿 당)•爲(될 위)•佛(부처 불)•寺(절 사)•爲(될 위)•稻(벼 도)•爲(될 위)•燕(제비 연)

329. **終聲ㄱ(윽)은 如닥 爲楮요, 독 爲甕이니라.** [정음해례26ㄱ:6_용자례]

끝소리글자 **ㄱ**(윽)은 "**닥**[닥나무(楮)], **독**[독(甕)]"과 같이 쓴다.

終(끝 종)•聲(소리 성)•如(같을 여)•爲(될 위)•楮(닥나무 저)•爲(될 위)•甕(독 옹)

330. ㆁ(응)은 如·굼버ᇰ 爲蠐螬요, ·올차ᇰ 爲蝌蚪니라. [정음해례26ㄱ:7_용자례]

끝소리글자 ㆁ(응)은 "·굼버ᇰ[굼벵이(蠐螬)], ·올차ᇰ[올챙이(蝌蚪)]"과 같이 쓴다.

如(같을 여)•爲(될 위)•蠐(굼벵이 제)•螬(굼벵이 조)•爲(될 위)•蝌(올챙이 과)•蚪(올챙이 두)

331. ㄷ(읃)은 如·갇 爲笠이요, 싣 爲楓이니라. [정음해례26ㄱ:7-8_용자례]

끝소리글자 ㄷ(읃)은 "·갇[갓(笠)], 싣[신나무(楓)]"과 같이 쓴다.

如(같을 여)•爲(될 위)•笠(삿갓 립)•爲(될 위)•楓(신나무 풍)

332. ㄴ(은)은 如·신 爲屨요, ·반ᄃᆡ 爲螢이니라. [정음해례26ㄱ:8-26ㄴ:1_용자례]

끝소리글자 ㄴ(은)은 "·신[신(屨)], ·반ᄃᆡ[반디(螢)]"와 같이 쓴다.

如(같을 여)•爲(될 위)•屨(신 구)•爲(될 위)•螢(반딧불이 형)

정음해례26ㄴ

되爲螢。ㅂ。如섭爲薪。굽爲蹄。ㅁ。如
:범爲虎。:심爲泉。ㅅ。如:잣爲海松。:못
爲池。ㄹ。如·돌爲月。:별爲星之類
有天地自然之聲。則必有天地
自然之文。所以古人因聲制字
以通萬物之情。以載三才之道。
而後世不能易也。然四方風土
區別。聲氣亦隨而異焉。盖外國

되爲螢. ㅂ, 如섭爲薪, 굽爲蹄. ㅁ, 如 [정음해례26ㄴ:1_용자례]

:범爲虎, :ᄉᆡᆷ爲泉. ㅅ, 如·잣爲海松, ·못 [정음해례26ㄴ:2_용자례]

爲池. ㄹ, 如·ᄃᆞᆯ爲月, :별爲星之類 [정음해례26ㄴ:3_용자례]

有天地自然之聲, 則必有天地 [정음해례26ㄴ:4_정인지서]

自然之文. 所以古人因聲制字, [정음해례26ㄴ:5_정인지서]

以通萬物之情, 以載三才之道, [정음해례26ㄴ:6_정인지서]

而後世不能易也. 然四方風土 [정음해례26ㄴ:7_정인지서]

區別。, 聲氣亦隨而異焉. 蓋外國 [정음해례26ㄴ:8_정인지서]

끝소리글자 ㅂ(읍)은 "섭[섶나무(薪신)], ·굽[발굽(蹄제)]"과 같이 쓴다.
끝소리글자 ㅁ(음)은 ":범[범(虎호)], :ᄉᆡᆷ[샘(泉천)]"과 같이 쓴다.
끝소리글자 ㅅ(읏)은 ":잣[잣(海松해송)], ·못[연못(池지)]"과 같이 쓴다.
끝소리글자 ㄹ(을)은 "·ᄃᆞᆯ[달(月월)], :별[별(星성)]" 따위와 같이 쓴다.

정인지 서(정인지 꼬리말)

천지자연의 소리가 있으면 반드시 천지자연의 문자가 있다. 그러므로 옛사람이 소리를 바탕으로 글자를 만들어서 만물의 뜻을 통하게 하고, 하늘·땅·사람의 세 바탕 이치를 실어서 후세 사람들이 글자를 바꿀 수가 없었다.
그러나 사방의 풍토가 구별되고 말소리의 기운 또한 다르다.

여 위신 위제
333. ㅂ(읍)은 如섭爲薪이요, 굽爲蹄니라. [정음해례26ㄴ:1_용자례]

신 제
끝소리글자 ㅂ(읍)은 "섭[섶나무(薪)], 굽[발굽(蹄)]"과 같이 쓴다.

如(같을 여)•爲(될 위)•薪(섶 신)•爲(될 위)•蹄(발굽 제)

여 위호 위천
334. ㅁ(음)은 如:범爲虎요, :ᄉᆡᆷ爲泉이니라. [정음해례26ㄴ:1-2_용자례]

호 천
끝소리글자 ㅁ(음)은 ":범[범(虎)], :ᄉᆡᆷ[샘(泉)]"과 같이 쓴다.

如(같을 여)•爲(될 위)•虎(범 호)•爲(될 위)•泉(샘 천)

여 위해송 위지
335. ㅅ(읏)은 如·잣爲海松이요, ·못爲池니라. [정음해례26ㄴ:2-3_용자례]

해송 지
끝소리글자 ㅅ(읏)은 "·잣[잣(海松)], ·못[연못(池)]"과 같이 쓴다.

如(같을 여)•爲(될 위)•海(바다 해)•松(소나무 송)•爲(될 위)•池(못 지)

여 위월 위성지류
336. ㄹ(을)은 如·ᄃᆞᆯ爲月이요, :별爲星之類니라. [정음해례26ㄴ:3_용자례]

월 성
끝소리글자 ㄹ(을)은 "·ᄃᆞᆯ[달(月)], :별[별(星)]" 따위와 같이 쓴다.

如(같을 여)•爲(될 위)•月(달 월)•爲(될 위)•星(별 성)•之(어조사 지)•類(무리 류)

정인지 서(정인지 꼬리말)[14]

정인지 서문

유천지자연지성 즉필유천지자연지문
337. 有天地自然之聲이면, 則必有天地自然之文이니라.

[정음해례26ㄴ:4-5_정인지서]

천지자연의 소리가 있으면 반드시 천지자연의 문자가 있다.

有(있을 유)•天(하늘 천)•地(땅 지)•自(스스로 자)•然(그럴 연)•之(어조사 지)•聲(소리 성)•則(곧 즉)•必(반드시 필)•有(있을 유)•天(하늘 천)•地(땅 지)•自(스스로 자)•然(그럴 연)•之(어조사 지)•文(글월 문)

소 이 고 인 인 성 제 자　　이 통 만 물 지 정　　이 재 삼 재 지 도

338. 所以古人因聲制字하여 以通萬物之情하고 以載三才之道하니

이 후 세 불 능 역 야

而後世不能易也니라. [정음해례26ㄴ:5-7_정인지서]

그러므로 옛사람이 소리를 바탕으로 글자를 만들어서 만물의 뜻을 통하게 하고, 하늘·땅·사람의 세 바탕 이치를 실어서 후세 사람들이 글자를 바꿀 수가 없었다.

所(바 소)•以(써 이)•古(옛 고)•人(사람 인)•因(인할 인)•聲(소리 성)•制(만들 제)•字(글자 자)•以(써 이)•通(통할 통)•萬(일만 만)•物(물건 물)•之(어조사 지)•情(뜻 정)•以(써 이)•載(실을 재)•三(석 삼)•才(재주 재)•之(어조사 지)•道(길 도)•而(말이을 이)•後(뒤 후)•世(인간 세)•不(아니 불)•能(능할 능)•易(바꿀 역)•也(어조사 야)

연 사 방 풍 토 구 별　　성 기 역 수 이 이 언

339. 然四方風土區別。하고 聲氣亦隨而異焉이니라.

[정음해례26ㄴ:7-8_정인지서]

그러나 사방의 풍토가 구별되고 말소리의 기운 또한 다르다.

然(그럴 연)•四(넉 사)•方(모 방)•風(바람 풍)•土(흙 토)•區(구분할 구)•別。(다를 별)•聲(소리 성)•氣(기운 기)•亦(또 역)•隨(따를 수)•而(말이을 이)•異(다를 이)•焉(어찌 언)

---

14 해례본에는 '정인지 서'라는 제목이 없다. 이 부분을 《세종실록》 1446년 9월 29일자 기록에서 '정인지 서'라고 일컬었다.

정음해례27ㄱ

之語。有其聲而無其字。假中國
之字以通其用。是猶枘鑿之鉏
鋙也。豈能達而無礙乎。要皆各
隨所處而安。不可强之使同也。
吾東方禮樂文章。侔擬華夏。但
方言俚語。不與之同。學書者患
其旨趣之難曉。治獄者病其曲
折之難通。昔新羅薛聰。始作吏

之語, 有其聲而無其字. 假中國 [정음해례27ㄱ:1_정인지서]
之字以通其用, 是猶枘鑿之鉏 [정음해례27ㄱ:2_정인지서]
鋙也, 豈能達而無礙乎. 要°皆各 [정음해례27ㄱ:3_정인지서]
隨所°處而安, 不可°強之使同也. [정음해례27ㄱ:4_정인지서]
吾東方禮樂文章, 侔擬華夏. 但 [정음해례27ㄱ:5_정인지서]
方言俚語, 不與之同. 學書者患 [정음해례27ㄱ:6_정인지서]
其旨趣°之難曉, 。治獄者病其曲 [정음해례27ㄱ:7_정인지서]
折之難通. 昔新羅薛聰, 始作吏 [정음해례27ㄱ:8_정인지서]

대개 중국 이외의 다른 나라 말은 그 말소리에 맞는 글자가 없다. 그래서 중국 글자를 빌려 쓰고 있는데, 이것은 마치 모난 자루를 둥근 구멍에 끼우는 것과 같으니, 제대로 소통할 때 어찌 막힘이 없겠는가? 중요한 것은 모두 각각 놓인 곳에 따라 자연스럽게 할 것이지, 억지로 같게 해서는 안 될 것이다.

우리 동방의 예악과 문장이 중화(중국)와 같아 견줄 만하다. 다만 우리 말은 중국 말과 같지 않다. 그래서 한문으로 된 글을 배우는 이는 그 뜻을 깨닫기가 어려움을 걱정하고, 범죄 사건을 다루는 관리는 자세한 사정을 파악하기가 어려운 것을 근심했다.

개 외 국 지 어 　유 기 성 이 무 기 자

340. 蓋外國之語는 有其聲而無其字니라. [정음해례26ㄴ:8-27ㄱ:1_정인지서]

대개 중국 이외의 다른 나라 말은 그 말소리에 맞는 글자가 없다.

蓋(대개 개)•外(바깥 외)•國(나라 국)•之(어조사 지)•語(말 어)•有(있을 유)•其(그 기)•聲(소리 성)•而(말이을 이)•無(없을 무)•其(그 기)•字(글자 자)

가 중 국 지 자 이 통 기 용 　시 유 예 조 지 서 어 야 　기 능 달 이 무 애 호

341. 假中國之字以通其用하니 是猶枘鑿之鉏鋙也니 豈能達而無礙乎아? [정음해례27ㄱ:1-3_정인지서]

그래서 중국 글자를 빌려 쓰고 있는데, 이것은 마치 모난 자루를 둥근 구멍에 끼우는 것과 같으니, 제대로 소통할 때 어찌 막힘이 없겠는가?

假(빌릴 가)•中(가운데 중)•國(나라 국)•之(어조사 지)•字(글자 자)•以(써 이)•通(통할 통)•其(그 기)•用(쓸 용)•是(이 시)•猶(같을 유)•枘(장부 예)[15]•鑿(구멍 조)•之(어조사 지)•鉏(어긋날 서)•鋙(어긋날 어)•也(어조사 야)•豈(어찌 기)•能(능할 능)•達(통달할 달)•而(말이을 이)•無(없을 무)•礙(막을 애)•乎(어조사 호)

요 개 각 수 소 처 이 안 　불 가 강 지 사 동 야

342. 要°皆各隨所°處而安이요, 不可°强之使同也니라.

[정음해례27ㄱ:3-4_정인지서]

중요한 것은 모두 각각 놓인 곳에 따라 자연스럽게 할 것이지, 억지로 같게 해서는 안 될 것이다.

要°(요긴할 요)•皆(다 개)•各(각각 각)•隨(따를 수)•所(바 소)• °處(처할 처)•而(말이을 이)•安(편안할 안)•不(아니 불)•可(가할 가)• °强(강할 강)•之(어조사 지)•使(하여금 사)•同(같을 동)•也(어조사 야)

오 동 방 례 락 문 장 　모 의 화 하

343. 吾東方禮樂文章이니, 侔擬華夏니라. [정음해례27ㄱ:5_정인지서]

우리 동방의 예악과 문장이 중화(중국)와 같아 견줄 만하다.

吾(나 오)•東(동녘 동)•方(나라 방)•禮(예도 례•예)•樂(풍류 락•악)•文(글월 문)•章(글 장)•侔(같을 모)•擬(비길 의)•華(빛날 화)•夏(중국 하)

단 방 언 리 어 　 불 여 지 동

344. 但方言俚語가 不與之同이니라. [정음해례27ㄱ:5-6_정인지서]

다만 우리말은 중국 말과 같지 않다.

但(다만 단)•方(나라 방)•言(말 언)•俚(속될 리)•語(말 어)•不(아니 불)•與(더불어 여)•之(어조사 지)•同(같을 동)

학 서 자 환 기 지 취 　 지 난 효 　 　 치 옥 자 병 기 곡 절 지 난 통

345. 學書者患其旨趣°之難曉요, 。治獄者病其曲折之難通이니라.

[정음해례27ㄱ:6-8_정인지서]

그래서 한문으로 된 글을 배우는 이는 그 뜻을 깨닫기가 어려움을 걱정하고, 범죄 사건을 다루는 관리는 자세한 사정을 파악하기가 어려운 것을 근심했다.

學(배울 학)•書(글 서)•者(사람 자)•患(근심 환)•其(그 기)•旨(뜻 지)•趣°(뜻 취)•之(어조사 지)•難(어려울 난)•曉(깨달을 효)•。治(다스릴 치)•獄(옥 옥)•者(사람 자)•病(병들 병)•其(그 기)•曲(굽을 곡)•折(꺾을 절)•之(어조사 지)•難(어려울 난)•通(통할 통)

---

15 '장부'는 토박이말로, 두 재목을 이을 때 한쪽 재목의 끝을 다른 한쪽의 구멍에 맞추기 위하여 가늘고 길게 만든 부분을 가리킨다. 여기서의 문맥적 의미는 '도끼자루 예'다.

정음해례27ㄴ

讀。官府民間。至今行之。然皆假
字而用。或澁或窒。非但鄙陋無
稽而已。至於言語之間。則不能
達其萬一焉。癸亥冬。我
殿下創制正音二十八字。略揭
例義以示之。名曰訓民正音。象
形而字倣古篆。因聲而音叶七
調。三極之義。二氣之妙。莫不該

讀°, 官府民間, 至今行之. 然皆假 [정음해례27ㄴ:1_정인지서]

字而用, 或澁或窒. 非但鄙陋無 [정음해례27ㄴ:2_정인지서]

稽而已, 至於言語之間, 則不能 [정음해례27ㄴ:3_정인지서]

達其萬一焉. 癸亥冬. 我 [정음해례27ㄴ:4_정인지서]

殿下創制正音二十八字, 略揭 [정음해례27ㄴ:5_정인지서]

例義以示之, 名曰訓民正音. 象 [정음해례27ㄴ:6_정인지서]

形而字倣古篆, 因聲而音叶七 [정음해례27ㄴ:7_정인지서]

調°. 三極之義, 二氣之妙, 莫不該 [정음해례27ㄴ:8_정인지서]

옛날 신라의 설총이 이두를 처음 만들어서 관청과 민간에서 지금도 쓰고 있다. 그러나 모두 한자를 빌려 쓰는 것이어서 매끄럽지도 아니하고 막혀서 답답하다. 이두 사용은 오로지 몹시 속되고 일정한 규범이 없을 뿐이니, 실제 언어 사용에서는 그 만분의 일도 소통하지 못한다.

계해년 겨울(1443년 12월)에 우리 임금께서 정음 스물여덟 자를 창제하여, 간략하게 설명한 '예의'를 들어 보여 주시며 그 이름을 '훈민정음'이라 하셨다. 훈민정음은 꼴을 본떠 만들어 글꼴은 옛 '전서체'와 닮았지만, 말소리에 따라 만들어 그 소리는 음률의 일곱 가락에도 들어맞는다. 하늘·땅·사람의 세 바탕 뜻과 음양 기운의 신묘함을 두루 갖추지 않은 것이 없다.

석신라설총 시작이두 관부민간 지금행지
346. 昔新羅薛聰이 始作吏讀°하여 官府民間에 至今行之니라.

[정음해례27ㄱ:8-27ㄴ:1_정인지서]

옛날 신라의 설총이 이두를 처음 만들어서 관청과 민간에서 지금도 쓰고 있다.

昔(예 석)•新(새 신)•羅(벌릴 라)•薛(성씨 설)•聰(귀밝을 총)•始(비로소 시)•作(지을 작)•吏(벼슬아치 이)•讀°(구절 두)•官(벼슬 관)•府(마을 부)•民(백성 민)•間(사이 간)•至(이를 지)•今(이제 금)•行(갈 행)•之(어조사 지)

연개가자이용 혹삽혹질
347. 然皆假字而用이니 或澁或窒이니라. [정음해례27ㄴ:1-2_정인지서]

그러나 모두 한자를 빌려 쓰는 것이어서 매끄럽지도 아니하고 막혀서 답답하다.

然(그럴 연)•皆(다 개)•假(빌릴 가)•字(글자 자)•而(말이을 이)•用(쓸 용)•或(또는 혹)•澁(껄끄러울 삽)•或(또는 혹)•窒(막힐 질)

비단비루무계이이 지어언어지간 즉불능달기만일
348. 非但鄙陋無稽而已이니 至於言語之間하여도 則不能達其萬一
언
焉이니라. [정음해례27ㄴ:2-4_정인지서]

이두 사용은 오로지 몹시 속되고 일정한 규범이 없을 뿐이니, 실제 언어 사용에서는 그 만분의 일도 소통하지 못한다.

非(아닐 비)•但(다만 단)•鄙(더러울 비)•陋(더러울 루)•無(없을 무)•稽(상고할 계)•而(말이을 이)•已(이미 이)•至(이를 지)•於(어조사 어)•言(말 언)•語(말 어)•之(어조사 지)•間(사이 간)•則(곧 즉)•不(아니 불)•能(능할 능)•達(소통할 달)•其(그 기)•萬(일만 만)•一(한 일)•焉(어찌 언)

계해동 아전하창제정음이십팔자 약게예의이시지
349. 癸亥冬에 我殿下創制正音二十八字하여 略揭例義以示之하시
명왈훈민정음
니 名曰訓民正音이니라. [정음해례27ㄴ:4-6_정인지서]

계해년 겨울(1443년 12월)에 우리 임금께서 정음 스물여덟 자를 창제하여, 간략하게 설명한 '예의'를 들어 보여 주시며 그 이름을 '훈민정음'이라 하셨다.

癸(천간 계)•亥(돼지 해)•冬(겨울 동)•我(나 아)•殿(전각 전)•下(아래 하)•創(비롯할 창)•制(만들 제)•正(바를 정)•音(소리 음)•二(두 이)•十(열 십)•八(여덟 팔)•字(글자 자)•略(간략할 약)•揭(높이들 게)•例(보기 예)•義(뜻 의)•以(써 이)•示(보일 시)•之(그것 지)•名(이름 명)•曰(가로 왈)•訓(가르칠 훈)•民(백성 민)•正(바를 정)•音(소리 음)

상형이자방고전 인성이음협칠조

350. 象形而字倣古篆하되 因聲而音叶七調°니라.

[정음해례27ㄴ:6-8_정인지서]

훈민정음은 꼴을 본떠 만들어 글꼴은 옛 '전서체'와 닮았지만, 말소리에 따라 만들어 그 소리는 음률의 일곱 가락에도 들어맞는다.

象(본뜰 상)•形(모양 형)•而(말이을 이)•字(글자 자)•倣(닮을 방)•古(옛 고)•篆(전자 전)•因(인할 인)•聲(소리 성)•而(말이을 이)•音(소리 음)•叶(맞을 협)•七(일곱 칠)•調°(고를 조)

삼극지의 이기지묘 막불해괄

351. 三極之義와 二氣之妙가 莫不該括이니라.

[정음해례27ㄴ:8-28ㄱ:1_정인지서]

하늘·땅·사람의 세 바탕 뜻과 음양 기운의 신묘함을 두루 갖추지 않은 것이 없다.

三(석 삼)•極(극진할 극)•之(어조사 지)•義(뜻 의)•二(두 이)•氣(기운 기)•之(어조사 지)•妙(묘할 묘)•莫(없을 막)•不(아니 불)•該(마땅 해)•括(묶을 괄)

정음해례28ㄱ

括。以二十八字而轉換無窮簡
而要精而通。故智者不終朝而
會。愚者可浹旬而學。以是解書
可以知其義。以是聽訟。可以得
其情。字韻則淸濁之能辨。樂歌
則律呂之克諧。無所用而不備。
無所往而不達。雖風聲鶴唳。雞
鳴狗吠。皆可得而書矣。遂

括. 以二十八字而轉換無窮, 簡 [정음해례28ㄱ:1_정인지서]

而要, 精而通. 故智者不終朝而 [정음해례28ㄱ:2_정인지서]

會, 愚者可浹旬而學. 以是解書, [정음해례28ㄱ:3_정인지서]

可以知其義. 以是聽訟, 可以得 [정음해례28ㄱ:4_정인지서]

其情. 字韻則淸濁之能辨, 樂歌 [정음해례28ㄱ:5_정인지서]

則律呂之克諧. 無所用而不備, [정음해례28ㄱ:6_정인지서]

無所往而不達. 雖風聲鶴唳, 雞 [정음해례28ㄱ:7_정인지서]

鳴狗吠, 皆可得而書矣. 遂 [정음해례28ㄱ:8_정인지서]

스물여덟 자로 끝없이 바꿀 수 있어, 간결하면서도 요점을 잘 드러내고, 정밀한 뜻을 담으면서도 두루 통할 수 있다. 그러므로 슬기로운 사람은 하루아침이 다 가기도 전에, 슬기롭지 못한 이라도 열흘이면 배울 수 있다. 훈민정음으로 한문을 풀이하면 그 뜻을 알 수 있다. 훈민정음으로 소송 사건을 기록하면, 그 속사정을 이해할 수 있다.

글자 소리로는 맑고 흐린 소리를 구별할 수 있고, 음악 노래로는 노랫가락을 어울리게 할 수 있다. 글을 쓸 때에 글자가 갖추어지지 않은 바가 없으며, 어디서든 뜻을 두루 통하지 못하는 바가 없다. 비록 바람 소리, 두루미 울음소리, 닭 소리, 개 짖는 소리라도 모두 적을 수 있다.

이 이 십 팔 자 이 전 환 무 궁 　 간 이 요 　 정 이 통

352. 以二十八字而轉換無窮하고, 簡而要하며, 精而通이니라.

[정음해례28ㄱ:1-2_정인지서]

스물여덟 자로 끝없이 바꿀 수 있어, 간결하면서도 요점을 잘 드러내고, 정밀한 뜻을 담으면서도 두루 통할 수 있다.

以(써 이)•二(두 이)•十(열 십)•八(여덟 팔)•字(글자 자)•而(말이을 이)•轉(구를 전)•換(바꿀 환)•無(없을 무)•窮(다할 궁)•簡(간략할 간)•而(말이을 이)•要(요긴할 요)•精(정할 정)•而(말이을 이)•通(통할 통)

고 지 자 부 종 조 이 회 　 우 자 가 협 순 이 학

353. 故智者不終朝而會요, 愚者可浹旬而學이니라.

[정음해례28ㄱ:2-3_정인지서]

그러므로 슬기로운 사람은 하루아침이 다 가기도 전에, 슬기롭지 못한 이라도 열흘이면 배울 수 있다.

故(연고 고)•智(슬기 지)•者(사람 자)•不(아니 부)•終(끝 종)•朝(아침 조)•而(말이을 이)•會(깨달을 회)•愚(어리석을 우)•者(사람 자)•可(가할 가)•浹(두루미칠 협)•旬(열흘 순)•而(말이을 이)•學(배울 학)

이 시 해 서 　 가 이 지 기 의

354. 以是解書면 可以知其義니라. [정음해례28ㄱ:3-4_정인지서]

훈민정음으로 한문을 풀이하면 그 뜻을 알 수 있다.

以(써 이)•是(이 시)•解(풀 해)•書(글 서)•可(가할 가)•以(써 이)•知(알 지)•其(그 기)•義(뜻 의)

이 시 청 송 　 가 이 득 기 정

355. 以是聽訟이면 可以得其情이니라. [정음해례28ㄱ:4-5_정인지서]

훈민정음으로 소송 사건을 기록하면, 그 속사정을 이해할 수 있다.

以(써 이)•是(이 시)•聽(들을 청)•訟(송사할 송)•可(옳을 가)•以(써 이)•得(알 득)•其(그 기)•情(실정 정)

자 운 즉 청 탁 지 능 변 악 가 즉 률 려 지 극 해

356. 字韻則淸濁之能辨하고 樂歌則律呂之克諧니라.

[정음해례28ㄱ:5-6_정인지서]

글자 소리로는 맑고 흐린 소리를 구별할 수 있고, 음악 노래로는 노랫가락을 어울리게 할 수 있다.

字(글자 자)•韻(소리 운)•則(곧 즉)•淸(맑을 청)•濁(흐릴 탁)•之(어조사 지)•能(능할 능)•辨(분별할 변)•樂(노래 악)•歌(노래 가)•則(곧 즉)•律(음률 률)•呂(음률 려)•之(어조사 지)•克(능할 극)•諧(어울릴 해)

무 소 용 이 불 비 무 소 왕 이 부 달

357. 無所用而不備하고, 無所往而不達이니라. [정음해례28ㄱ:6-7_정인지서]

글을 쓸 때에 글자가 갖추어지지 않은 바가 없으며, 어디서든 뜻을 두루 통하지 못하는 바가 없다.

無(없을 무)•所(바 소)•用(쓸 용)•而(말이을 이)•不(아니 불)•備(갖출 비)•無(없을 무)•所(바 소)•往(갈 왕)•而(말이을 이)•不(아니 부)•達(통달할 달)

수 풍 성 학 려 계 명 구 폐 개 가 득 이 서 의

358. 雖風聲鶴唳와 雞鳴狗吠라도 皆可得而書矣니라.

[정음해례28ㄱ:7-8_정인지서]

비록 바람 소리, 두루미 울음소리, 닭 소리, 개 짖는 소리라도 모두 적을 수 있다.

雖(비록 수)•風(바람 풍)•聲(소리 성)•鶴(두루미 학)•唳(울 려)•雞(닭 계)•鳴(울 명)•狗(개 구)•吠(짖을 폐)•皆(모두 개)•可(가할 가)•得(알 득)•而(말이을 이)•書(쓸 서)•矣(어조사 의)

정음해례28ㄴ

命詳加解釋。以喩諸人。於是。臣
與集賢殿應敎臣崔恒。副校理
臣朴彭年。臣申叔舟。修撰臣成
三問。敦寧府注簿臣姜希顔。行
集賢殿副修撰臣李塏。臣李善
老等。謹作諸解及例。以敍其梗
槩。庶使觀者不師而自悟。若其
淵源精義之妙。則非臣等之所

命詳加解釋, 以喩諸人. 於是, 臣 [정음해례28ㄴ:1_정인지서]

與集賢殿應°敎臣崔恒, 副校理 [정음해례28ㄴ:2_정인지서]

臣朴彭年, 臣申叔舟, 修撰臣成 [정음해례28ㄴ:3_정인지서]

三問, 敦寧府注簿臣姜希顔, 行 [정음해례28ㄴ:4_정인지서]

集賢殿副修撰臣李塏, 臣李善 [정음해례28ㄴ:5_정인지서]

老等, 謹作諸解及例, 以敍其梗 [정음해례28ㄴ:6_정인지서]

槩. 庶使觀者不師而自悟. 若其 [정음해례28ㄴ:7_정인지서]

淵源精義之妙, 則非臣等之所 [정음해례28ㄴ:8_정인지서]

드디어 임금께서 상세한 풀이를 더하여 모든 사람을 깨우치도록 명하셨다. 이에 신이 집현전 응교 최항과 부교리 박팽년과 신숙주, 수찬 성삼문과 돈녕부 주부 강희안, 행 집현전 부수찬 이개와 이선로 등과 더불어 삼가 여러 가지 풀이와 보기를 지어서, 그것을 간략하게 서술하였다. 바라건대 이 책을 보는 사람은 스승 없이도 스스로 깨치도록 하였다.
그 근원과 정밀한 뜻은 신묘하여 신하 된 자들로서는 감히 밝혀 보일 수 없다.

수명상가해석　　이유저인
359. 遂命詳加解釋하여 以喩諸人하시니라.

[정음해례28ㄱ:8-28ㄴ:1_정인지서]

드디어 임금께서 상세한 풀이를 더하여 모든 사람을 깨우치도록 명하셨다.

遂(드디어 수)•命(목숨 명)•詳(자세할 상)•加(더할 가)•解(풀 해)•釋(풀 석)•以(써 이)•喩(깨우칠 유)•諸(모두 제)•人(사람 인)

어시　신여집현전응　교신최항　부교리신박팽년　신신숙주
360. 於是에 臣與集賢殿應°敎臣崔恒, 副校理臣朴彭年, 臣申叔舟,
수찬신성삼문　돈녕부주부신강희안　행집현전부수찬신이개
修撰臣成三問, 敦寧府注簿臣姜希顔, 行集賢殿副修撰臣李塏,
신이선로등　근작제해급례　이서기경개
臣李善老等, 謹作諸解及例, 以叙其梗槪하니라.

[정음해례28ㄴ:1-7_정인지서]

이에 신이 집현전 응교 최항과 부교리 박팽년과 신숙주, 수찬 성삼문과 돈녕부 주부 강희안, 행 집현전 부수찬 이개와 이선로 등과 더불어 삼가 여러 가지 풀이와 보기를 지어서, 그것을 간략하게 서술하였다.

於(어조사 어)•是(이 시)•臣(신하 신)•與(더불어 여)•集(모을 집)•賢(어질 현)•殿(전각 전)•應°(응할 응)•敎(가르칠 교)•臣(신하 신)•崔(성씨 최)•恒(항상 항)•副(버금 부)•校(헤아릴 교)•理(이치 리)•臣(신하 신)•朴(성씨 박)•彭(나라이름 팽)•年(해 년)•臣(신하 신)•申(성씨 신)•叔(가운데 숙)•舟(배 주)•修(닦을 수)•撰(지을 찬)•臣(신하 신)•成(성씨 성)•三(석 삼)•問(물을 문)•敦(도타울 돈)•寧(편안할 녕)•府(마을 부)•注(기록 주)•簿(문서 부)•臣(신하 신)•姜(성씨 강)•希(바랄 희)•顔(낯 안)•行(갈 행)•集(모을 집)•賢(어질 현)•殿(전각 전)•副(버금 부)•修(닦을 수)•撰(지을 찬)•臣(신하 신)•李(성씨 이)•塏(높은땅 개)•臣(신하 신)•李(성씨 이)•善(착할 선)•老(사람이름 로)•等(무리 등)•謹(삼갈 근)•作(지을 작)•諸(모두 제)•解(풀 해)•及(및 급)•例(보기 례)•以(써 이)•叙(펼 서)•其(그 기)•梗(대개 경)•槪(대개 개)

서 사 관 자 　 불 사 이 자 오

361. 庶使觀者로 不師而自悟니라. [정음해례28ㄴ:7_정인지서]

바라건대 이 책을 보는 사람은 스승 없이도 스스로 깨치도록 하였다.

庶(바라건대 서)•使(하여금 사)•觀(볼 관)•者(사람 자)•不(아니 불)•師(스승 사)•而(말이을 이)•自(스스로 자)•悟(깨칠 오)

약 기 연 원 정 의 지 묘 　 즉 비 신 등 지 소 능 발 휘 야

362. 若其淵源精義之妙는 則非臣等之所能發揮也니라.

[정음해례28ㄴ:7-8-29ㄱ:1_정인지서]

그 근원과 정밀한 뜻은 신묘하여 신하 된 자들로서는 감히 밝혀 보일 수 없다.

若(같을 약)•其(그 기)•淵(근원 연)•源(근원 원)•精(자세할 정)•義(뜻 의)•之(어조사 지)•妙(묘할 묘)•則(곧 즉)•非(아닐 비)•臣(신하 신)•等(무리 등)•之(어조사 지)•所(바 소)•能(능할 능)•發(필 발)•揮(휘두를 휘)•也(어조사 야)

정음해례29ㄱ

能發揮也。恭惟我
殿下。天縱之聖。制度施爲超越
百王。正音之作。無所祖述。而成
於自然。豈以其至理之無所不
在。而非人爲之私也。夫東方有
國。不爲不久。而開物成務之
大智。蓋有待於今日也歟。正統
十一年九月上澣。資憲大夫禮

能發揮也. 恭惟我 [정음해례29ㄱ:1_정인지서]

殿下, 天縱之聖, 制度施爲超越 [정음해례29ㄱ:2_정인지서]

百王. 正音之作, 無所祖述, 而成 [정음해례29ㄱ:3_정인지서]

於自然. 豈以其至理之無所不 [정음해례29ㄱ:4_정인지서]

在, 而非人爲之私也. ｡夫東方有 [정음해례29ㄱ:5_정인지서]

國, 不爲不久, 而開物成務之 [정음해례29ㄱ:6_정인지서]

大智, 盖有待於今日也歟. 正統 [정음해례29ㄱ:7_정인지서]

十一年九月上澣. 資憲大夫禮 [정음해례29ㄱ:8_정인지서]

공손히 생각하옵건대 우리 전하는 하늘이 내리신 성인으로서 지으신 법도와 베푸신 업적이 모든 임금들을 뛰어넘으셨다.

정음 창제는 앞선 사람이 이룩한 것에 따른 것이 아니요, 자연의 이치를 따른 것이다. 참으로 그 지극한 이치가 없는 곳이 없으니, 사람의 힘으로 사사로이 한 것이 아니다. 무릇 동방에 나라가 있은 지가 꽤 오래되었지만, 만물의 뜻을 깨달아 모든 일을 온전하게 이루게 하는 큰 지혜는 오늘을 기다리고 있었던 것이다.

정통 11년(세종 28년, 1446년) 9월 상순.

공 유 아 전 하　천 종 지 성　제 도 시 위 초 월 백 왕

363. 恭惟我殿下는 天縱之聖으로 制度施爲超越百王이시니라.

[정음해례29ㄱ:1-3_정인지서]

공손히 생각하옵건대 우리 전하는 하늘이 내리신 성인으로서 지으신 법도와 베푸신 업적이 모든 임금들을 뛰어넘으셨다.

恭(공손할 공)•惟(생각할 유)•我(나 아)•殿(전각 전)•下(아래 하)•天(하늘 천)•縱(종용할 종)•之(어조사 지)•聖(성인 성)•制(만들 제)•度(법도 도)•施(베풀 시)•爲(될 위)•超(뛰어넘을 초)•越(넘을 월)•百(일백 백)•王(임금 왕)

정 음 지 작　무 소 조 술　이 성 어 자 연

364. 正音之作이 無所祖述이요 而成於自然이니라.

[정음해례29ㄱ:3-4_정인지서]

정음 창제는 앞선 사람이 이룩한 것에 따른 것이 아니요, 자연의 이치를 따른 것이다.

正(바를 정)•音(소리 음)•之(어조사 지)•作(지을 작)•無(없을 무)•所(바 소)•祖(조상 조)•述(펼 술)•而(말이을 이)•成(이룰 성)•於(어조사 어)•自(스스로 자)•然(그럴 연)

기 이 기 지 리 지 무 소 부 재　이 비 인 위 지 사 야

365. 豈以其至理之無所不在요, 而非人爲之私也니라.

[정음해례29ㄱ:4-5_정인지서]

참으로 그 지극한 이치가 없는 곳이 없으니, 사람의 힘으로 사사로이 한 것이 아니다.

豈(어찌 기)•以(써 이)•其(그 기)•至(지극할 지)•理(이치 리)•之(어조사 지)•無(없을 무)•所(바 소)•不(아니 부)•在(있을 재)•而(말이을 이)•非(아닐 비)•人(사람 인)•爲(할 위)•之(어조사 지)•私(사사로울 사)•也(어조사 야)

부 동 방 유 국　불 위 불 구　이 개 물 성 무 지 대 지　개 유 대

366. 。夫東方有國이 不爲不久이지만 而開物成務之大智는 盖有待

어 금 일 야 여

於今日也欤니라. [정음해례29ㄱ:5-7_정인지서]

무릇 동방에 나라가 있은 지가 꽤 오래되었지만, 만물의 뜻을 깨달아 모든 일을 온전하게 이루게 하는 큰 지혜는 오늘을 기다리고 있었던 것이다.

。夫(무릇 부)•東(동녘 동)•方(나라 방)•有(있을 유)•國(나라 국)•不(아니 불)•爲(될 위)•不(아니 불)•久(오랠 구)•而(말이을 이)•開(열 개)•物(물건 물)•成(이룰 성)•務(힘쓸 무)•之(어조사 지)•大(큰 대)•智(슬기 지)•盖(대개 개)•有(있을 유)•待(기다릴 대)•於(어조사 어)•今(이제 금)•日(날 일)•也(어조사 야)•欤(어조사 여)16

정 통 십 일 년 구 월 상 한

正統十一年九月上澣 [정음해례29ㄱ:7-8_정인지서]

정통 11년(세종 28년, 1446년) 9월 상순.

正(바를 정)•統(거느릴 통)•十(열 십)•一(한 일)•年(해 년)•九(아홉 구)•月(달 월)•上(위 상)•澣(열흘 한)

---

16 '欤'는 '歟(어조사 여)'와 같은 한자다.

정음해례29ㄴ

曹判書集賢殿大提學知春秋
館事 世子右賓客 臣 鄭麟趾
拜手稽首謹書

訓民正音

曹判書集賢殿大提學知春秋 [정음해례29ㄴ:1_정인지서]

館事 世子右賓客臣鄭麟趾 [정음해례29ㄴ:2_정인지서]

拜手°稽首謹書 [정음해례29ㄴ:3_정인지서]

訓民正音 [정음해례29ㄴ:8_권미제]

자헌대부 예조판서 집현전 대제학 지춘추관사 세자우빈객 정인지는 두 손 모아 머리 숙여 삼가 쓰옵니다.[17]

자 헌 대 부 예 조 판 서 집 현 전 대 제 학 지 춘 추 관 사 세 자 우 빈 객 신 정
資憲大夫禮曺判書集賢殿大提學知春秋館事 世子右賓客臣鄭
인 지 배 수 계 수 근 서
麟趾拜手°稽首謹書 [정음해례29ㄱ:8-29ㄴ:1-3_정인지서]

자헌대부 예조판서 집현전 대제학 지춘추관사 세자우빈객 정인지는 두 손 모아 머리 숙여 삼가 쓰옵니다.

資(재물 자)•憲(법 헌)•大(큰 대)•夫(무릇 부)•禮(예도 예)•曺(관청 조)•判(판단할 판)•書(글 서)•集(모을 집)•賢(어질 현)•殿(전각 전)•大(큰 대)•提(끌 제)•學(배울 학)•知(알 지)•春(봄 춘)•秋(가을 추)•館(관사 관)•事(일 사)•世(인간 세)•子(아들 자)•右(오른쪽 우)•賓(손 빈)•客(손 객)•臣(신하 신)•鄭(성씨 정)•麟(기린 린•인)•趾(발 지)•拜(절 배)•手(손 수)•°稽(조아릴 계)•首(머리 수)•謹(삼갈 근)•書(쓸 서)

17 "머리 숙여 삼가 쓰다."라고 번역해도 되지만, 신하가 임금께 바치는 분위기를 살리기 위해 이 부분만 고어체로 번역하였다.

《훈민정음》 해례본 영문 번역

Correct Sounds for the Instruction of the People
(Hunminjeongeum)

Part 1. Correct Sound(정음)

Preface by King Sejong(세종 서문)

1. The speech of our country is different from Chinese and as a result does not coordinate well with written Chinese characters.
2. Therefore, even if the ignorant masses have something to say, there are many people who are unable to express it in writing.
3. Finding this pitiful, I have created new twenty-eight letters, no more than to make it convenient for all people to easily learn and use them in their daily life.

Definition and Examples of the basic Consonants and Vowels(예의)

The initial consonant letter font and pronunciation

4. ㄱ/k/ Molar sound(velar consonant), like the first sound of the character '군(君)' /kun/.

5. When written consecutively it is like the first sound of the character '뀨(虯)' /k'ju/.

6. ㅋ/k^h/ Molar sound(velar consonant), like the first sound of the character '쾌(快)' /k^{h}waj/.

7. ㆁ/ŋ/ Molar sound(velar consonant), like the first sound of the character 'ᅌᅥᆸ(業)'/ŋəp/.

8–9. ㄷ/t/ Lingual sound(alveolar consonant), like the first sound of the character '두(斗)' /tu/. When written consecutively it is like the first sound of the character 'ᄄᆞᆷ(覃)' /t'am/.

10. ㅌ/t^h/ Lingual sound(alveolar consonant), like the first sound of the character 'ᄐᆞᆫ(呑)'/t^{h}ʌn/.

11. ㄴ/n/ Lingual sound(alveolar consonant), like the first sound of the character '나(那)'/na/.

12–13. ㅂ/p/ Lip sound(labial consonant), like the first sound of the character '볃(彆)' /pjət/. When written consecutively it is like the first sound of the character '뽀(步)' /p'o/.

14. ㅍ/p^h/ Lip sound(labial consonant), like the first sound of the character '표(漂)'/p^{h}jo/.

15. ㅁ/m/ Lip sound(labial consonant), like the first sound of the character '미(彌)'/mi/.

16–17. ㅈ/ts/ Teeth sound(alveolar consonant), like the first sound of the character '즉(卽)'/tsɨk/. When written consecutively it is like the first sound of the character 'ᄍᆞ(慈)'/ts'ʌ/.

18. ㅊ/ts^h/ Teeth sound(alveolar consonant), like the first sound of the character '침(侵)'/ts^{h}im/.

19–20. ㅅ /s/ Teeth sound(alveolar consonant), like the first sound of the character '슗(戌)'/sjut/. When written consecutively it is like the first sound of the character 'ᄽᅣ(邪)' /s'ja/.

21. ㆆ /ʔ/ Guttural sound(laryngeal consonant), like the first sound of the character 'ᅙᅳᆸ(挹)' /ʔɨp/.

22–23. ㅎ /h/ Guttural sound(laryngeal consonant), like the first sound of the character '허(虛)' /hə/. When written consecutively it is like the first sound in the character 'ᅘᅩᇰ(洪)' /xoŋ/.

24. ㅇ /ɦ/ Guttural sound(laryngeal consonant), like the first sound of the character '욕(欲)' /ɦjok/.

25. ㄹ /ɾ/ Semi-lingual sound(lateral consonant), like the first sound of the character '려(閭)' /ɾjə/.

26. ㅿ /z/ Semi-teeth(semi-alveolar consonant), like the first sound of the character 'ᅀᅣᇰ(穰)' /zjaŋ/.

The middle vowel letter font and pronunciation

27. ㆍ /ʌ/ Like the middle sound of the character 'ᄐᆞᆫ(呑)'/t^hʌn/.

28. ㅡ /ɨ/ Like the middle sound of the character '즉(即)'/tsɨk/.

29. ㅣ /i/ Like the middle sound of the character '침(侵)'/ts^him/.

30. ㅗ /o/ Like the middle sound of the character 'ᅘᅩᇰ(洪)'/xoŋ/.

31. ㅏ /a/ Like the middle sound of the character '땀(覃)'/t'am/.

32. ㅜ /u/ Like the middle sound of the character '군(君)'/kun/.

33. ㅓ /ə/ Like the middle sound of the character '업(業)'/ŋəp/.

34. ㅛ /jo/ Like the middle sound of the character '욕(欲)'/ɦjok/.

35. ㅑ /ja/ Like the middle sound of the character 'ᅀᅣᇰ(穰)'/zjaŋ/.

36. ㅠ /ju/ Like the middle sound of the character '슗(戌)'/sjut/.

37. ㅕ /jə/ Like the middle sound of the character '볋(彆)'/pjət/.

Writing the final consonant letter

38. The final consonant letters are the same as those used for the initial con-

sonant letters.

Writing the light labial sound

39. If ㅇ /ɦ/ is written immediately after a lip sound(labial consonant), it becomes a light lip sound(light labial consonant).

Writing the consonant characters laterally attached

40. If initial consonant letters are combined, they are written side by side, the same goes for final consonant letters.

Writing the middle vowel attached

41. "ㆍ/ʌ/ ㅡ/ɨ/ ㅗ/o/ ㅜ/u/ ㅛ/jo/ ㅠ/ju/" are attached below initial consonant letters.
42. "ㅣ/i/ ㅏ/a/ ㅓ/ə/ ㅑ/ja/ ㅕ/jə/" are written to the right of initial consonant letters.

Combining to form syllables

43. In general, letters must always be combined to form syllables.

Drawing a dot on the left indication tone

44. One dot on the left of the character indicates a high tone, two dots indicate a rising tone, and no dots indicate an even tone.
45. As for the falling tone, the dots have the same meaning, but the pronunciation is faster.

Part 2. Explanation and Examples of the "The Correct Sounds for the Instruction of the People"(정음해례)

Explanation of the Designs of the Letters(제자해)

The Way of Heaven, Earth and the principle of the speech sounds

46. The Way of Heaven and Earth is only one, that of the interacting principles of Yin(陰, shadow) and Yang(陽, light) and the Five Elements.

47. In between Gon(☷, Terra) and Bok(䷗, Return) there is the Great Absolute, and motion and stillness are followed by the formation of Yin and Yang.

48. Out of all the living things, what can exist without Yin and Yang?

49. Accordingly, the speech sounds of humans are also governed by Yin and Yang, though people do not take careful notice of this.

50. The creation of this Jeongeum("Correct Sounds") has not arisen from a difficult task requiring wisdom, rather it is simply the result of persistent research of the principle of the speech sounds.

51. The principle is not two, but one; thus, it must be used by both spirits of Heaven and of Earth.

Creating principle of 17 initial consonant letters

52. All of the 28 letters are made according to the shape of their respective sound.

53. There are 17 initial consonant letters.

54. The molar sound(velar consonant) letter ㄱ/k/ resembles the blocking of the throat with the back of the tongue.

55. The lingual sound letter ㄴ/n/ resembles the tongue touching the upper gums(teeth-ridge).

56. The lip sound(labial consonant) letter ㅁ/m/ resembles the shape of the mouth.

57. The teeth sound(alveolar consonant) ㅅ/s/ resembles the shape a tooth.

58. The guttural sound(laryngeal consonant) ㅇ/ɦ/ the shape of the throat.

59. The sound of ㅋ/kʰ/ is more strongly pronounced than ㄱ/k/ so one more stroke is added to the character.

60. According to this system ㄷ/t/ comes from ㄴ/n/, ㅌ/tʰ/ comes from ㄷ/t/, ㅂ/p/ from ㅁ/m/, ㅍ/pʰ/ from ㅂ/p/, ㅈ/ts/ from ㅅ/s/, ㅊ/tsʰ/, from ㅈ/ts/, ㆆ/ʔ/ from ㅇ/ɦ/ and ㅎ/h/ from ㆆ/ʔ/, as a stroke is added to signify stronger pronunciation, with the exception of ㆁ/ŋ/.

61. The semi-lingual sound(semi-alveolar consonant) ㄹ/ɾ/ and the semi-teeth sound(semi-alveolar consonant) ㅿ/z/ are made to resemble the shape of the tongue and tooth respectively, so the meaning of adding one stroke does not apply because it follows a different system of forming characters than the above system.

The initial consonant letter's phonetic science and properties of the Yin-Yang and Five-Elements

62. Generally speaking the sounds of humans are based on the Five Elements(Water, Fire, Earth, Metal, Wood).

63. Therefore, they are in accordance with the four seasons and the Eastern pentatonic scale.

64. The throat is deep and moist, thus as one of the Five Elements it is regarded as Water.

65. Just as water is clear and flows freely, the sound that comes from the throat is free and unhindered.

66. As one of the seasons it is winter, and is the octave of "U" on the Eastern pentatonic scale.

67. Molar teeth are long and uneven, and are thus recognized as Wood among the Five Elements.

68. The molar sound(velar consonant) is similar to the guttural sound but is fuller and has form, like a tree which arises from water.

69. As a season it is spring, and is the octave of "Gak" on the Eastern pentatonic scale.

70. The tongue moves quickly and is thus regarded as Fire among the Five Elements.

71. The sound of the tongue rolls and flies like a fire blazes and flares up.

72. As a season it is summer, and is the octave of "Chi" on the Eastern pentatonic scale.

73. Teeth are strong and edged, and are regarded as Metal as one of the Five Elements.

74. The teeth sound(alveolar consonant) is high and compressed just as metal is crushed and remade.

75. As a season it is fall, and is the octave of "Sang" on the Eastern pentatonic scale.

76. The lips are square and joined, and are regarded as Earth as one of the Five Elements.

77. The lip sound(labial consonant) is full and broad just as the Earth is, which contains all things.

78. As a season it is late summer, and is the octave of "Gung" on the Eastern pentatonic scale.

Properties of the vocal organs and the Yin-Yang and Five-Elements

79. Water is the source of all life and fire is the process by which things are created. As such, they are the most important of the Five Elements.

80. The throat is the gate from which all sounds come and the tongue is the organ which distinguishes sounds, thus making the guttural and lingual sounds(alveolar consonant) the most important among the five sounds.

81. The throat is the furthest back, followed by the molars; they are the North and East.

82. The tongue and teeth are next; they are the South and West.

83. The lips are final; Earth does not have any fixed direction but it contributes to the flourishing of the four seasons.

84. Thus, each initial consonant has its own directional number and corresponds to the Five Elements and Yin Yang.

Classification and properties from the perspective of sound quality of the initial consonant letter

85. Also, let's say about sounds as clarity and thickness.

86. "ㄱ/k/ㄷ/t/ㅂ/p/ㅈ/ts/ㅅ/s/ㆆ/ʔ/" are completely clear.

87. whereas "ㅋ/kʰ/ㅌ/tʰ/ㅍ/pʰ/ㅊ/tsʰ/ㅎ/h/" are partially clear.

88. and "ㄲ/k'/ㄸ/t'/ㅃ/p'/ㅉ/ts'/ㅆ/s'//h'/" are extremely thick.

89. "ㆁ/ŋ/ㄴ/n/ㅁ/m/ㅇ/ɦ/ㄹ/ɾ/ㅿ/z/" are neither clear nor thick.

90. ㄴ/n/ㅁ/m/ㅇ/ɦ/ are the least strong of the sounds and even though they are at the back of the order but they come first when forming letters.

91. ㅅ/s/ and ㅈ/ts/ are completely clear but ㅅ/s/ is less strong compared to ㅈ/ts/ and thus comes first when forming letters.

92. In regards to the molar sound(velar consonant) ㆁ/ŋ/, the back of the tongue blocks the throat so sound is produced through the nose, but the ㆁ/ŋ/ sound and the ㅇ/ɦ/ sound are similar so the Rhyming Dictionary often confuse the two sounds. ㆁ/ŋ/ is designed after the shape of the throat so it is not used for the beginning of molar sounds(velar consonant) letters.

93. The throat correlates to Water and the molar teeth correlate to Tree, ㆁ/ŋ/ is a molar sound(velar consonant) that is similar to ㅇ/ɦ/, just as tree sprouts which grow from water are soft and remain full of water.

94. Since ㄱ/k/ is based on the substance of a Tree, ㅋ/kʰ/ is like a tree which has flourished and grown dense, and ㄲ/k'/ is like a Tree that has fully matured and grown strong. All of these letters are formed according to the shape of the molars.

95. When completely clear letters are written side by side they become completely thick, meaning that the completely clear sounds become completely thick when coalesced.

96. However, for partially clear letters, only the guttural sounds(laryngeal consonants) become completely thick, this is because the sound of ㆆ/ʔ/ is too deep and cannot coalesce, whereas the sound of ㅎ/h/ is lighter and thus coalesces and becomes a completely thick sound.

Properties of the labial sound

97. When ㅇ/ɦ/ is written below a lip sound(labial consonant) it becomes softer. This is because the guttural sound(laryngeal consonant) is strong so the lips are momentarily closed.

Properties of the 17 middle vowel letters phoneme and the Yin-Yang and Five-Elements

98. As for middle vowel letters, there are eleven letters.

99. As for ㆍ/ʌ/, the tongue contracts and the sound is deep, like when Heaven opens at the hour of the Rat(11pm-1am).

100. The round shape of the character represents heaven.

101. ㅡ/ɨ/ is pronounced by slightly contracting the tongue, thus it is neither deep nor shallow, like when the earth opens at the hour of the Ox-(1am-3am).

102. The shape of the flat character is made to resemble the flatness of the earth.

103. As for ‘ㅣ/i/’, the tongue is not contracted so the sound is light, like when humans are born during the hour of the Tiger(3am-5am).

104. The vertical shape of the character resembles a human standing upright.

105. The following eight sounds are either nearly closed or wide open.

106. ㅗ/o/ is the same middle vowel(positive vowels) as ㆍ/ʌ/, but pronounced with pursed lips, the reason why the shape of ㆍ and ㅡ/ɨ/ are combined, because the shape resembles Heaven and Earth as they first interact.

107. ㅏ/a/ is the same middle vowel[positive vowels] as ㆍ/ʌ/, but pronounced with a wide open mouth, the reason why the shape is formed by joining ㅣ/i/ and ㆍ/ʌ/, meaning that all things come from Heaven and Earth, but wait upon humans for their completion.

108. ㅜ/u/ is the same middle vowel[negative vowels] as ㅡ/ɨ/, but pronounced with pursed lips, the reason why the shape is formed by joining ㅣ/i/ and ㆍ/ʌ/ which also represents the first interaction of Heaven and Earth.

109. ㅓ /ə/ is the same middle vowel[negative vowels] as ㅡ /ɨ/, but pronounced with a wide open mouth, the reason why the shape is formed by joining ㆍ /ʌ/ and ㅣ /i/ which again means that all things begin with Heaven and Earth, but wait upon humans for their completion.

Properties of primary vowel letters(monophthongs) and secondary vowel letters(diphthongs).

110. ㅛ /jo/ is the same middle vowel(positive vowels) as ㅗ /o/, but is pronounced by starting with ㅣ /i/.

111. ㅑ /ja/ is the same middle vowel(positive vowels) as ㅏ /a/, but is pronounced by starting with ㅣ /i/.

112. ㅠ /ju/ is the same middle vowel[negative vowels] as ㅜ /u/, but is pronounced by starting with ㅣ /i/.

113. ㅕ /jə/ is the same middle vowel[negative vowels] as ㅓ /ə/, but is pronounced by starting with ㅣ /i/.

114. ㅗ /o/ ㅏ /a/ ㅜ /u/ ㅓ /ə/ originate from Heaven and Earth and are thus primary letters.

115. ㅛ /jo/ ㅑ /ja/ ㅠ /ju/ ㅕ /jə/ begin with ㅣ /i/, and thus correspond to humans, making them secondary letters.

116. ㅗ /o/ ㅏ /a/ ㅜ /u/ ㅓ /ə/ have one dot, meaning they were created first and are the primary letters.

117. ㅛ /jo/ ㅑ /ja/ ㅠ /ju/ ㅕ /jə/ have two dots, meaning they were created second and are secondary letters.

118. The dots of ㅗ /o/ ㅏ /a/ ㅛ /jo/ ㅑ /ja/ are on the upper side or outside, meaning they come from Heaven and are equated with Yang.

119. The dots of ㅜ /u/ ㅓ /ə/ ㅠ /ju/ ㅕ /jə/ are on the bottom or inside, meaning they come from Earth and are equated with Yin.

120. ㆍ /ʌ/ is part of all eight letters just like Yang leading Yin and going through all things.

121. ㅛ /jo/ ㅑ /ja/ ㅠ /ju/ ㅕ /jə/ are all combined through humans(ㅣ), who being lord over all things are capable of participating with Yin and Yang.

Numbering properties of the middle vowel letter and the Yin-Yang and Five-Elements

122. Because these letters ' •, ㅡ, ㅣ' are created from the forms of Heaven, Earth and Humans, they contain the principle of the Three Elements.

123. Therefore, just as the Tree Elements are the source of all things, and Heaven is first among the Three Elements • /ʌ/ ㅡ /ɨ/ ㅣ /i/ are the head of the eight letters, with • /ʌ/ as first among the three.

124. ㅗ /o/ was first to come from Heaven, the number of Heaven is 1 from which Water comes.

125. ㅏ /a/ follows, and the number of Heaven is 3 from which Tree comes.

126. Next ㅜ /u/ is which first comes from Earth, and Two is the number of Earth from which Fire comes.

127. ㅓ /ə/ comes next, and Four is the number of Earth from which Metal comes.

128. Next ㅛ /jo/ comes a second time from Heaven, and the number of Heaven is 7, at which Fire is made complete.

129. ㅑ /ja/ is next, and 9 is the number of Heaven at which Metal is made complete.

130. ㅠ /ju/ comes a second time from Earth, and 6 is the number of Earth at which Water is made complete.

131. Next is ㅕ /jə/, and 8 is the number of Earth at which Tree is made complete.

132. Because Water(ㅗ /o/ ㅠ /ju/) and Fire(ㅜ /u/ ㅛ /jo/) cannot be separated from the spirit and are at the interacting origin of Yin and Yang, they are almost closed.

133. Because Tree(ㅏ /a/ ㅕ /jə/) and Metal(ㅓ /ə/ ㅑ /ja/) are firmly fixed on the foundation of Yin and Yang, they are open.

134. • /ʌ/ the number of Heaven is 5 and the place from which Earth comes.

135. ㅡ /ɨ/ the number of Earth is 10, at which Earth is made complete.

136. Only ' ㅣ /i/' has no place or number because for people in general limitless truth, the vital energy of Yin and Yang, and the Five Elements are coalesced and in marvelous harmony, so their place and number cannot be

ascertained.

137. Accordingly, the middle sounds naturally contain Yin and Yang, the Five Elements and directional numbers.

Comparing the middle vowel letter and the initial consonant letter

138. Let's compare initial consonants and middle vowels.

139. The Yin and Yang of the middle vowels are the way of Heaven.

140. The hardness and softness of the initial consonants are the way of the Earth.

141. If one of the middle vowels is deep then the other is shallow, if one is pursed then the other is open, as this follows the division of Yin and Yang and the provision of the force of the Five Elements is the function of Heaven.

142. As for the initial consonants, some are empty and some are solid, some are blown and some are blocked, and as some are heavy others are light. Thus, exactly like initial consonants, hardness and softness is made evident so the completion of the foundation of the Five Elements is the achievement of Earth.

143. As middle vowels are deep or shallow and pursed or expressed they come out first, and as the Five Sounds of initial consonants are clear or unclear they follow as both initial and again as end consonants.

144. This is indicated from how all things are born from the Earth and all things return to the Earth.

Meaning of the combining writing the Initial consonant letter, middle vowel letter, final consonant letter

145. Like the combination of initial, middle and final letters to make characters, motion and stillness become mutual roots with the meaning of Yin and Yang which are mutually transforming.

146. Movement is Heaven, stillness is Earth.

147. Movement and stillness together are humans.

148. Generally, the Five Elements are the movement of the cosmos in Heaven, the fulfillment of substance on Earth, and for humans they are benevolence, courtesy, sincerity, righteousness, and wisdom as the movement of the cosmos and the liver, heart, spleen, lung and kidney as the fulfillment of substances.

149. The initial consonants hold the meanings of movement and prospering, thus they are the work of Heaven.

150. The final consonants hold the meaning of fixation and stillness and thus they are the work of Earth.

151. As for the middle vowels, they follow the emergence of the initial consonants and the completion of the final consonants, thus combined, they are the work of humans.

152. The middle vowels are the most important since they join the initial consonants and final consonants to form syllables.

153. Likewise, all things are born of and built upon Heaven and Earth but making them useful and mutually beneficial depends entirely on humans.

154. As for the use of initial letters again as final consonants, Yang is dynamic so it is Heaven, Yin is static so it is also Heaven, and Heaven, though in reality is actually divided between Yin and Yang because it is the sovereign which presides and rules over all things.

155. The spirit flows universally and endlessly; the four seasons are in an endless cycle, the end of all things is again the start of all things, just as spring comes again from winter.

156. In the same way, initial consonants again become final consonants and final consonants again become first consonants.

Admiration of Hunminjeongeum's principles and praise for King Sejong the Great, who created Hunminjeongeum

157. Ah, the creation of Jeongeum contains the principles of all the things of Heaven and Earth; Jeongeum is so mysterious.

158. It is certainly as if the mind of King Sejong the Great was opened by Heaven; it is clear that Heaven has lent a helping hand.

Summarizing verse for Explanation of the Designs of the Letters

159. The harmony of Heaven and Earth is originally the spirit of one
Yin-Yang and the Five Elements mutually become the beginning and the end.

160. All things between Heaven and Earth have form and sound
As for the origin, it is not both but through principle and number.

161. When the characters for Jeongeum were made, they were made according to their form
Following the intensity of the sound one more stroke is added.

162. The sounds come from the molars, tongue, mouth, teeth, and throat
From here seventeen initial sound letters come.

163. The molar sound(velar consonant) character follows the appearance of the back of the tongue blocking the throat
Only ㆁ/ŋ/ and ㅇ/ɦ/ are similar but assume different meanings.

164. The lingual sound character follows the shape of the tongue touching the upper teeth ridge
The labial sound character assumed the shape of the mouth.

165. The teeth sound(alveolar consonant) character and the guttural sound follows the shape of the teeth and throat
If one knows the meaning of these five letters the principle behind these sounds are revealed.

166. There are also semi-lingual(semi-alveolar) sound(ㄹ) and the semi-teeth(semi-alveolar) sound(ㅿ) letters
The imitations are similar but their structure is seemingly different.

167. The sounds of "ㄴ/n/ㅁ/m/ㅅ/s/ㅇ/ɦ/" are not strong
Even though final in order, they are first when forming characters.

168. Matching these letters with the four seasons and the force of Heaven and Earth
There is nothing that does not harmonize with the Five Elements and Five Sounds.

169. The guttural sound is Water as one of the Five Elements, winter as a season, and "U" as one of the sounds on the Eastern pentatonic scale
The molar sound(velar consonant) is Tree as one of the Five Elements, spring as a season, and "Gak" as one of the sounds on the Eastern penta-

tonic scale.

170. The lingual sound is "Chi" as one of the sounds on the Eastern pentatonic scale, summer as a season and Fire as one of the Five Elements
The teeth sound(alveolar consonant) is "Sang" on the Eastern pentatonic scale, winter as a season and Metal as one of the Five Elements.

171. While the labial sound originally does not have a determined direction or number
It is Earth as one of the Five Elements, late summer as one of the seasons and "Gung" as one of the sounds on the Eastern pentatonic scale.

172. The sounds of speech are naturally both clear and thick
The important thing is when the first sound comes out they must be carefully observed and considered.

173. As "ㄱ/k/ ㄷ/t/ ㅂ/p/" are completely clear sounds
So too the sounds of "ㅈ/ts/ ㅅ/s/ ㆆ/ʔ/" are completely clear sounds.

174. The similar thing for "ㅋ/k^h/ ㅌ/t^h/ ㅍ/p^h/ ㅊ/ts^h/ ㅎ/h/" is that
Of the five sounds each one is a slightly less clear sound.

175. As "ㄲ/k'/ ㄸ/t'/ ㅃ/p'/" are completely thick sounds
So too are "ㅉ/ts'/ ㅆ/s'/" and "ㆅ/x/".

176. If completely clear letters are written side by side they become completely thick letters
But 'ㆅ/x/' which comes from 'ㅎ/h/' is different.

177. As for "ㆁ/ŋ/ ㄴ/n/ ㅁ/m/ ㅇ/ɦ/"and "ㄹ/ɾ/ ㅿ/z/"
Their sound is neither clear nor thick.

178. If ㅇ/ɦ/ is written underneath a labial sound letter it becomes a light labial sound
The guttural sound becomes stronger and the lips come together lightly.

179. There are 11 middle vowels and they are also modeled after their form
Their deep meaning cannot be inferred easily yet.

180. • /ʌ/ is modeled after heaven and the sound is the deepest
So the round form looks like a bullet.

181. ㅡ /ɨ/ is not deep nor light
Its flat shape is modeled after the earth.

182. ㅣ/i/ is modeled after a standing person so its sound is light
Herein the principle of the Three Elements is present.

183. ㅗ /o/ comes from Heaven(ㆍ /ʌ/) so it is almost closed
Its shape follows the roundness of Heaven's harmony with the flatness of Earth.

184. ㅏ /a/ again comes from Heaven so it is opened wide
As all things come to life, they are made complete by humans.

185. The single round dot means original birth
Coming from Heaven it is Yang, so it is placed on the topside and the outside.

186. As ㅛ /jo/ ㅑ /ja/ unites humans they become another again
One can see this meaning in the shape of the two round dots.

187. As ㅜ /u/ and ㅓ /ə/ and ㅠ /ju/ and ㅕ /jə/ come from Earth
As can be understood from the examples, why then explain something that is naturally understood?

188. As ㆍ /ʌ/ is found in all 8 letters
Only the action of Heaven universally flows to all places.

189. The four sounds(ㅛ /jo ㅑ /ja/ ㅠ /ju/ ㅕ /jə/) contain humans and there is reason
Humans(ㅣ /i/) take part in Heaven and Earth as they are supreme.

190. Also, if one observes the profound principle of the three sounds(initial, middle and final)
Hard and soft, Yin and Yang are naturally present.

191. The middle vowels according to the action of Heaven are divided into Yin and Yang
The initial sounds represent hardness and softness which are the merits of Earth.

192. If a middle sound is called an initial sound answers in kind
The existence of Heaven before Earth is the principle of nature.

193. The thing that answers may be an initial sound or a final sound
All things come from Earth and again return to the Earth.

194. If Yin changes it becomes Yang and if Yang changes it becomes Yin
Movement and stillness become the root of each other.

195. As initial sounds have the meaning of coming back to life
They become the movement of Yang and so become the governor of Heaven.

196. As the final sound is compared with Earth, it means the motionlessness of Yin
The sound of the letter ceases here and so is fixed.

197. The essence of making syllables is the function of the middle sound(vowel)
For through them humans can assist in the harmony of Heaven and Earth.

198. The operation of Yang is through Yin
When it is fully complete and unfolds it returns again.

199. Even as the initial sound and final sound are divided into Heaven and Earth
One can know the meaning of using the initial sound as a final sound.

200. Jeongeum only has 28 letters
Yet as one studies their deepness and complexity they can uncover the key point.

201. The meaning is profound yet the language is accessible so the common people can be taught easily
As a gift from Heaven by what wisdom and skill has this been done?

Explanation of Initial Sounds(초성해)

Meaning of the initial consonant letter and examples

202. The initial consonants of Jeongeum are namely the initial sounds of the Chinese phonological dictionary(the Rhyming Dictionary).

203. As a result of this the voice became the base, thus being referred to as the mother.

204. In regards to the molar sound(velar consonant), ㄱ/k/ is the initial sound of the letter '군' /kun/, so 'ㄱ' /k/ and ᅟᅮᆫ/un/ join to become '군' /kun/.

205. The initial sound of '쾌' /k^{h}waj/ is ㅋ/k^h/, so ㅋ/k^h/ and ᅟᅫ/waj/ join to become 쾌/k^{h}waj/.

206. The initial sound of '뀨' /k'yu/ is ㄲ/k'/, so ㄲ/k'/ and ᅟᅲ/ju/ are joined, becoming 뀨/k'ju/.

207. ㆁ/ŋ/ is the initial sound of 업/ŋəp/, which is the same as ㆁ/ŋ/ and 업/əp/ are joined, becoming 업/ŋəp/.

208. The lingual sounds "ㄷ/t/ ㅌ/t^h/ ㄸ/t'/ ㄴ/n/", the labial sounds "ㅂ/p/ ㅍ/p^h/ ㅃ/p'/ ㅁ/m/", the teeth(alveolar) sounds "ㅈ/ts/ ㅊ/ts^h/ ㅉ/ts'/ ㅅ/s/ ㅆ/s'/" and the guttural sounds "ㆆ/ʔ/ ㅎ/h/ ㆅ/x/ ㅇ/ɦ/" as well as the semi-lingual and the semi teeth(alveolar) sounds "ㄹ/ɾ/ ㅿ/z/" all have the same principle.

Summarizing verse for Explanation of Initial Sounds

209. The sounds of "ㄱ/k/ ㅋ/k^h/ ㄲ/k'/ ㆁ/ŋ/" are the molar sounds(velar consonants)
The lingual sounds are "ㄷ/t/ ㅌ/t^h/" and "ㄸ/t'/ ㄴ/n/".

210. "ㅂ/p/ ㅍ/p^h/ ㅃ/p'/ ㅁ/m/" are namely the labial sounds
Of the teeth(alveolar) sounds there are "ㅈ/ts/ ㅊ/ts^h/ ㅉ/ts'/ ㅅ/s/ ㅆ/s'/".

211. "ㆆ/ʔ/ ㅎ/h/ ㆅ/x/ ㅇ/ɦ/" are namely the guttural sounds
ㄹ/ɾ/ is a semi-lingual, ㅿ/z/ is semi-teeth(alveolar).

212. Twenty three letters become the initial sound
The existence of every sound is based on them.

Explanation of the Middle Sounds(중성해)

Function of the middle vowel letter and Example

213. The middle sounds are the sounds in the middle of a character so the initial sound and final sound are joined to form syllables.

214. The middle sound of 'ᄐᆞᆫ'/t^{h}ʌn/ is •/ʌ/, so •/ʌ/ between ㅌ/t^h/ and ㄴ/n/ becomes 'ᄐᆞᆫ/t^{h}ʌn/'.

215. The middle sound of '즉/tsɨk/' is ㅡ/ɨ/, so when ㅡ/ɨ/ is placed between ㅈ/ts/ and ㄱ/k/ it becomes '즉/tsɨk/'.

216. The middle sound of '침'/ts^{h}im/ is ㅣ/i/, which is the same as ㅣ/i/ between ㅊ/ts^h/ and ㅁ/m/ becomes '침/ts^{h}im/'.

217. "ㅗ /o/ ㅏ /a/ ㅜ /u/ ㅓ /ə/ ㅛ /jo/ ㅑ /ja/ ㅠ /ju/ ㅕ /jə/" of "홍 /xoŋ/· 땀 /t'am/· 군 /kun/· 업 /ŋəp/· 욕 /jok/· 샹 /zjaŋ/· 슏 /sjut/· 볃 /pjət/" all follow this same principle.

Writing laterally attached the middle vowel letters

218. When two letters are combined and written, ㅗ /o/ and ㅏ /a/ equally come out of • /ʌ/[positive vowels], so they are joined to become ㅘ /wa/.

219. ㅛ /jo/ and ㅑ /ja/ come from ㅣ /i/, so they combine to form ㆇ /joja/.

220. ㅜ /u/ and ㅓ /ə/ equally come from ㅡ /ɨ/ and are joined to form ㅝ /wə/.

221. ㅠ /ju/ and ㅕ /jə/ also come from ㅣ /i/ and combine to form ㆊ /jujə/.

222. Since these letters are of the same kind from the same thing, they go well together without discord.

The middle vowel letter, Combining with 'ㅣ'

223. "ㆎ /ʌj/ ㅢ /ɨj/ ㅚ /oj/ ㅐ /aj/ ㅟ /uj/ ㅔ /əj/ ㆉ /joj/ ㅒ /jaj/ ㆌ /juj/ ㅖ /jəj/" are the ten single middle sounds that are formed into one character by combining with ㅣ /i/.

224. "ㅙ /waj/ ㅞ /wəj/ ㆈ /jojaj/ ㆋ /jujəj/" are the four which are formed by combining with ㅣ /i/.

225. ㅣ /i/ is able to differentiate deep, shallow, closed, and open sounds as the tongue flattens out and the sound is shallow so the mouth is opened easily.

226. Likewise humans(ㅣ /i/) participate and contribute in all things so there is nothing that cannot be understood.

Summarizing verse for Explanation of the Middle Sounds

227. For every syllabic sound there is a middle sound
Openness and closedness must be found in the middle sounds.

228. The vowels ㅗ /o/ and ㅏ /a/ originated from the positive vowel as • /ʌ/, so they can be combined;
Similarly, ㅜ /u/ and ㅓ /ə/ originated from the negative vowel as ㅡ /ɨ/ ,

so they too can be combined.

229. ᅭ /jo/ and ᅣ /ja/, ᅲ /ju/ and ᅧ /jə/
Each one follows a way so one can infer and understand the meaning.

230. The letter ㅣ /i/ is used the most so
14 sounds are modelled after it.

Explanation of the Final Sounds(종성해)

Meaning of the final consonant letter and examples

231. The final sounds along with the initial and middle sounds form syllabic characters.

232. For example, the final sound of the character 즉 /tsɨk/ is ㄱ /k/, which is the same as ㄱ /k/ is placed at the end of ᄌᆞ /tsɨ/, becoming 즉 /tsɨk/.

233. The final sound of the character '홍'/xoŋ/ is ᅌ /ŋ/, which is the same as ᅌ /ŋ/ is placed at the end of 호 /xo/, becoming 홍 /xoŋ/.

234. The same goes with the lingual sound, labial sound, teeth(alveolar) sound and guttural sound.

Properties of the final consonant letter and tone connection

235. Because there is a difference between fast and slow sounds, the even, rising and high tones' final sound is different than the extremely fast falling tone.

236. Sounds which are neither clear nor thick are not strong so when used as a final sound they rightly become the even, rising, and high tones.

237. The letters with extremely clear, slightly less clear, and extremely thick sounds have a strong sound so when used as a final sound they rightly become falling tones.

238. Accordingly, syllables with the six voiced consonants ㅇ /ɦ/ ㄴ /n/ ㅁ /m/ ㄹ /l/ ㅿ /z/ as final sounds take the even tone, rising tone, or high tone, while syllables with the remaining voiceless consonants as final sounds all

take the falling tone.

Using only 8 final consonant letters as every final consonants

239. The eight letters of ㄱ/k/ ㆁ/ŋ/ ㄷ/t/ ㄴ/n/ ㅂ/p/ ㅁ/m/ ㅅ/s/ ㄹ/l/ are sufficient to use.

240. As an example, like in "ᄇᆡᆺ곶 (Pear blossom, /pʌjskots/)" or "ᅇᅧᇫᅀᅴ갗 (Fox pelt, /ɦjəzɦɨkats^{h}/)" ㅅ/s/ can be used without exception so it is simply like using ㅅ/s/ on its own.

241. The sound of ㅇ/ɦ/ is clear and empty so even if it is not used as a final sound the middle sound itself can still produce a syllable.

The quickness and slowness of the final consonant letter

242. The final sound of '볃/pjət/' is ㄷ/t/, the final sound of '군/kun/' is ㄴ/n/, the final sound of 'ᅌᅥᆸ/ŋəp/' is ㅂ/p/, the final sound of 'ᄯᅡᆷ/t'am/' is ㅁ/m/, ㅅ/s/ is the final sound of the native Korean '〮옷/os/', and ㄹ/l/ is the final sound of the native Korean '〮실/sil/'

243. The slow and fast of the Five Sounds have their complementary partners.

244. For example, the molar sound(velar consonant) ㆁ/ŋ/ with ㄱ/k/ becomes a complement so when ㆁ/ŋ/ is pronounced quickly it changes to ㄱ/k/ which is pronounced forcefully, and when ㄱ/k/ is pronounced slowly it changes to ㆁ/ŋ/ and becomes more relaxed.

245. The lingual sounds of ㄴ/n/ and ㄷ/t/, the labial sounds of ㅁ/m/ and ㅂ/p/, the teeth(alveolar) sounds of ㅿ/z/ and ㅅ/s/, and the speed and slowness of the guttural sounds of ㅇ/ɦ/ and ㆆ/ʔ/ are complementary partners.

Usage of semi-lingual ㄹ/l/

246. Semi-lingual ㄹ/l/ is appropriately used for native Korean words but not for Sino-Korean words.

247. For the character '彆(볃, /pjət/)' of the falling tone, ㄷ/t/ should be used as the final letter but through common use it has come to be pronounced as ㄹ/l/ which then becomes a lighter sound.

248. If ㄹ/l/ is used as the final sound of the character '·볋[彆, /pjət/]' then the sound is smoother and extended so it can no longer be a falling tone.

Summarizing verse for Explanation of the Final Sounds

249. When the voiced sounds that are neither clear nor thick are used as final sounds
They can be even, rising, and high tones but not falling tones.

250. Completely clear, slightly less clear, and completely thick sounds
Are all falling tones, so the pronunciation is extremely quick.

251. When the initial letter is used as a final letter the principle is naturally the same
All eight letters can be used without any problem.

252. ㅇ/ɦ/ is the only one that can be omitted
Only using middle sounds one can form syllables without final sounds.

253. If one writes the character '즉/tsɨk/' then ㄱ/k/ is used as the final sound
ㆁ/ŋ/ and ㄷ/t/ are used as the final sounds for "홍/xoŋ/, 볃/pjət/".

254. What are the final sounds of "군/kun/, 업/ŋəp/, 땀/t'am/"?
They are "ㄴ/n/, ㅂ/p/, ㅁ/m/" respectively.

255. The six sounds(ㄱ/k/ㆁ/ŋ/ㄷ/t/ㄴ/n/ㅂ/p/ㅁ/m/) can be used for both Chinese characters and native Korean
ㅅ/s/ and ㄹ/l/ are used as the final sounds for only '·옷/os/' and '·실/sil/' in native Korean.

256. The Five Sounds are each naturally from the counterparts of slow and fast
The sound of ㄱ/k/ is the quicker pronunciation of ㆁ/ŋ/.

257. The sounds of ㄷ/t/ ㅂ/p/ become ㄴ/n/ ㅁ/m/ when pronounced slowly
ㅿ/z/ and ㅇ/ɦ/, as well as ㅅ/s/ and ㆆ/ʔ/ are counterparts.

258. As for ㄹ/l/, it is the appropriate mark for a final sound of native Korean but not for Chinese characters
ㄷ/t/ is pronounced lightly to become ㄹ/l/, which has become colloquial.

Explanation of Combining Letters(합자해)

The structure of the syllable and Writing

259. The initial, middle, and final letters are combined to make syllables.

260. The initial consonants are written above and to the left of the middle vowels.

261. For example, in the character '군/kun/', ㄱ/k/ is written above ㅜ/u/ and for the character '업/ŋəp/', ㆁ/ŋ/ is written to the left of ㅓ/ə/.

The position of The initial consonant letter by the properties of the middle vowel letter

262. For middle letters which are round and horizontal ㆍ/ʌ/ ㅡ/ɨ/ ㅗ/o/ ㅛ/jo/ ㅜ/u/ ㅠ/ju/, they are written below the initial consonant.

263. The vertical initial consonants, ㅣ/i/ ㅏ/a/ ㅑ/ja/ ㅓ/ə/ ㅕ/jə/ are written to the right of the initial consonants.

264. For example, in the character 'ᄐᆞᆫ/tʰʌn/,' ㆍ/ʌ/ is written below ㅌ/tʰ/, ㅡ/ɨ/ of the character '즉/tsɨk/' is also written below 'ㅈ/ts/', and 'ㅣ/i/' of the character '침/tsʰim/' is written to the right of ㅊ/tsʰ/.

The position of the final consonant letter

265. Final consonants are written below the initial and middle sounds.

266. For example, in the character of '군/kun/', ㄴ/n/ is written below 구/ku/, and for the character '업/ŋəp/', ㅂ/p/ is written below 어/ŋə/.

Writing the initial consonant letters laterally attached

267. In the initial letters two or three different initial letters can be combined and written side by side, as in the examples of the native Korean words "ᄯᅡ (the earth /sta/), ᄧᅡᆨ (an odd member of a pair /ptsak/), and ᄢᅳᆷ (gap /pskɨm/)."

268. The same letters can be combined and written side by side. For example,

in native Korean "혀 /hjə/" means tongue while "ᅘᅧ /xjə/" means pull, "괴·여 /koj-ɦjə/" means 'I love another' but "괴ᅇᅧ /koj-ɦ'jə/" means 'I am loved by another,' and "소·다 /so-da/" means to pour something but also "쏘·다 /s'o-da/" means to shoot something, and so on.

Writing the middle vowel letters laterally attached

269. The combination and use of two or three middle vowels can be seen in the example of the native Korean word "·과 /kwa/" which means the bridge of a Korean harp, and "·홰 /hwaj/" which means torch.

Writing the final consonant letters laterally attached

270. The combination and use of two or three final consonants in one character can be seen in the examples of native Korean words such as "흙 (earth/dirt, /hʌlk/)", "낛 (fishing, /naks/)", and "ᄃᆞᇌᄣᅢ (the hour of the Chicken, 5-7pm, /tʌrks-pstaj/)".

Writing the letters laterally attached

271. These combined letters are written from left to right, as are all initial, middle, and final letters.

A notation that mixes Chinese characters and native Korean characters

272. When Chinese characters and Hangeul(native Korean script) are mixed the sounds of the Chinese characters are followed by the addition of the middle or final sounds of Hangeul, for example '孔子 ㅣ /i/ 魯 ㅅ /s/ :사ᄅᆞᆷ (Confucius is a person of "Lu", /sarʌm/)' and so on.

Tone of the native word

273. The four tones of native Korean(even, rising, high, and falling) can be seen through the examples of "활 (arrow, /hwal/)" as the even tone, "돌

(stone, /tol/)" as the rising tone, "갈 (knife, /kal/)" as the high tone, and "붇 (brush, /put/)" as the falling tone.

Writing dots the left for tones

274. As a general rule, one dot placed to the left of a letter indicates a high tone, two dots indicate a rising tone, and no dots indicate an even tone.

The falling tone

275. The falling tone of Chinese characters is similar to the high tone.
276. The falling tone of native Korean is not fixed so it can become similar to the even tone as in "긷 (pillar, /kit/), 녑 (flank, /njəp/)".
277. Or similar to the rising tone as in "낟 (grain, /nat/), 깁 (silk /kip/)"
278. Or similar to the high tone as in "몯 (nailn /mot/), 입 (mouth, /ɦip/)".
279. The use of dots in the falling tone is the same as in the case of even tone, rising tone, and high tone.

Comparison of tone characteristics in the four seasons

280. The even tone is easy and soft so it corresponds to Spring as everything spreads and prospers.
281. The rising tone is soft and rises so it corresponds to Summer as all things gradually become thick and dense.
282. The high tone is raised and robust so it corresponds to Autumn as all things become ripen and mature.
283. The falling tone is fast and constricted so it corresponds to Winter as all things are closed and come to completion.

The initial sounds ㆆ /ʔ/ and ㅇ /ɦ/

284. The initial sounds ㆆ /ʔ/ and ㅇ /ɦ/ are similar so they can be used interchangeably in native Korean.

Writing the semi-lingual sound

285. The semi-lingual sound lateral consonart contains both light and heavy sounds.

286. But in the Rhyming Dictionary there is only one sound. While in native Korean light and heavy sounds are not distinguished, both sounds can be made.

287. If one wants to distinguish between them, following the example of a light labial sound, if 'ㅇ/ɦ/' is written consecutively under 'ㄹ/ɾ/' then it becomes a semi-lingual sound, as the tongue lightly touches the upper teeth ridge.

Writing method of combining ㅣ and •, ㅣ and ㅡ vertically

288. • /ʌ/ ㅡ /ɨ/ emerging from ㅣ /i/ are not used in native Korean.

289. However, they do occur rarely in children's language and the dialects of outlying villages, and when they are properly combined and expressed they are written together as "ᄀᆝ/kjʌ/, ᄀᆜ/kjɨ/".

290. This is different from other letters since vertical strokes must be written first and horizontal strokes are written second.

Summarizing verse for Explanation of Combining Letters

291. Initial consonant letters are written above and to the left of middle vowel letters
'ㆆ/ʔ/' and 'ㅇ/ɦ/' are used interchangeably in native Korean.

292. The eleven middle vowel letters are attached to the initial consonant letters
The round and horizontal strokes are written below and the vertical strokes are written on the right.

293. Where does one write the final consonant letters?
They are attached below the initial consonant letters and middle vowel letters.

294. If the initial and final consonant letters are respectively combined and written then they are written side by side

The middle vowel letters are also all written side by side from the left.

295. How are the four tones distinguished in native Korean?
The even tone is '활 /hwal/'(arrow) and the rising tone is ':돌 /tol/(stone)'.

296. '·갈 /kal/(knife)' becomes the high tone and '붇 /put/(brush)' becomes the falling tone
Looking at these four types one can understand other things as well.

297. To distinguish between sounds, dots on the left divide the four tones
One means the high tone, two means the rising tone, and none means the even tone.

298. The falling tone of native Korean is not determined so like the even, rising, and high tones dots are added
The falling tone of Chinese characters is similar to the high tone.

299. The speech of our country is different from Chinese are all different
If there are spoken language but no letters for them, it is difficult to communicate in writing.

300. One morning, with divine-like ability the King created Jeongeum
Our great nation has been enlightened from the long darkness of our history.

Examples of the Use of Letters(용자례)

Examples of the Use of the initial Letters

Examples of the Use of the Molar sound(velar consonant)

301. The initial letter ㄱ /k/ is used with ":ᄀᆞᆷ (persimmon, /kam/), ·ᄀᆞᆯ (reed, /kʌl/)".

302. ㅋ /kʰ/ is used with "우·케 (unhusked rice, /ɦukʰəi/), 콩 (bean, /kʰoŋ/)".

303. ᅌ /ŋ/ is used with "러·ᅌᅮᆯ (raccoon, /ɾəŋul), 서·ᅌᅦ (floating ice, /səŋəj/)".

Examples of the Use of Lingual sound(alveolar consonant)

304. ㄷ /t/ is used with "·뒤 (cogon grass, /tuj/), ·담 (wall, /tam/)".

305. ㅌ/t^h/ is used with “ 고·티 (cocoon, /kot^hi/), 두텁 (toad, /tut^həp/)”.

306. ㄴ/n/ is used with “ 노로 (roe deer, /noɾo/), 납 (monkey, /nap/)”.

Examples of the Use of Lip sound(labial consonant)

307. ㅂ/p/ is used with “ᄇᆞᆯ (arm, /pʌl/), ·벌 (bee, /pəl/)”.

308. ㅍ/p^h/ is used with “ ·파 (spring onion, /p^ha/), ·ᄑᆞᆯ (fly, /p^hʌl/)”.

309. ㅁ/m/ is used with “ :뫼 (mountain, /moj/), ·마 (yam, /ma/).

Examples of the Use of Light lip sound(light labial consonant)

310. ㅸ/ß/ is used with “ 사·ᄫᅵ (shrimp, /saßi/), 드·ᄫᅴ (calabash, /tɨßɨj/)”.

Examples of the Use of Teeth(Alveolar) sound

311. ㅈ/ts/ is used with “ ·자 (measuring ruler, /tsa/), 죠·ᄒᆡ (paper, /tsjohʌj/)”.

312. ㅊ/ts^h/ is used with “ ·체 (sieve, /ts^həj/), ·채 (whip, /ts^haj/)”.

313. ㅅ/s/ is used with “ ·손 (hand, /son/), :셤 (island, /sjəm/)”.

Examples of the Use of Guttural sound(laryngeal consonant)

314. ㅎ/h/ is used with “ ·부헝 (owl, /puhəŋ/), ·힘 (sinew, /him/)”.

315. ㅇ/ɦ/ is used with “ ·비육 (chick, /piɦjuk/), ·ᄇᆞ얌 (snake, /pʌɦjam/)”.

Examples of the Use of Semi-lingual sound(lateral consonant)

316. ㄹ/ɾ, ㅣ/ is used with “ 무뤼 (hail, /muɾuj/), 어·름 (ice, /ɦəɾɨm/)”.

Examples of the Use of Semi-teeth sound(Semi-alveolar consonant)

317. ㅿ/z/ is used with “ 아ᅀᆞ (younger brother, /ɦazʌ/), :너ᅀᅵ (bustard bird, /nəzi/)”.

Examples of the Middle vowel letters

Examples of the Use of ' •, ㅡ, ㅣ'

318. The middle vowel • is used in characters like "·톡 (chin, /tʰʌk/), ·풋 (red bean, /pʰʌs/), ᄃᆞ리 (bridge, /tʌɾi/), ·ᄀᆞ래 (walnut tree, /kʌɾai/)".

319. ㅡ /ɨ/ is used in characters like "·믈 (water, /mɨl/), ·발·측 (heel, /paltsʰɨk/), 그력 (wild goose, /kɨɾjək/), 드레 (well bucket, /tɨɾʌj/)".

320. ㅣ /i/ is used with "·깃 (nest, /kis/), :밀 (beeswax, /mil/), ·피 (millet, /pʰi/), ·키 (winnow, /kʰi/)".

Examples of the Use of 'ㅗ /o/, ㅏ /a/, ㅜ /u/, ㅓ /ə/'

321. ㅗ /o/ is used with "논 (rice paddy, /non/), 톱 (saw, /tʰop/), 호·미 (hoe, /homʌj/), 벼·로 (inkstone, /pjəɾo/)".

322. ㅏ /a/ is used with "·밥 (cooked rice, /pap/), 낟 (sickle, /nat/), 이·아 (heddle(loom part), /ɦiŋa/), 사·슴 (deer, /sasʌm/)".

323. ㅜ /u/ is used with "숫 (charcoal, /sus/), ·울 (fence, /ɦul/), 누·에 (silk-worm, /nuɦəj/), 구·리 (copper, /kuɾi/)".

324. ㅓ /ə/ is used with "브섭 (kitchen, /pɨzəp/), :널 (plank, /nəl/), 서·리 (frost, /səɾi/), 버들 (willow, /pətɨl/)".

Examples of the Use of 'ㅛ /jo/, ㅑ /ja/, ㅠ /ju/, ㅕ /jə/'

325. ㅛ /jo/ is used with "죵 (servant, /tsjoŋ/), 고욤 (lotus persimmon, /koɦjom/), ·쇼 (cow, /sjo/), 삽됴 (Ovate-leaf atractylodes, /saptjo/)".

326. ㅑ /ja/ is used with "남샹 (terrapin, /namsjaŋ/)", 약 (turtle, /ɦjak/), 다·야 (washbowl, /taja/), 쟈감 (buckwheat husks, /tsjakam/)".

327. ㅠ /ju/ is used with "율믜 (adlay, /ɦjulmɨi/), 쥭 (rice spatula, /tsjuk/), 슈룹 (umbrella, /sjuɾup/), 쥬련 (towel, /tsjuɾjən/)".

328. ㅕ /jə/ is used with "·엿 (taffy, /ɦjəs/), 뎔 (temple, /tjəl/), ·벼 (rice, /pjə/), :져비 (barn swallow, /tsjəpi/)".

Examples of the Use of the final cosonants

329. The final consonant ㄱ /k/ is used with characters like "닥 (paper mul-

berry, /tak/), 독(pot, /tok/)”.

330. The final consonant ᅌ/ŋ/ is used with “·굼벙(maggot, /kumpəŋ/), ·올창(tadpole, /ɦolts^{h}aŋ/)”.

331. The final consonant ㄷ/t/ is used with “·갇(gat, Korean traditional hat, /kat/), 싣(Amur maple tree, /sit/)”.

332. The final consonant ㄴ/n/ is used with “·신(shoes, /sin/), ·반되(firefly, /pantoj/).

333. The final consonant ㅂ/p/ is used with “섭(fire wood, /səp/), 굽(hoof, /kup/)”.

334. The final consonant ㅁ/m/ is used with “:범(tiger, /pəm/), :ᄉᆡᆷ(spring of water, /sʌjm/)”.

335. The final consonant ㅅ/s/ is used with “:잣(pine nut, /tsas/), ·못(pond, /mos/)”.

336. The final consonant ㄹ/l/ is used with characters like “·ᄃᆞᆯ(moon, /tʌl/), :별(star, /pjəl/)” and so on.

Preface by Jeong Inji(정인지 서)

The value of the sounds and characters of nature

337. If there are sounds natural to Heaven and Earth there must be letters natural to Heaven and Earth.

338. Therefore, people long ago created characters based on sounds so that the meaning of all things was expressed and the purpose of the Three Elements was found. Thus, thereafter people were unable to change these letters.

Diversity of speech sounds and contradiction in borrowing Chinese characters

339. However, the natural features of all places are all different so the spirit of speech sounds are also different.

340. Besides China, other countries do not have letters(writing) that correctly represent their sounds(language).

341. Therefore, these countries borrow Chinese characters in order to communicate through writing. This is like trying to put a square handle into a round hole; how can one communicate properly without any problems?

342. The important thing is that all things get along well in their proper place and cannot be forced to be uniform.

343. The etiquette, music, and literature of our East (Korea) are comparable to those of China.

344. Only our language is different.

345. Therefore, it is difficult to understand the meaning of Chinese classics and the officials who deal with criminal cases have anxiety due to the difficulty of understanding the details of the situation.

Idu history and limitations of using Idu

346. Ancient Silla Seol-Chong first made 'Idu'(method to write Korean through Chinese characters) during the ancient Silla period, which the government and people still use today.

347. But these borrowed Chinese characters are often awkward, obstructive, and frustrating to use.

348. The use of Idu is extremely coarse and has no systematic method, it is impossible to communicate even one ten thousandth of the characters when using language.

History of creation of Hunminjeongeum and excellence of Hunminjeongeum

349. In the winter of the Year of the Swine(December 1443), our King created the 28 letters of Jeongeum and provided simple and concise examples and explanations. He named them "Hunminjeongeum(The Correct Sounds for the Instruction of the People)."

350. Hunminjeongeum like the ancient seal characters, are modelled after the shape of things, but it is made according to the sound, so it fits the seven

pitches of Eastern music.

351. There is nothing that does not possess the principle of harmony of the Three Elements and Yin and Yang.

352. The 28 letters are used in infinite combinations, while simple they express what is vital, while precise they can be easily communicated.

353. Therefore, wise people can learn them within one morning and even those who are not wise can learn them within ten days.

354. If Hunminjeongeum is used to interpret Classical Chinese, their meaning can be understood.

355. Moreover, using these characters when dealing with lawsuit cases allows one to understand the real situation.

Efficacy of Hunminjeongeum

356. The rhyme of the letters can distinguish between clear and thick sounds and in music, melody are filled with them.

357. The use of letters provides for all conditions; in any situation there is nothing where the meaning cannot be expressed.

358. Whether the sound of wind, the cry of the crane, the cluck of the chicken, or the bark of the dog, all sounds can be written down.

Origin of Compilation of Hunminjeongeum Haeryebon

359. Finally, the King ordered the addition of detailed explanations in order to instruct the people.

360. Thereupon, I, along with the Eunggyo[1] of Jiphyeonjeon(Hall of Worthies) Choe Hang[2], Bugyori[3] Bak(Park) Paeng-nyeon[4] and Shin Suk-ju[5], Suchan[6] Seong Sam-mun[7] and Gang Hui-an[8], Jubu[9] of Donnyeongbu[10], and acting Busuchan[11] of Jiphyeonjeon Lee Gae[12] and Lee Seon-ro[13] together prudently drafted several different explanations and examples and described them in a simple manner.

361. They were written in such a way that the average person could learn them on their own without an instructor.

A tribute to the greatness of the creator of Hunminjeongeum

362. The deep origin and precise meaning is mysterious and the subjects cannot presume to reveal it clearly.

363. The courteous consideration of His Royal Highness comes from Heaven so the institutions he created and the contributions he has bestowed have surpassed all other kings.

364. The creation of Jeongeum is not the achievement of anyone who came before, rather it is the principle of nature.

365. In truth, this profound principle is everywhere, it is not the result of a person's private efforts.

366. This country of the East is ancient, however the meaning of all things is generally comprehensible so the great wisdom that keeps all things intact and completes them has led to the long-awaited day for the proclamation of the Jeongeum.

---

1 Eunggyo(應敎). Regular 4th official grade of Jiphyeonjeon.

2 Choe Hang(崔恒, 1409-1474).

3 BuGyori(副敎理). Deputy 5th official grade of Jiphyeonjeon.

4 Bak Paengnyeon(朴彭年, 1417-1456).

5 Shin Sukju(申叔舟, 1417-1475).

6 Suchan(修撰). Regular 6th official grade of Jiphyeonjeon.

7 Seong Sammun(成三問, 1418-1456).

8 Gang(Kang) Hui-an(姜希顔, 1417-1464).

9 Jubu(注簿). Vice 6th official grade of Donnyeongbu.

10 Donnyeongbu(敦寧府). Office of Royal Household dealing with the affairs of friendship and solidarity among the royal family and its relatives.

11 Busuchan(副修撰). Vice 6th official grade of Jiphyeonjeon.

12 Yi Gae(李塏, 1417-1456).

13 Yi Seonro(李善老, 14?-14?).

The date of publication of the Hunminjeongeum Haeryebon and the author Jeong In-Ji

In the beginning of Sejong's 28th year, 1446 AD. Jaheondaebu[14], Yejopanseo[15], Daejaehak[16] of Jiphyeonjeon, Jichunchu gwansa[17], Ubingaek[18] of the crown prince, his subject Jeong Inji[19] with both hands held out and head bowed humbly submits this preface.

＊원 출처: Written by King Sejong et al 8 Translated by: Jordan Deweger·Kim Seul-ong.(2015). Correct Sounds for the Instruction of the People. Kim Seul-ong. 2015.《훈민정음 해례본-한글의 탄생과 역사》. Seoul: Kyobomungo. pp.158-182.

---

14 Jaheondaebu(資憲大夫). Regular 2nd official grade.

15 Yejopanseo(禮曹判書). Regular 2nd official grade in charge of the Ministry of Rituals[禮曹. one of six ministries of the Joseon Dynasty] dealing with rites and ceremonies, music, protocol, diplomacy, schools, civil service examinations, etc.

16 Daejehak(大提學). Regular 2nd official grade.

17 Jichunchu gwansa(知春秋館事). The regular 2nd official grade post in the office of Chunchugwan(春秋館, Office of Chronicles) in charge of recording current affairs of the administration.

18 Seja-ubingaek(世子右賓客), The regular 2nd official grade post in the office of Seja-sigangwon(世子侍講院, Academy for Tutoring the Crown Prince).

19 Jeong Inji(鄭麟趾, 1396-1478).

참고 문헌

영인본·복간본·복각본·활자본

세조 편(1459).《월인석보》권1·2(영인본, 1972). 서강대 인문과학연구소.

세종 외(1446).《訓民正音》(1946, 영인본/조선어학회 편). 보진재(방종현 해제).

세종 외(1446).《訓民正音》(복간본, 간송미술문화재단 편, 2015). 교보문고(김슬옹 해제).

간송미술문화재단 편(2015).《訓民正音》(복간본). 교보문고(김슬옹 해제).

간송미술문화재단 편(2023).《訓民正音》(2차 복간본). 가온누리.

문화재청 편(2023).《訓훈民민正정音음》(언해본 최초 복간본). 가온누리.

Written by King Sejong et al 8 Translated by: Jordan Deweger·Kim Seul-ong(2022). Correct Sounds for the Instruction of the People(훈민정음). Cultural Planning So Hee-yeon(문화기획 소희연).

세종(이도) 외 8인 지음/김슬옹 옮김(한국어)·문관효 붓글씨/조던 드웨거·김슬옹 옮김(영역)(2022).《훈민정음》. 문화기획 소희연.

1차 번역 문헌

《월인석보》권두 언해본(1459).

방종현(1940). 원본 훈민정음의 발견(1-5).《조선일보》7월 30일-8월 4일. 조선일보사. 4쪽. *실제: 홍기문·방종현.

_ 방종현(1946).《(원본해석) 훈민정음》. 진학출판협회.(발행: 1946년 7월 10일).

_ 홍기문(1946).《정음발달사》상·하 합본. 서울신문사출판국.

_ 홍기문(1947).《정음발달사》상·하 합본. 서울신문사출판국.

_ 전몽수·홍기문(1949).《훈민정음 역해》. 평양: 조선어문연구회.

유열(류렬/유렬)(1947).《원본 풀이한 훈민정음》. 보신각.

_ 임표(1965/1967).《훈민정음》. 사서출판사.

_ 김동구(1967/1985: 수정증보판).《훈민정음: [원전적과 그 현대역]》. 명문당.

김윤경(1954: 4판).《한국문자급어학사》. 동국문화사.

김민수(1957).《주해 훈민정음》. 통문관.

_ 김민수(1959: 중판).《주해 훈민정음》. 통문관.

_ 김민수(1972). 훈민정음.《한국의 사상대전집》7. 동화출판공사.
이정호(1972).《(해설 역주) 훈민정음》. 한국도서관학연구회.
_ 이정호(1986:개정판).《국문·영문 해설 역주 훈민정음》. 보진재.
강신항(1974/1995: 증보판).《훈민정음》(역주). 신구문화사.
_ 강신항(1987/1990: 증보판/2003: 수정증보).《훈민정음연구》. 성균관대학교출판부.
_ 국립국어원 편(2008).《알기 쉽게 풀어 쓴 훈민정음(강신항 개정 번역본 수록)》. 생각의나무.
_ 강신항·신상순(2014).《훈민정음 현대역과 영역》. 국립박물관문화재단(인쇄: 해성사).
김석환(1973).《현토주해 훈민정음》. 보령: 활문당.
_ 김석환(1975).《수정판 한글문견》. 한맥.
_ 김석환(1995).《수정판 한글문견(재판)》. 한맥.
_ 김석환(1997).《훈민정음 연구》. 한신문화사.
서병국(1975).《신강 훈민정음》. 경북대출판부.
_ 서병국(1980).《신강 훈민정음》. 학문사.
박병채(1976).《역해 훈민정음》. 박영사.
박종국(1976).《주해 훈민정음》. 정음사.
_ 박종국(1985: 중판).《주해 훈민정음》. 정음사.
_ 박종국(2007).《훈민정음 종합 연구》. 세종학연구원.
렴종률·김영황(1982).《훈민정음에 대하여》. 김일성종합대학출판사.
윤덕중·반재원(1983).《훈민정음 기원론》. 국문사.
_ 반재원·허정윤(2007).《한글 창제 원리와 옛글자 살려 쓰기: 한글 세계 공용화를 위한 선결 과제》. 역락.
박지홍(1984).《풀이한 훈민정음: 연구·주석》. 과학사.
_ 박지홍(1988). 신상순·이돈주·이환묵 편(1988).《훈민정음의 이해》(해례본). 한신문화사.
_ 박지홍·박유리(2013).《우리나라 글살이의 변천과 훈민정음》. 새문사.
이성구(1985).《훈민정음 연구》. 동문사.
권재선(1988).《훈민정음 해석 연구》. 우골탑.
_ 권재선(1995: 깁고 고친판).《훈민정음 해석 연구》. 우골탑.
강길운(1992).《훈민정음과 음운체계》. 형설출판사.
유창균(1993).《훈민정음 역주》. 형설출판사.
이근수(1995).《훈민정음 신연구》. 보고사.
한글학회/허웅(1997).《훈민정음》. 해성사.
김성대(1999).《역해 훈민정음》. 하나물.
조규태(2000).《번역하고 풀이한 훈민정음》. 한국문화사.
_ 조규태(2001).《번역하고 풀이한 훈민정음》. 한국문화사.
_ 조규태(2007).《번역하고 풀이한 훈민정음》. 한국문화사.
강규선(2001).《훈민정음 연구》. 보고사.
_ 강규선·황경수(2006).《훈민정음 연구》. 청운.
박창원(2005).《훈민정음》. 신구문화사.

이동화(2006).《훈민정음과 중세국어》. 문창사.
고태규(2007).《훈민정음과 작가들》. 널개.
나찬연(2012).《훈민정음의 이해》. 월인.
_ 나찬연(2013: 2판).《훈민정음의 이해》. 월인.
이현희 등 13인(2014).《'훈민정음'의 한 이해》. 역락.
김승권(2015).《사람이 하늘과 땅을 품는다 - 훈민정음 해례본》. 도서출판 한울벗.
김승환(2015).《과학으로 풀어쓴 훈민정음》. 이화문화출판사.
김슬옹(2015).《훈민정음 해례본: 한글의 탄생과 역사》(간송본 복간본 해제). 교보문고.
_ 김슬옹(2018: 개정증보).《훈민정음 해례본 입체강독본》. 박이정.
_ 김슬옹(2023: 5쇄).《훈민정음 해례본 입체강독본》. 박이정.
문중진(2015).《광음천 훈민정음 통해》. 아이르네상스어학원.
서한태(2016).《훈민정음 해서본》. 해드림출판사.
이상규(2018).《직서기언》. 경진.
김유범·곽신환·송혁기·조운성·김부연·고경재(2017).《훈민정음의 현대어 번역 연구》. 국립한글박물관.
_ 김유범·김무림·박형우·송혁기·김부연·고경재(2018).《훈민정음의 현대어 번역 연구 (2)》. 국립한글박물관.
_ 김유범·곽신환·김무림·박형우·이준환·송혁기·조운성·김부연·고경재(2020).《훈민정음 해례본》. 역락.
_ 국립한글박물관 편(2020).《쉽게 읽는 훈민정음》. 국립한글박물관(pdf).
_ 국립한글박물관 편(2021).《쉽게 읽는 훈민정음》. 휴먼컬처아리랑.
박장원(2018).《훈민정음, 소리를 그리다》. 신아출판사.
백승철(2018).《읽고 싶은 훈민정음 해례본-언해본 형식의 한글 옮김과 교정판본》. 퍼플.
황건주 엮음(2019).《한글로 풀어 쓴 훈민정음 탐구》. 북매니저.
이영호(2019).《훈민정음 해례본-국민보급형》. 달아실.

일반 문헌

강신항(1987·1990: 증보판·2003: 수정증보).《훈민정음연구》. 성균관대학교출판부.
고영근(1997/2010).《표준 중세 국어문법론》. 집문당.
김광해(1987). '훈민정음의 어지'는 왜 백 여덟 글자였을까.《우리시대》 2월호. 60-63쪽.
김슬옹(2007).《28자로 이룬 문자혁명 훈민정음》. 아이세움.
김슬옹(2010/2011).《세종대왕과 훈민정음학》. 지식산업사.
김슬옹(2013/2020: 14쇄).《세종, 한글로 세상을 바꾸다》. 창비.
김슬옹(2014). 세종의 '정음 문자관'의 맥락 연구.《한말연구》 35. 한말연구학회. 5-45쪽.
김슬옹(2015).《훈민정음 해례본: 한글의 탄생과 역사》(간송본 복간본 해제). 교보문고.
김슬옹(2015).《훈민정음》 해례본 간송본의 역사와 평가.《한말연구》 37호. 한말연구학회. 5-40쪽.
김슬옹(2015).《훈민정음》 '정인지 서문'의 표준 번역을 위한 시안.《청람어문교육》 53. 청람어문교육학회. 329-374쪽.
김슬옹 글/강수현 그림(2015).《누구나 알아야 할 훈민정음, 한글이야기 28》. 글누림.

김슬옹(2015).《훈민정음 해례본: 한글의 탄생과 역사》(간송본 복간본 해제). 교보문고.

김슬옹 엮음(2015).《훈민정음(언문·한글) 논저·자료 문헌 목록》. 역락.

김슬옹(2017).《한글혁명》. 살림터.

김슬옹(2017/2023: 5쇄).《훈민정음 해례본 입체강독본(개정증보판)》. 박이정.

김슬옹(2018).《훈민정음》 언해본의 융합적 연구.《세종대왕 즉위 600주년 기념 훈민정음 언해본 복각 기념 학술자료집》. (사)유교문화보존회. 25-110쪽.

김슬옹(2018).《훈민정음訓民正音》 해례본(The Hunmn Chongum Manuscript). 한국국학진흥원 기록유산센터 엮음(2018).《한국의 세계기록유산》. 한국국학진흥원. 14-33쪽.

김슬옹(2019).《훈민정음》 해례본의 '字, 文' 쓰임새와 번역 문제.《50회 한말연구학회 전국학술대회 자료집(2.10)》. 한말연구학회. 71-86쪽.

김슬옹(2019).《훈민정음》 해례본의 소리 관련 핵심어(聲/音) 쓰임새와 의미 재론-'번역'과 관련하여.《2019년 여름 국어사학회 전국 학술대회: 국어사의 시대 구분》. 국어사학회. 191-213쪽.

김슬옹(2019).《한글교양》. 아카넷.

김슬옹(2019).《세종학과 융합 인문학》. 보고사.

김슬옹(2023).《한글학》. 경진출판.

김슬옹(2023).《훈민정음 해례본과 언해본의 탄생과 역사》. 가온누리.

김주원(2013).《훈민정음》. 민음사.

문효근(2015).《훈민정음 제자원리》. 경진.

박병천(2006). 훈민정음 해례본의 한글 자형 수정 방안에 대한 연구 - 사진본과 영인본의 한글 문자를 대상으로 - .《세종학 연구》14. 세종대왕기념사업회. 19-44쪽.

박종국(2007).《훈민정음 종합 연구》. 세종학연구원.

반재원·허정윤(2007).《한글 창제 원리와 옛글자 살려 쓰기: 한글 세계 공용화를 위한 선결 과제》. 역락.

방종현(1946).《(원본해석) 훈민정음》. 진학출판협회.

백두현(2015).《한글문헌학》. 태학사.

백두현(2023).《훈민정음의 문화중층론》. 경북대학교출판부.

서상규(2013).《한국어 기본어휘 연구》. 한국문화사.

섭보매(2016).《훈민정음》의 역학적 연구. 원광대학교 대학원 박사논문.

세종국어문화원(2021).《세계인을 위한 한글 이야기 3+5》. 전국국어문화원연합회.

유열(류렬)(1948).《원본 훈민정음 풀이》(보신각 편). 보진재.

이극로(1932). 훈민정음의 독특한 성음 관찰.《한글》5. 조선어학회. 198-201쪽.

이상규(2018).《직서기언》. 경진.

이현희 등 13인(2014).《'훈민정음'의 한 이해》. 역락.

임용기(2010). 초성·중성·종성의 자질과 훈민정음.《국어학》57. 국어학회. 75-106쪽.

정우영(2001).《훈민정음》 한문본의 낙장 복원에 대한 재론.《국어국문학》129. 국어국문학회. 191-227쪽.

정우영(2008).《訓民正音》 해례본(해설).《문화재 사랑》47. 문화재청. 32-35쪽.

정희성(1994). 훈민정음의 창제 원리를 위한 과학 이론의 성립.《한글》224. 한글학회. 193-222쪽.

주시경(1910).《국어문법》, 박문서관.

최홍식(2023). 《훈민정음 음성학》. 이회문화사.

한재영·정우영·김주원·백두현·이현희·옥영정·황선엽(2017). 《국보 제70호 훈민정음 정본제작 연구》. 문화재청.

한태동(2003). 《세종대의 음성학》. 연세대학교출판부.

허웅(1974). 《한글과 민족 문화》. 세종대왕기념사업회.

허재영(2000). 훈민정음 해례 합자해의 '아동·변야지언(兒童邊野之言)'. 《한말연구》 6. 한말연구학회. 217-225쪽.

홍기문(1946/1947). 《정음발달사》 상·하 합본. 서울신문사.

홍윤표(2009). 한글 고문헌 및 한글 고문서의 주석 방법에 대하여. 《영남학》 15호. 경북대학교 영남문화연구원. 273-306쪽.

홍윤표(2018). 훈민정음에 대한 종합적 고찰. 《한국어사 연구》 3. 한국어사연구회.

홍현보(2019). 《언문》. 이회문화사.

누리집

조선왕조실록(sillok.history.go.kr).

국가유산청 누리집(www.cha.go.kr).

훈민정음 해례본 함께 읽기

초판 인쇄 2025년 1월 20일
초판 발행 2025년 1월 28일

편저 김슬옹
펴낸이 정은영
편집 한미경
마케팅 정원식, 정은숙
디자인 pica(

펴낸곳 마리북스
출판등록 제2019-000292호
주소 (10542) 경기도 고양시 덕양구 청초로 10 GL메트로시티 A2동 1001호
전화 02)336-0729, 0730 **팩스** 070)7610-2870
홈페이지 www.maribooks.com
Email mari@maribooks.com
인쇄 (주)신우인쇄

ISBN 979-11-93270-34-9 (03700)

- 이 책은 마리북스가 저작권자와의 계약에 따라 발행한 것이므로 본사의 허락 없이는 어떠한 형태나 수단으로도 이용하지 못합니다.
- 잘못된 책은 바꿔드립니다.
- 가격은 뒤표지에 있습니다.